高职高专会计专业项目化系列教材

基础会计
（第3版）

张宏萍　聂守艳　主　编

孟文新　刘春华　副主编

清华大学出版社

北　京

内 容 简 介

本书以《企业会计准则》和《企业会计准则应用指南》为依据，在系统介绍会计基本理论、基本方法和基本技能的同时，注重加强对学生知识、能力、素质的整体培养。本书在保证课程内容完整的基础上，根据会计工作的流程设置了 6 个项目，具体包括认知会计、设置会计账户与认识记账方法、运用记账方法——核算制造企业基本经济业务、填制与审核会计凭证、设置与登记会计账簿、编制会计报表等，以会计工作过程为导向，以学习任务为载体，将知识和职业技能有机融合。本书提供丰富的教学资源，包括教学课件、教学视频和习题答案等，方便读者阅读学习。

本书可作为高职高专院校会计专业及相关专业的教学用书，也可作为中职升高职考试的辅导用书，还可作为在职会计人员的培训用书和自学参考书。

本书封面贴有清华大学出版社防伪标签，无标签者不得销售。
版权所有，侵权必究。举报：010-62782989，beiqinquan@tup.tsinghua.edu.cn。

图书在版编目(CIP)数据

基础会计 / 张宏萍, 聂守艳主编. -- 3 版.
北京 : 清华大学出版社, 2024. 7. -- (高职高专会计专业项目化系列教材). -- ISBN 978-7-302-66528-1
I. F230
中国国家版本馆 CIP 数据核字第 20249JW426 号

责任编辑：高 屾
封面设计：孔祥峰
版式设计：思创景点
责任校对：马遥遥
责任印制：丛怀宇

出版发行：清华大学出版社
网　　址：https://www.tup.com.cn，https://www.wqxuetang.com
地　　址：北京清华大学学研大厦 A 座　　邮　　编：100084
社 总 机：010-83470000　　邮　　购：010-62786544
投稿与读者服务：010-62776969，c-service@tup.tsinghua.edu.cn
质 量 反 馈：010-62772015，zhiliang@tup.tsinghua.edu.cn
印 装 者：艺通印刷(天津)有限公司
经　　销：全国新华书店
开　　本：185mm×260mm　　印　　张：16.25　　字　　数：386 千字
版　　次：2018 年 6 月第 1 版　　2024 年 8 月第 3 版　　印　　次：2024 年 8 月第 1 次印刷
定　　价：49.00 元

产品编号：107031-01

第 3 版前言

2022 年 10 月 16 日，中国共产党第二十次全国代表大会召开，习近平总书记在二十大报告中强调："统筹职业教育、高等教育、继续教育协同创新，推进职普融通、产教融合、科教融汇，优化职业教育类型定位。"教育、科技、人才是全面建设社会主义现代化国家的基础性、战略性支撑。职业教育作为国民教育体系和人力资源开发的重要组成部分，是广大青年打开通往成功成才大门的重要途径。建设教育强国、人才强国，离不开高质量发展的职业教育。

目前，我国已建成世界上规模最大的职业教育体系，中高职业学校每年培养约 1000 万高素质技术技能人才，职业教育实现历史性跨越。如何进一步推动职业教育高质量发展，成为一项重要课题。会计职业是当今社会职场上从业人员最多的职业之一。高等职业院校是我国高校的重要组成部分，其主要目标是培养各行各业的职业技能人才。对于高职院校会计专业而言，其教育目标是培养学生优秀的职业技能，使学生在将来的工作中恪守会计职业道德，努力维持金融秩序。将会计职业道德教育贯穿于整个会计教学过程中，将职业标准与学生思想政治教育相结合，挖掘课程中的思政元素，这不仅是专业教师的教学任务，也是基础会计课程建设的重点所在。

教材是教师传递教育理念、传播专业知识、指导学生专业实践活动的主要窗口，是学生了解和掌握专业理论和专业技能最重要的平台，一本好的教材对提高教学质量、提升专业建设水平至关重要，教材建设一直是职业教育教学改革和专业建设的一项重要任务。本书在总结会计教学和实践经验的基础上，坚持以新的会计理论、会计法规制度为依据，充分吸收新颁布的《企业会计准则》及《小企业会计准则》的内容，尤其是充分体现了财政部《关于修订印发 2019 年度一般企业财务报表格式的通知》(财会〔2019〕6 号)和财政部、税务总局、海关总署《关于深化增值税改革有关政策的公告》(财政部、税务总局、海关总署公告 2019 年第 39 号)等精神，吸收了其中的最新内容。

为更好地服务于职业教育教学改革，大力推进教材建设，第 3 版改变以往教材内容繁、难、旧和过于注重理论知识的状况，打破老一套的教材体系，在编写过程中体现工作过程系统化设计思想，突出实践性、可操作性，内容简单明了、通俗易懂，且不乏其结构的完整性。从基础会计的基本知识入手，以会计基本方法和操作技能为主线，理论结合实际，简明扼要地介绍会计的理论知识，详细介绍会计的基本方法及运用，使学生在了解会计基本理论的基础上，掌握会计的操作技能，以适应会计工作岗位的需求。

本书第 3 版在前两版的基础上，进行了以下创新。

第一，在"理论够用"的前提下，适当减少不必要的理论知识，注重对实践操作内容的描述，使学生所学与就业所需紧密联系。

第二，紧扣基础会计课程的基本内容，体系完整，篇幅适中，语言通俗易懂，便于教师组织教学和学生学习。

第三，突出实践性，通过教学任务的排序、教学内容的选择和教学活动的设计，使学生得到"知识、能力、素质"的整体提升。

第四，专业课程与思想政治理论课同向同行，形成协同效应。充分挖掘基础会计课程中的思政元素，在课程知识与技能目标培养的基础上，重视情感态度与价值观的形成，坚持知与行的统一，充分发挥课堂教育在育人中主渠道、主阵地的作用，真正实现立德树人。

本书将会计理论知识与会计实践操作技能相融合，将专业知识点的讲解与思想政治教育紧密结合。在编写过程中，本书依照教育部印发的《职业院校教材管理办法》(教材〔2019〕3号)的规定，注重体现职业教育特色，强化全流程产教融合、校企合作，突出理论和实践相统一，适应项目学习、案例学习、模块化学习等不同学习方式的要求，注重以真实生产项目、典型工作任务、案例等为载体组织教学单元。本书突破原有基础会计课程的内容体系，从"必需、够用"出发，充分考虑职业教育的实际需要，依据中小型生产企业会计基本核算典型工作流程，将整个教材内容整合为6个工作项目，每一项目均包含学习目标、项目引入、项目导学、任务导入、知识与技能、任务小结、任务实施、职业能力考核、学习评价、思政专栏、拓展学习等模块，每个工作项目下又设置相关的工作任务，比较完整地阐述了会计的基本理论、基本方法和基本技能。通过设置工作任务，使学生以"岗位工作者"的身份参与到教学活动中来，在完成工作任务的过程中，学习、研究工作方法，从而强化学生学习的主动性、目的性，培养学生的独立思考能力、灵活运用能力、应变能力和创新能力。

此外，本书依照会计"职业道德与伦理"的行业规范和标准，分析会计行为的善恶，培养和提高学生在特定业务情境中分析问题与处理问题的能力，强化学生职业道德素质；结合基础会计的相关教学内容，运用所学会计理论和实务知识思考思政专栏中的相关案例，使会计专业课程与思想政治理论课同向同行，形成协同效应，全方位提升学生的职业素养。

本书可作为高职高专院校会计专业及相关专业会计基础课程的教学用书和辅导用书，也可作为中职教育、专升本考试及成人教育的辅导用书，还可作为在职会计人员的培训用书和自学参考书。

为方便教学，本书第3版配备如下教学资源，使用者可通过扫描下方二维码获取。

教学课件　　　　教案　　　　教学大纲　　　习题及答案

同时，本书提供配套教学视频，使用者可通过扫描文中二维码，在线观看。

本书由辽宁金融职业学院"基础会计"省级精品在线课程教学团队全体教师共同编写完成，同时邀请了多年从事会计实践工作并身处会计领导岗位的行业专家参与教材编写，为本书内容提供了理论和实践的双重质量保证。本书由张宏萍、聂守艳担任主编，孟文新、刘春华担任副主编，参编人员还有邓蕾、岳涓、宫雪璐、韩紫薇、赵晓彤。具体编写分工如下：张宏萍拟订全书的框架结构、编写大纲与样章、完善网络教学资源；张宏萍、岳涓负责项目一的编写及修订；孟文新、宫雪璐负责项目二的编写及修订；刘春华、韩紫薇负责项目三的编写及修订；聂守艳负责项目四的编写及修订；邓蕾负责项目五的编写及修订；赵晓彤负责项目六的编写及修订。全书由张宏萍负责总纂及定稿。

本书在编写过程中，根据高等职业教育的要求，结合行业特色及会计专业技术资格的基础要求，总结多年的教学经验，参阅大量的资料，吸取了有关法规制度、教材和专业书籍中的精华内容；同时，编写过程中得到了辽宁金融职业学院领导和有关部门的大力支持与帮助，在此一并表示感谢！

由于作者水平有限，加之时间仓促，书中难免存在疏漏和不足之处，敬请广大读者批评指正。

编　者
2024年3月

目　录

项目一　认知会计 …………………… 1
　任务一　会计的含义 ………………… 2
　　一、会计的产生与发展 ……………… 3
　　二、会计的特点 ……………………… 6
　　三、会计的职能 ……………………… 6
　　四、会计的目标 ……………………… 7
　　五、会计核算方法与程序 …………… 8
　任务二　认识会计要素、理解会计
　　　　　等式 ………………………… 13
　　一、会计要素 ………………………… 14
　　二、会计要素之间的关系——会计
　　　　等式 …………………………… 18
　任务三　认识会计核算基本前提与
　　　　　会计记账基础 ……………… 25
　　一、会计核算基本前提 ……………… 26
　　二、会计记账基础 …………………… 27

项目二　设置会计账户与认识记账
　　　　方法 ………………………… 33
　任务一　设置会计账户 ……………… 34
　　一、会计科目 ………………………… 35
　　二、会计账户 ………………………… 38
　任务二　认识记账方法 ……………… 45
　　一、记账方法概述 …………………… 46
　　二、借贷记账法 ……………………… 48
　　三、总分类账户与明细分类账户 …… 59

项目三　运用记账方法——核算制造
　　　　企业基本经济业务 ………… 70
　任务一　资金筹集业务的核算 ……… 73
　　一、权益资金筹集业务的核算 ……… 73
　　二、负债资金筹集业务的核算 ……… 76
　任务二　供应业务的核算 …………… 84
　　一、固定资产购置业务的核算 ……… 84
　　二、材料采购业务的核算 …………… 86
　任务三　生产业务的核算 …………… 98
　　一、生产费用的核算 ………………… 98
　　二、期间费用的核算 ………………… 106
　任务四　销售及利润形成和分配
　　　　　业务的核算 ………………… 116
　　一、销售业务的核算 ………………… 117
　　二、利润形成业务的核算 …………… 122
　　三、利润分配业务的核算 …………… 128

项目四　填制与审核会计凭证 ……… 137
　任务一　填制与审核原始凭证 ……… 138
　　一、识别原始凭证 …………………… 141
　　二、填制原始凭证 …………………… 145
　　三、审核原始凭证 …………………… 148
　任务二　填制与审核记账凭证 ……… 153
　　一、识别记账凭证 …………………… 154
　　二、填制记账凭证 …………………… 162
　　三、审核记账凭证 …………………… 164

项目五　设置与登记会计账簿 ……… 170
　任务一　认识会计账簿 ……………… 171
　　一、会计账簿的概念及意义 ………… 172
　　二、会计账簿的内容 ………………… 173
　　三、会计账簿的种类 ………………… 173
　任务二　设置、启用与登记会计
　　　　　账簿 ………………………… 181
　　一、会计账簿的设置和启用 ………… 182
　　二、登记会计账簿 …………………… 183

任务三　对账与结账 ……………… 207
　一、对账 …………………………… 208
　二、结账 …………………………… 219

项目六　编制会计报表 ……………… 224
任务一　认识会计报表 …………… 225
　一、财务会计报告与财务报表 …… 226
　二、财务报表的分类 ……………… 227
　三、财务报表的编制要求 ………… 228
任务二　编制资产负债表 ………… 232
　一、资产负债表的概念和作用 …… 232
　二、资产负债表的结构与格式 …… 232
　三、资产负债表的编制方法 ……… 234
　四、资产负债表的编制示例 ……… 235
任务三　编制利润表 ……………… 242
　一、利润表的概念和作用 ………… 242
　二、利润表的结构与格式 ………… 243
　三、利润表的编制方法 …………… 244
　四、利润表的编制示例 …………… 246

参考文献 ……………………………… 253

项目一 认知会计

学习目标

知识目标
1. 理解和掌握会计的概念，熟悉会计的基本特征。
2. 理解会计的基本职能，了解会计的目标。
3. 认知会计要素的定义。
4. 掌握会计要素的具体内容和会计等式。
5. 理解会计核算的基本前提，掌握会计记账基础的相关知识。
6. 了解会计的核算方法。

能力目标
1. 能运用所学的会计基本理论知识，分析和解决会计实际问题。
2. 能运用所学的会计行业规范或标准，分析会计行为的善恶，强化会计职业道德素养。
3. 通过参与会计实践，提升"会计概念和会计基本理论运用"的专业能力。
4. 能辨别会计要素和经济业务。
5. 能区分权责发生制和收付实现制在确认收入、费用上的区别。

素质目标
1. 遵守法律、法规和国家统一会计制度，增强从事会计工作的责任心。
2. 秉持认真细致的工作态度和刻苦学习的职业精神。
3. 养成高尚的职业道德，坚守原则的职业情操。
4. 掌握丰富的会计理论及实务知识。
5. 运用所学会计理论和实务知识研究相关案例，提高在特定业务情境中分析问题与处理问题的能力。
6. 结合会计认知的相关教学内容，依照会计"职业道德与伦理"的行业规范和标准，提高职业道德素质。

项目引入

一家企业在经营了一年以后，企业的管理者肯定想知道：这一年我们是盈利了还是亏损了？我们到底有多少现金和银行存款？别人还欠我们多少货款没有收回来？我们还欠别人多少钱，都欠谁的？我们这一年有多少利润，都是哪些经营活动产生的？这些指标对于企业的管理者来说是极其重要的,他们只有知道哪些业务投入少而利润高,才可以在未来的经营中采取措施巩固并加强这些业务;而对于那些效益不好的业务,或者采取措施改进,或者干脆停下来不做。管理者在了解了哪些客户在本年购买了本企业的产品,现销和赊销各是多少后,就可以根据不同的客户采取不同的销售政策。那么,企业的管理者如何才能得到这些信息呢?会计记录和财务会计报告可以提供这些信息。

学习"基础会计"这门课程,从了解会计的产生和发展历史开始,认识什么是会计,认识会计在社会实践中的产生和发展,理解会计在现代企业中的地位和作用。尤其重要的是,学会适应企业外部环境的要求,围绕企业的发展战略,发挥会计的职能作用。

项目导学

本项目能够帮助读者认知会计相关的基本知识,包括会计的概念、会计的特点、会计的职能、会计的目标、会计要素及会计等式、会计核算基本前提、会计记账基础、会计核算方法,以及会计工作程序等内容。本项目的具体任务如下。

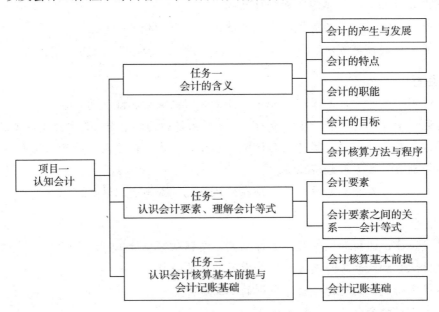

任务一 会计的含义

任务导入

"自有天下之经济,便有天下之会计"。我国古代传说中的结绳记事、堆石记事、刻契记事,就是最早出现的会计计量记录行为,那时的会计行为只是作为生产职能的附属职能而存在。随着剩余产品的出现,会计开始从生产职能中分离出来,成为一种专门的职能。早在夏王朝"会计"一词便已出现,产生了对税赋收入和支出进行记录的部门"官厅会计";

到了北周时期，又出现了主管财政经济的官职"司会"；秦汉时期出现了"入-出=余"的基本结算公式；西汉时期出现"簿""簿书""计簿"；唐宋时期出现"四柱结算法"，通过"旧管(期初结存)+新收(本期收入)=开除(本期支出)+实在(期末结存)"的平衡公式结算本期财产物资的增减变化及其结果，是中式会计方法的精髓；明末清初出现了"龙门账"，运用"进(收入)-缴(支出)=存(资产)-该(负债)"的平衡公式进行核算，俗称"合龙门"，是复式记账的起源，也标志着我国的部门会计——商业会计的产生；清朝乾隆、嘉庆年间出现"四脚账"，对每一笔账项既登记"来账"又登记"去账"，反映同一账项的来龙去脉，把中式会计推向了一个新的发展阶段。

据史料记载，古巴比伦人、古埃及人用泥板完成了最早的会计记录。1211年，意大利佛罗伦萨银行正式用借贷记账法记账。1494年，意大利数学家卢卡·帕乔利(Luca Pacioli)的专著《算术、几何、比与比例概要》是世界上第一部系统介绍和阐述借贷复式记账法的文献，标志着现代会计的开始。

18世纪中叶起成本会计得以形成、发展，随着两权分离，英国出现第一批以查账为职业的独立会计师，并于1854年成立了第一个会计职业组织——爱丁堡会计师协会，标志着会计师职业的诞生。19世纪末20世纪初，"公认会计原则"形成。20世纪50年代以后，会计工作开始从传统的记账、算账、报账发展到参与企业预测、决策、控制、分析等管理活动，传统会计分化为财务会计和管理会计两大分支，以及将电子计算机应用于会计领域，是现代会计形成的重要标志。

对于任何一名把会计纳入自身职业规划的人来说，首先要了解会计的历史和会计的基本内容，掌握会计的基本理论和基本技能。那么，什么是会计？会计是如何产生的？会计所具有的功能是什么？为弄清这些问题，就让我们从"基础会计"课程开始学习吧！

知识与技能

一、会计的产生与发展

在我们学习会计前，脑海中可能显现的疑问就是：什么是会计？会计到底是做什么的？它在所服务的企业中起什么样的作用？其实，会计的本意是核算，会计核算简单地说就是记录、计算和报告。那么会计到底在核算什么呢？

会计的产生与发展、会计的定义

(一) 会计的产生(会计的萌芽)

众所周知，在远古时代，由于捕猎工具比较落后，祖先们猎取的食物较少，劳动成果没有剩余。随着捕猎工具的进步，捕获的猎物多了，生产成果有了剩余，并且要在山洞里储备这些剩余。为了掌握这些物资储备的数量，祖先们就想到了记录：当他们将一个剩余的猎物拖进山洞时，就在山洞外的大石板上放一个石子；从山洞里拖出一个猎物时，就从大石板上取下一个石子。他们还会用大石子代表大猎物，用小石子代表小猎物，这样大石板上的大小石子就代表了山洞里存放的大小猎物。这就是堆石记事，也就是会计的萌芽。

当时会计还不是一项独立的工作，只是生产职能的附带部分，是原始的计量与记录。在现代人眼中如此简单的堆石行为，在当时却是人类社会的一大创举。

从这个故事中我们可以得到关于会计的重要启示：会计最基本的功能是记录数据，并且只记录人类社会生产活动中的数据。

(二) 会计的发展

会计是随着经济的发展而发展的，历史上会计的发展经历了以下三个阶段。

1. 古代会计

古代会计开始于原始社会的末期，一直到15世纪末。由于生产力的发展，出现了剩余产品，为了储备和分配这些劳动成果，我们聪明的祖先想到了记录，但是由于当时还没有文字，人们就创造了"堆石记事""结绳记事""刻契记事"等记录方法，当时会计只是作为生产职能的一部分。随着生产力的不断发展，剩余产品越来越多，需要记录的内容也越来越多，这时会计逐渐从生产职能中分离出来，成为一种特殊的专门职能，出现了类似于我们现在的流水账的单式记账法等。

2. 近代会计

近代会计是从15世纪末到19世纪中期。1494年意大利的数学家卢卡·帕乔利在他出版的《算术、几何、比与比例概要》中系统地阐述了复式记账法的基本原理，标志着近代会计形成，也是会计发展史上的第一个里程碑。会计理论初步建立，复式记账法从那时开始一直延续至今，被世界各国普遍采用。

3. 现代会计

现代会计是从19世纪中期到现在，在现代会计阶段，会计学的基础理论得以创建和发展。随着市场经济的建立，企业的规模日益壮大，股份公司、跨国公司、垄断组织大量涌现，企业之间的竞争日趋激烈，为适应这些客观环境的变化，在竞争中立于不败之地，人们对会计有了更高的要求，除了要求它能记录、计算和报告已发生的经济信息外，还要求它能参与企业经济业务事前的预测、决策、控制及经济业务事后的分析和评价。会计出现了两大分支，即对外提供信息的财务会计和对内提供服务的管理会计，特别是电子计算机在会计数据处理中的应用，扩大了会计信息的范围，提高了会计信息的精确性和及时性，这样，比较完善的现代会计就逐步形成了。

从会计产生和发展的历史可以看出，会计是生产活动发展到一定阶段的产物，是随着经济的发展和经济管理的需要而产生和发展的，经济越发展，会计越重要。

在当今社会，企业会计的日常工作仍然是记录数据，但其工作内容已经根据现在的经济管理需要发生了很大的变化：在记录数据的同时，还要进行算账、报账，甚至监督。

那么一个企业的会计都要记录、计算和报告什么呢？

以产品制造企业来说，要进行正常的生产经营活动，必须拥有一定的生产资料。企业所需的生产资料主要依靠所有者的投资和企业举债筹集的款项购买，如建造的厂房、购买的机器设备和各种材料物资等。企业为进行生产所拥有的各项财产物资的货币表现称为企业的经营资金。企业这些财产物资的实有额、购买财产物资的资金来源及形成状况是需要进行记录、计算和报告的。

产品制造企业的生产经营活动分为供应、生产和销售三个阶段，如图1-1所示。供应过程是生产的准备过程。在供应过程中，企业为购买材料物资要支付材料价款，支付材料运输、装卸费用，同供应单位及其他有关单位发生货币结算关系。材料从仓库进入车间、投入生产，生产经营活动进入第二阶段，即生产过程，它是企业最主要的生产活动。在生产过程中，工人借助劳动工具对材料进行加工，使其改变原有的实物形态，变为半成品，最后形成产成品，与此同时要消耗各种材料物资，机器设备也要发生磨损，还要支付工人工资及其他费用等。产品生产完工，验收入库，等待销售，生产经营活动进入第三阶段，即销售过程。在销售过程中，要发生包装、运输、广告宣传等销售费用，产品销售出去要收回货币资金，要缴纳税金，要与购买单位、税务部门及其他单位发生货币结算等业务。企业在生产经营过程中发生的这些人力、物力、财力的消耗构成了各阶段的费用，各项费用的多少及成本的高低也是需要记录、计算和报告的。

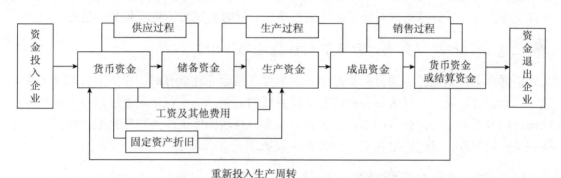

图1-1 产品制造企业的资金运动过程

企业将生产的产品销售出去取得一定的收入，补偿了生产、销售过程中的全部消耗后，补偿的资金可用于再生产，剩余部分表现为企业盈利，它需要在各方面进行分配。企业在经营中取得的各种收入、财务成果，以及财务成果的分配情况仍然需要进行记录、计算和报告。

随着企业生产经营活动的进行，财产物资的增减变动，成本、费用的形成，收入、财务成果的分配都表现为价值形态和价值数量上的增减变化。这些构成了社会再生产过程中的资金运动，具体包括资金的取得与退出、资金的循环与周转、资金的耗费与收回。

会计就是对企业日常发生的这些经济活动进行记录和计算，再将这些结果提供给有关的信息使用者，即进行财务会计报告。

随着市场经济的建立，企业的规模日益壮大，股份公司、跨国公司、垄断组织大量涌现，企业之间的竞争日趋激烈，为适应这些客观环境的变化，在竞争中立于不败之地，人们对会计有了更高的要求，除了要求它能记录、计算和报告已发生的经济信息外，还要求它能参与企业经济业务事前的预测、决策，事中的控制及事后的分析和检查。

由此可见，会计是以货币为主要计量单位，通过一系列的专门方法，对各经济组织(如企业、行政事业单位)的经济活动进行连续、系统、全面、综合的核算和监督，并在此基础上对经济活动进行预测、决策、控制和分析，为有关各方提供经济信息的一项管理活动。

二、会计的特点

会计的特点主要体现在如下三个方面。

会计的特点、职能和目标及会计方法

(一) 会计核算以货币为主要计量单位

会计是从数量方面对经济活动进行记录、计算的一种经济管理活动。会计在对各单位日常发生的经济活动进行记录和计算时,可以采用的计量单位有实物量度、货币量度和劳动量度三种,这些计量单位分别反映经济活动的不同数量。因实物计量缺乏综合反映的功能,劳动量度虽然具有综合性,但由于商品货币经济的存在,价值规律依然发生作用,劳动耗费还无法广泛利用劳动量度进行计量,而会计要对经济活动的过程和结果进行全面的、综合的核算,只有借助具有一般等价物职能的货币才能对经济活动的各个方面进行综合的核算与监督,以取得反映经济活动情况的全面的会计信息资料。因此,会计以货币作为主要计量单位对经济活动进行核算,同时辅以实物量度和劳动量度。

(二) 会计核算以真实、合法的会计凭证为依据

根据《会计基础工作规范》的规定,各单位在进行会计核算时,必须取得和填制会计凭证。会计凭证是记录经济业务已经发生或完成的证明,它不仅记录着经济业务的过程和结果,而且明确了经济业务的责任。会计以真实、合法的凭证作为核算依据,既保证了会计记录有根有据,又能取得真实可靠的会计信息。

(三) 会计核算具有综合性、连续性、系统性和完整性

会计核算只有做到了综合性、连续性、系统性和完整性,才能全面、系统地反映各单位的经济活动情况。综合性,是指会计以货币为主要计量单位,提供总括反映各项经济业务情况的价值指标;连续性,是指会计对各种经济业务应该按其发生的时间先后顺序,不间断地进行记录;系统性,是指会计对各项经济业务既要进行相互联系的综合记录,又要进行必要的、科学的分类,只有这样才能取得管理所需要的各种不同的信息资料;完整性,是指会计对各项经济业务的来龙去脉都必须进行全面记录、计量,不能有所遗漏。

三、会计的职能

会计的职能是指会计在经济管理过程中客观上所具有的功能,即会计在经济管理中能发挥的作用。我国会计界对会计职能的观点有基本职能和其他职能之分。

(一) 会计的基本职能

一般认为,现代会计具有核算经济活动、监督经济过程的功能。会计核算和会计监督是会计的两项基本职能。《中华人民共和国会计法》(以下简称《会计法》)第五条规定,会计机构、会计人员依照会计法规定进行会计核算,实行会计监督。

1. 会计核算职能

会计核算职能是会计工作的基础，它是通过记账、算账和报账三个过程来体现的。记账就是把一个企业一定时期内所发生的经济事项，运用一定的程序和方法进行记录和反映的过程。算账就是运用会计核算的程序和专门方法，对相关会计内容进行归类、计算的过程。报账则是在记账、算账的基础上，通过一定的形式(编制会计报表)，为会计信息使用者提供能够反映某一企业某一特定日期财务状况和某一会计期间经营成果的会计信息。

2. 会计监督职能

会计监督职能是指在核算经济活动的同时，以国家财经政策、法规、制度及内部会计控制规范等为依据，对会计核算的全过程进行合理性、合法性及有效性的评价和控制，以保证会计信息的真实性、完整性和有效性。

在会计的基本职能中，核算和监督职能是相辅相成、紧密联系的。会计核算是会计监督的前提和基础，离开了核算，监督就失去了依据；会计监督又是会计核算的质量保证，只有核算而没有监督，就难以保证核算所提供信息的真实性和可靠性。

(二) 会计的其他职能

随着经济的发展，企业的管理工作对会计的要求也越来越高，这也推动了会计职能不断地发展。现代会计在参与管理方面，除了会计核算和会计监督两个基本职能外，还产生了诸如会计预测、会计决策、会计控制、会计分析等新的职能。

会计预测职能，是运用专门的技术和方法，利用会计资料和其他信息，对经济活动的未来发展趋势和状况进行估计和预测，以便掌握未来经济活动中的不确定因素或未知因素，为会计决策和其他经营决策提供有用的数据信息资料。

会计决策职能，是在会计预测的基础上，对未来一定时期经济活动可能采用的各种备选方案，根据所掌握的会计资料，运用定量和定性分析的方法，经过分析、判断，做出最终选择的过程。

会计控制职能，是按照会计管理的目的和要求，利用组织、管理、控制等程序和方法，对会计的过程进行规范，确保会计核算按照预计的方向和轨道进行。会计控制是现代企业正常运转的基础，企业一切管理工作应当从建立和健全内部控制制度开始。会计控制是企业内部控制整体框架的核心，它是提高会计信息质量，保护资产的安全完整，确保有关法律法规和规章制度得以贯彻执行的控制系统。

会计分析职能，是以会计核算提供的资料为依据，采用一系列专门的分析技术和方法，对企业等经济组织的经济活动结果、财务状况及预算执行情况等进行分析与评价，总结经验，巩固成绩，找出存在的问题，为投资者、债权人、经营者和其他相关组织或个人了解企业过去、评价企业现状、预测企业未来，做出正确决策提供准确的信息。

四、会计的目标

会计的目标是在一定的会计环境和经济条件下，会计人员期望通过会计活动所要达到的结果，会计目标应当满足会计信息使用者对会计信息的需要。由于会计管理活动是社会经济发展的产物，其会计目标必然受会计环境和经济条件的制约。一般来说，有什么样的会计环境，就有什么样的会计信息使用者，从而也就有什么样的会计目标。在我国学术界，对会计目标的研究取得了一定的成果，认为确定会计的目标需要解决三个问题：一是向谁提供信息；二是为何提供信息；三是提供何种信息。

根据《企业会计准则——基本准则》的定位，财务会计报告的目标是向企业财务会计报告使用者(包括投资者、债权人、政府及其有关部门和社会公众等)提供与企业财务状况、经营成果和现金流量等有关的会计信息，反映企业管理层受托责任的履行情况，有助于财务会计报告使用者作出经济决策。

五、会计核算方法与程序

(一) 会计核算方法

会计要核算和监督，要为会计信息使用者提供会计信息，要参与企业的经营管理与决策，必须借助一定的方法才能完成。会计的方法是用来反映和监督会计对象，实现会计目标的手段。会计的方法与会计的职能相呼应，前已述及，会计的职能包括会计核算、会计监督、会计预测、会计决策、会计控制和会计分析等，因此会计的方法也应该有会计核算方法、会计监督方法、会计预测方法、会计决策方法、会计控制方法和会计分析方法。其中，会计核算方法是最基本的方法，这里仅介绍会计核算方法，其他的会计方法将在后续的课程中详细介绍。

会计核算方法包括设置账户、复式记账、填制和审核会计凭证、登记账簿、成本计算、财产清查和编制会计报表7种专门方法。

1. 设置账户

设置账户是对会计对象的具体内容进行科学分类、核算和监督的一种专门方法。会计对象的内容是复杂多样的，要对它进行系统的核算和监督，就必须进行科学的分类，以便取得各种不同性质的核算指标。因此，对各项资产、负债、所有者权益、成本费用和收入成果的增减变动和结存情况，都要分别设置一定的账户，进行归类反映和记录，以便取得经营管理所需的各个方面的核算资料。

2. 复式记账

复式记账是通过两个或两个以上相互对应的账户，记录每一项经济业务的一种专门方法。企业、事业等单位任何一项经济活动或财务收支的发生，都会引起资产、负债和所有者权益的双重变化。因此，在账户中反映经济活动和财务收支时，必须应用复式记账来相互联系地反映它们的增减变化，以便对各项经济活动和财务收支进行监督。

3. 填制和审核会计凭证

填制和审核会计凭证，是为了审查经济业务是否合理合法，保证账簿的会计记录正确、完整而采用的一种专门方法。对于任何一项经济业务或财务收支，都要根据有关制度、规定和计划进行审核和监督，经过审核无误的原始凭证，应用复式记账原理填制记账凭证，作为登记账簿的依据。因此，填制和审核凭证也是会计核算和监督的一个不可缺少的专门方法。

4. 登记账簿

登记账簿是在账簿上连续地、完整地、科学地记录和反映经济活动与财务收支的一种专门方法。登记账簿必须以凭证为依据，应用账户和复式记账的方法，把发生的经济业务事项分门别类地、相互联系地进行全面反映，从而取得完整而系统的数据。在账簿中对经济业务既要分类反映，又要序时反映；既要提供总括指标，又要提供明细指标。此外，要及时对账和结账，以保证账簿记录的准确和完整。

5. 成本计算

成本计算是计算与经营过程有关的全部费用，并按照一定的对象进行归集，从而确定出各对象的总成本和单位成本的一种专门方法。在企业经营过程中的每个阶段，都会发生各种费用，这就需要分别计算各个阶段的成本，如供应阶段各种材料的采购成本，生产阶段各种产品的生产成本。这对于核算和监督企业生产经营过程中所发生的各种费用是否符合节约原则和经济核算的要求，从而促进增产节约和不断降低产品成本等，具有重大的意义。

6. 财产清查

财产清查是通过盘点实物、核对往来款项以查明财产和资金实有额的一种专门方法。为了保证会计核算的正确性，做到账实相符，必须定期或不定期地清查、盘点和核对各种财产物资与往来款项，如有不符，应分析原因，查明责任，经过批准后调整账簿记录，使账实一致。同时，通过财产清查可以查明物资储备的保证程度，有无超储积压、呆滞的情况；物资的保管是否合理，有无损失、浪费、霉烂变质、丢失等情况。因此，财产清查对于改进财产管理、挖掘物资潜力、加速资金周转等都有着十分重要的作用。

7. 编制会计报表

编制会计报表是定期总结、反映经济活动，考核计划、预算执行结果的一种专门方法。编制会计报表主要以账簿记录为依据，经过整理产生一套完整的指标体系。它所提供的各项指标，不仅是分析、检查和编制计划、预算的主要依据，还是进行国民经济综合平衡所必需的参考资料。因此，编制会计报表对于企业的领导和管理工作是十分必要的。

（二）会计核算工作程序

会计核算的各种专门方法是一个完整的方法体系，为了科学地组织会计核算，必须全面地、互相联系地应用这些专门方法。在实际工作中，运用这些方法的基本程序大致是：根据各项经济业务填制和审核凭证，按照规定的账户对经济业务进行分类，并运用复式记账法将发生的经济业务登记在有关账簿中，对于经营过程中发生的各项费用进行成本计算，然后定期进行财产清查，做到账实相符的基础上，根据账簿资料编制会计报表。

以上会计核算的各种专门方法相互联系、紧密配合，形成了一个完整的方法体系。其中，填制和审核凭证、登记账簿是记账过程，填制和审核会计凭证是会计核算的最初环节，登记账簿是会计核算的中心环节；成本计算是算账过程，是对初级会计信息资料的再加工；编制会计报表是报账过程，是会计核算的最终环节。记账、算账、报账一般都是按照一定的程序进行的。实际工作中，会计核算的各种方法有些是交叉重复进行的，但基本上是按照以上顺序相互配合地加以运用，以实现会计目标。

上述各种会计核算方法之间的关系，按照会计核算工作程序，如图 1-2 所示。

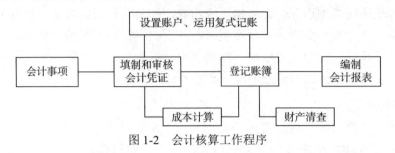

图 1-2　会计核算工作程序

任务小结

会计是以货币为主要计量单位，通过一系列的专门方法，对各经济组织(企业、行政事业单位)的经济活动进行连续、系统、全面、综合的核算和监督，并在此基础上对经济活动进行预测、决策、控制和分析，为有关各方提供经济信息的一项管理活动。

会计的特点主要体现在以下三个方面：一是会计核算以货币为主要计量单位；二是会计核算以真实、合法的会计凭证为依据；三是会计对经济活动的核算和监督具有综合性、连续性、系统性和完整性。

会计的职能是指会计在经济管理过程中客观上所具有的功能，会计核算和会计监督是会计的两项基本职能。现代会计在参与管理方面，除了会计核算和会计监督两个基本职能外，还产生了诸如会计预测、会计决策、会计控制、会计分析等新的职能。

会计的目标是在一定的会计环境和经济条件下，会计人员期望通过会计活动所要达到的结果，会计目标应当满足会计信息使用者对会计信息的需要。

会计的方法是用来反映和监督会计对象，实现会计目标的手段。会计的方法包括会计核算方法、会计监督方法、会计预测方法、会计决策方法、会计控制方法和会计分析方法。其中，会计核算方法是最基本的方法，包括设置账户、复式记账、填制和审核会计凭证、登记账簿、成本计算、财产清查和编制会计报表 7 种专门方法。

任务实施

会计既是一门技术性很强的工作，又是一门社会性很强的工作。从会计的发展史可以看出，会计与社会环境之间存在相互依存、相互推动的关系。从最原始的"结绳记事"，到剩余产品出现后从生产职能中分离出来的专门掌管钱财的司会，从复式记账的诞生到现代管理会计的产生，无不反映会计是在社会环境的发展推动下产生和发展的。生产力水平的发展和人类管理水平的提高是会计产生和发展的原动力。因此，现代会计不再是简单地记账和算账，还包括预测、决策、控制和分析等。

职业能力考核

职业判断能力测验

一、单项选择题

1. 会计以( )为基本计量形式。
   A. 实物量度　　　　　　　　　B. 货币量度
   C. 时间量度　　　　　　　　　D. 劳动量度

2. 会计的基本职能是( )。
   A. 反映和考核　　　　　　　　B. 核算和监督
   C. 预测和决策　　　　　　　　D. 分析和管理

3. 会计核算的最终环节是( )。
   A. 确认　　　　　　　　　　　B. 计量
   C. 记录　　　　　　　　　　　D. 报告

4. 下列关于会计的说法，错误的是( )。
   A. 货币是会计的唯一计量单位
   B. 会计的主要工作是核算和监督
   C. 会计的对象针对的是特定主体发生的能够用货币表现的经济活动
   D. 会计是一项经济管理活动

5. 资金的循环与周转过程，不包括( )。
   A. 供应过程　　　　　　　　　B. 生产过程
   C. 销售过程　　　　　　　　　D. 分配过程

二、多项选择题

1. 会计核算可以采用多种量度，如( )。
   A. 货币量度　　　　　　　　　B. 实物量度
   C. 劳动量度　　　　　　　　　D. 空间量度

2. 会计的特点包括( )。
   A. 以货币为主要计量单位
   B. 以真实、合法的原始凭证作为核算依据
   C. 对经济活动要进行综合、连续、系统、完整的核算和监督
   D. 以货币为唯一计量单位

3. 会计的基本职能有( )。
   A. 进行会计核算　　　　　　　B. 实施会计监督
   C. 参与经济决策　　　　　　　D. 评价经营业绩

4. 现代会计除会计核算和会计监督两个基本职能外，还包括( )等新的职能。
   A. 会计预测　　　　　　　　　B. 会计决策
   C. 会计控制　　　　　　　　　D. 会计分析

5. 会计信息的使用者主要包括(　　)。
  A. 社会公众   B. 政府及相关部门
  C. 投资者   D. 债权人

三、判断题

1. 会计发展的历史证明，会计是在社会政治变革中产生的。(　　)
2. 在会计核算中，货币是唯一的计量单位。(　　)
3. 会计的最基本功能是会计监督。(　　)
4. 没有会计监督，会计反映便失去了存在的意义。(　　)
5. 会计是以货币为主要的计量单位，反映和监督一个单位经济活动的一种经济管理活动，是经济管理的重要组成部分。(　　)

职业实践能力训练

请查阅相关资料，了解会计职业的岗位设置和会计职业资格考试的内容，拟定一份职业生涯规划或专业学习计划。

学习评价

根据本任务的教学内容，通过职业判断能力测验和职业实践能力训练等方式对本任务相关内容的学习效果进行检查，实施评价，填写任务学习评价表(见表1-1)。

表1-1　会计的含义任务学习评价表

考核内容标准	实施评价		
	自我评价	同学互评	教师评价
对会计产生和目标认识清晰(60分)			
会计特征的描述(20分)			
会计职能的描述(20分)			

思政专栏

"诚实守信"——会计的生命

背景与情境： 2002年11月19日，朱镕基同志在第十六届世界会计师大会开幕典礼的演讲中指出，在现代市场经济中，会计师的执业准则和职业道德极为重要。诚信是市场经济的基石，也是会计执业机构和会计人员安身立命之本。

思考： 结合近年来国内外出现的会计造假事件，谈一谈对"诚信是市场经济的基石，是会计执业机构和会计人员安身立命之本"这句话的理解。

分析提示： 诚实是指言行一致，不弄虚作假，不欺上瞒下，做老实人，说老实话，办老实事。守信就是信守诺言，保守秘密。人无信不立，国无信不强，诚信是会计的生命。诚信要求会计人员在日常工作中讲求信用，保守秘密，以实际发生的经济业务为依据，按会计准则和会计制度的要求进行真实完整的会计核算，客观公正，不偏不倚地反映企业的财务状况和经营成果，诚信是会计对社会的承诺。

市场经济是信用经济，契约经济。诚信是维护市场经济良性发展的前提和基础。会计人员诚实守信的道德观念，直接影响着会计信息的真实性、完整性和合法性。会计是一个诚信的职业，如果失信就会失去生命力，国内外一系列的会计舞弊造假案例都给会计事业的发展造成了许多不利的影响。所以，加强会计人员职业道德建设极为重要。

拓展学习

会计监督体系

会计监督，是指单位内部的会计机构和会计人员、依法享有经济监督检查职权的政府有关部门、依法批准成立的社会审计中介组织，对国家机关、社会团体、企业事业单位经济活动的合法性、合理性和会计资料的真实性、完整性，以及本单位内部预算执行情况所进行的监督。《会计法》确立了单位内部监督、社会监督、政府监督三位一体的会计监督体系，为会计监督的具体内涵及其实现方式赋予了新的内容。单位内部监督、社会监督和政府监督是按照监督主体的不同进行区分的，同时会计监督还是一个过程，它分为事前监督、事中监督和事后监督。

任务二　认识会计要素、理解会计等式

任务导入

丰华公司 2020 年 1 月发生如下经济业务。
(1) 购买 20 000 元材料，但没有付款(为简化核算，暂不考虑增值税)。
(2) 某单位以现金方式投入资本 500 000 元，转入公司存款账户。
(3) 用银行存款 50 000 元偿还银行的短期借款。
(4) 用 100 000 元支付股东股金。
(5) 从银行提取现金 1 000 元。
(6) 借入短期借款 10 000 元，抵偿应付账款。
(7) 经批准将资本公积 50 000 元转增资本。
(8) 接到有关部门通知，将 10 000 元长期借款转为国家投资。
(9) 经批准返还投资者的投资资金 200 000 元，公司应付的款项尚未付出。

请根据上述资料分析每笔经济业务涉及的会计要素及其增减金额，判断其属于会计等式中的哪一种情况。

知识与技能

一、会计要素

会计要素是对会计对象所做的大类划分。任何工作都有其特定的内容，会计工作也不例外，会计对象也就是会计工作的内容。前已述及，会计是记录、计算和报告各经济组织发生的经济活动及其结果的；不同的经济组织，其经济活动的内容不同；即使在同一经济组织内，其经济活动也纷繁复杂。企业会计记账不能眉毛胡子一把抓，为了能够连续、系统、全面、综合地记录和报告企业发生的经济活动及其结果，有必要对会计核算的对象即会计工作内容用会计语言进行系统的描述。下面以产品制造企业的生产经营过程为例，说明会计核算对象的具体内容。

众所周知，产品制造企业为了从事产品生产经营与销售活动，必须拥有一定数量的经营资金作为物质基础。经营资金在生产经营过程中的使用，形成了产品制造企业的资金运动。企业的经营资金有其具体存在形态，被运用在生产经营活动的各个方面。例如，有的被运用在房屋、建筑物、机器设备方面，有的被运用在材料上，有的以货币资金(现金、银行存款)形态存在等。资金具体存在或运用的形态，在会计上称为资产。企业的资产来源有两个渠道，一是投资人(包括国家、其他企事业单位、个人和外商等)投入，二是债权人(包括银行、其他金融机构、其他企事业单位、职工或个人等)借入。无论是投资者投入，还是债权人借入，都对企业的资产具有要求权，这种要求权，在会计上称为权益。投资者投入部分，称为所有者权益；债权人借入部分，称为债权人权益，这部分权益需要在一定时期内偿还，所以亦称负债。资产是企业资金的一个侧面，即资金的存在或运用的形态，而负债和所有者权益则是企业资金的另一个侧面，即资金的形成渠道。由于资产与权益(负债和所有者权益)是同一资金的两个不同方面，所以资产与权益(负债和所有者权益)在数量上是相等的，即有多少数量的资产就应具有同等数量的权益，有多少数量的权益就应当有相同数量的资产，这就是企业资金运动的静态表现。资产、负债和所有者权益是会计对象的具体内容。

产品制造企业的经营资金，随着产品生产经营活动的不断进行而不停地运动。制造业产品生产经营包括供应、生产和销售三个过程。在供应过程中，企业用货币资金购买各种材料物资，支付货款和采购费用，这时货币资金形态就转化为储备资金形态。在生产过程中，生产车间领用各种原材料、辅助材料、燃料等，发生了材料费用；使用机器设备等固定资产，发生了固定资产折旧费用；同时还要发生工资费用及其他费用。这时，储备资金形态及部分固定资金和货币资金形态就转化为生产资金形态。随着产品完工入库，生产资金形态则转化为成品资金形态。在销售过程中，企业出售产品实现销售收入，收回货款，这时成品资金形态转化为货币资金或结算资金形态。

上述内容，反映了企业经营资金形态随着生产经营活动的进行不断地发生变化，从货币资金形态开始，依次转化，最后又回到货币资金形态，称为资金循环。企业生产经营活动是连续不断的，经营资金的循环也是不断地重复，周而复始的资金循环称为资金周转。产品制造企业生产经营资金运动过程可参见图1-1。

在供应过程中，因购入材料而支付的买价和采购费用形成了材料的采购成本；在生产过程中，为生产产品而消耗的材料费用、工资费用及机器设备的磨损费用等形成了产品的生产成本；在销售过程中，已销售产品的成本及支付的销售费用形成了产品销售成本和产品销售费用。所有资金的耗费，在会计上称为费用；生产出的产品销售出去以后收回的货币资金，在会计上称为收入。一定时期终了，将收入与费用相比较，其差额就表现为生产经营活动的财务成果，在会计上称为利润(或亏损)。收入、费用和利润也是会计对象的具体内容，它们是企业资金运动的动态表现。

综上所述，资产、负债、所有者权益、收入、费用和利润构成会计核算的具体内容，在会计上称为会计要素。

(一) 资产

1. 资产的定义及特征

资产是指企业过去的交易或者事项形成的、由企业拥有或者控制的、预期会给企业带来经济利益的资源。资产是企业从事生产经营活动的物质基础，其具有如下特征。

(1) 资产能够直接或间接地给企业带来经济利益。资产定义中的"预期会给企业带来经济利益"，是指直接或间接导致现金和现金等价物流入企业的潜力。资产是可以给企业带来经济利益的资源，也就是说，企业将其资产用于生产、再生产过程中可以给企业创造出利润。比如，资金可以用于购买企业所需的商品，厂房、机器设备、原材料等可用于生产经营过程，制造商品或提供劳务，出售后收回货款，收回的货款即为企业所获得的经济利益。如果一项资产已不能为企业带来经济利益，它就不能再继续确认为企业的资产。如一条技术上已经被淘汰的生产线，它不能用于产品生产，不能给企业带来利润，所以就不再是企业资产。

(2) 资产都是为企业所拥有的，或者即使不为企业所拥有也是企业所控制的。资产定义中的"由企业拥有或者控制"，是指企业享有某项资源的所有权，在某些情况下，对于一些以特殊方式形成的资源，虽然不为企业所拥有，但该资源能被企业所控制，并从中获取经济利益，这些资源也应当视为企业的资产，如企业融资租入的固定资产。

(3) 资产是由企业过去的交易或者事项形成的。资产定义中所指的"企业过去的交易或者事项"包括购买、生产、建造行为或其他交易或者事项，预期在未来发生的交易或者事项不形成资产，只有过去的交易、事项才能增加或者减少企业的资产，如已经发生的固定资产购买交易才形成资产，而谈判中的交易或者计划中的交易则不能确认为一笔资产。

2. 资产的分类

资产按其流动性划分，可以分为流动资产和非流动资产。对于一个企业来说，资产的流动性是指资产变现速度的快慢和耗用时间的长短。我国的企业会计制度将流动资产定义为"可以在1年或者超过1年的一个营业周期内变现或耗用的资产"。通常情况下，流动资产主要包括库存现金、银行存款、交易性金融资产、应收及预付款、存货等；非流动资产主要包括长期股权投资、固定资产、无形资产和其他资产。

(二) 负债

1. 负债的定义及特征

负债是指企业过去的交易或者事项形成的、预期会导致经济利益流出企业的现时义务。企业在生产经营过程中所需要的资产,往往可以通过举债筹措资金来购置。负债是由企业举债形成,其具有如下特征。

(1) 负债是企业承担的现时义务,这是负债最基本的特征。其中,现时义务是指企业在现行条件下已承担的义务,未来发生的交易或者事项形成的义务,则不属于现时义务,不应当确认为负债。如银行借款是因为企业接受了银行贷款而形成的,如果企业没有接受银行贷款,则不会发生银行借款这项负债;应付账款是因为企业采用信用方式购买商品或接受劳务而形成的,在购买商品或接受劳务发生之前,相应的应付账款并不存在。

(2) 负债的清偿预期会导致经济利益流出企业,这是负债的一个本质特征。只有企业在履行义务时导致经济利益流出企业的,才符合负债的定义;如果不导致经济利益流出企业,就不符合负债的定义。在履行现时义务清偿债务时,导致经济利益流出企业的形式多种多样,如用现金或实物清偿债务,或以提供劳务来清偿债务,或者同时提供部分资产和提供部分劳务来清偿债务,也可能将债务转为投资资产等。

(3) 负债是由过去的交易或者事项形成的。和资产一样,负债也是由企业过去的交易或者事项形成的。换句话说,只有过去的交易或者事项才形成负债,企业在未来发生的承诺、签订的合同等交易或者事项不形成负债。

2. 负债的分类

负债按照流动性进行分类,可以分为流动负债和非流动负债。流动负债是指应在1年或者超过1年的一个营业周期内偿还的债务,主要包括短期借款、应付及预收款、应付职工薪酬、应交税费、应付利息、应付股利等;非流动负债是指偿还期在1年或者超过1年的一个营业周期以上的负债,主要包括长期借款、应付债券、长期应付款等。

(三) 所有者权益

1. 所有者权益的定义及特征

所有者权益是指企业的资产扣除负债后由所有者享有的剩余权益。公司的所有者权益又称为股东权益。企业在生产经营过程中所需要的资产,除了以举债形式购置外,主要来自企业的所有者对企业的投资。所有者在企业创办时投入的资本及企业在经营过程中获得的利润,构成了企业的所有者权益,其具有如下特征。

(1) 除非发生减值、清算或分派现金股利,企业不需要偿还所有者权益。

(2) 企业清算时,只有在清偿了所有的负债后,所有者权益才返还给所有者。

(3) 企业所有者凭其对企业投入的资本,享有分配税后利润的权利。所有者权益是企业分配税后利润的主要依据。

2. 所有者权益的分类

所有者权益一般包括实收资本、资本公积、盈余公积和未分配利润。

一般而言,实收资本和资本公积是由所有者直接投入的,比如所有者投入资本、资本溢价、股本溢价等。而盈余公积和未分配利润则是企业在生产经营过程中所实现的利润留存在企业所形成的。因此，盈余公积和未分配利润合称为留存收益。

（四）收入

1. 收入的定义及特征

收入是指企业在销售商品、提供劳务及让渡资产使用权等日常活动中所形成的、会导致所有者权益增加的、与所有者投入资本无关的经济利益的总流入。收入具有如下特征。

会计要素——收入、费用和利润

(1) 收入是从企业的日常活动中产生的，而不是从偶发的交易或事项中产生的。日常活动是指企业为完成其经营目标而从事的正常、经常性的活动及与之相关的其他活动，如工业企业产品的生产和销售活动、商业企业的商品购销活动、服务行业提供的劳务活动等。有些活动并非企业经常发生，如工业企业销售材料活动，但其与日常活动有关，因此所取得的经济利益流入也属于收入。源于企业日常活动以外的收益，如出售固定资产收益就不属于收入。

(2) 收入可以表现为企业资产的增加或负债的减少，也可以两者兼而有之。如销售商品收取现金则表现为资产增加；以商品或劳务抵偿债务会表现为负债的减少；以商品或劳务抵偿债务的同时，收取部分现金，则两者兼而有之。

(3) 收入会导致企业所有者权益的增加。由于收入能使资产增加或负债减少，或两者兼而有之，因此，企业取得收入一定会导致所有者权益增加。

(4) 收入只包括本企业经济利益的总流入，不包括为第三方或客户代收的款项。

2. 收入的分类

按日常活动在企业所处的地位不同，收入可分为主营业务收入和其他业务收入。

(1) 主营业务收入是指企业为完成其经营目标而从事的日常活动中的主要项目，如工商企业销售商品取得的收入。

(2) 其他业务收入是指主营业务以外的其他日常活动的收入，如工业企业销售材料、提供非工业性劳务等取得的收入。通常将主营业务收入和其他业务收入合称为营业收入。

（五）费用

1. 费用的定义及特征

费用是指企业在日常活动中发生的、会导致所有者权益减少的、与向所有者分配利润无关的经济利益的总流出。与收入相对应，费用具有如下特征。

(1) 费用是企业在日常活动中发生的经济利益的流出，而不是从偶发的交易或事项中发生的经济利益的流出。企业在销售商品、提供劳务等日常活动中必然要消耗原材料、支付工资和其他各项生产费用。这些消耗和支出是企业为取得收入而付出的代价，应当作为费用。但是，有些交易和事项虽然也能使企业发生经济利益的流出，但由于不属于企业的日常经营活动，所以，其经济利益的流出不属于费用而是损失，如工业企业报废、毁损固定资产损失，应作为营业外支出。

(2) 费用可能表现为企业资产的减少或负债的增加，或两者兼而有之。如企业以现金支付办公费表现为资产的减少；企业发生的应付的利息表现为负债的增加；企业发生的广告费用，部分以现金支付，部分未付，则表现为两者兼而有之。

(3) 费用会导致企业所有者权益的减少。费用的发生会导致资产的减少或负债的增加，或两者兼而有之，最终会导致所有者权益减少。

2. 费用的分类

费用按照是否计入成本，可以分为计入成本的费用和期间费用两部分。

(1) 计入成本的费用也称生产费用，生产费用按其计入产品成本的方式不同，可以分为直接费用和间接费用。直接费用是指直接为生产产品或提供劳务而发生的费用，包括直接材料、直接人工和其他直接费用。直接费用直接计入生产成本。间接费用是指企业各生产车间为组织和管理生产所发生的共同费用，以及生产几种产品共同发生的费用。

(2) 期间费用是指本期发生、不能直接或间接计入生产成本，而在发生的会计期间直接计入当期损益的各项费用，包括管理费用、销售费用和财务费用三项。管理费用是企业行政管理部门为组织和管理生产经营活动而发生的各项费用；销售费用是企业在销售商品、提供劳务等活动中发生的各项费用，以及专设销售机构的经费；财务费用是企业为筹集生产经营所需资金而发生的费用。

(六) 利润

利润是指企业在一定会计期间的经营成果。利润包括收入减去费用后的净额，以及直接计入当期利润的利得和损失等。如果扣除的费用低于该期的收入，表示企业本期产生了利润，反之则表示出现了亏损。企业的利润指标构成要素包括营业利润、利润总额和净利润。营业利润是营业收入减去营业成本、税金及附加、期间费用(包括销售费用、管理费用和财务费用)，加上投资净收益后的金额。利润总额是指营业利润加上营业外收入，减去营业外支出后的金额，即税前利润。净利润是指利润总额减去所得税费用后的金额，即税后利润。

二、会计要素之间的关系——会计等式

如前所述，会计对象是企业发生的可以用货币表现的经济活动，具体表现为会计要素。企业每发生一笔经济业务都必然涉及相应的会计要素，从而使有关会计要素之间存在一定的联系。会计要素之间的这种内在联系，用数学等式表达出来，就称为会计等式。

会计等式

(一) 会计基本等式

例如，某人用自己的 10 万元买了一辆车，那么他就对这辆车拥有了 10 万元的所有权。资产与所有权之间存在的对应公式为

$$资产=所有者权益$$

如果他没有 10 万元，只有 5 万元，其余的 5 万元是向银行借的，那么他对这辆车就只有 5 万元的所有权了，另外的 5 万元为负债。这时上面的对应公式就会变为

$$资产=负债+所有者权益$$

企业的经营也是如此，如果企业经营用的资金全部都是投资者投入的，那么投资人对企业拥有全部的所有权，即资产=所有者权益。但企业在经营过程中，经常会有一部分资金来源于负债，即资产=负债+所有者权益。这就是反映资产、负债、所有者权益之间关系的基本等式。

上述等式中，资产一侧表示企业所拥有的资源规模，负债和所有者权益一侧表示谁提供了这些资源。资产的结构和资金的构成反映了企业在某一特定日期的财务状况，会计中常常将资产、负债、所有者权益之间的数量关系列在特定格式的表格中，这种表格就是资产负债表，如表 1-2 所示。

表 1-2 资产负债表(简表)

2024 年 1 月 31 日　　　　　　　　　　　　　　　　单位：元

资产	金额	负债及所有者权益	金额
库存现金	20 000	短期借款	200 000
银行存款	300 000	应付账款	30 000
存货	100 000	实收资本	340 000
固定资产	150 000		
资产总计	570 000	负债及所有者权益总计	570 000

企业运用所有者和债权人提供的资源从事日常生产经营活动，预期会给企业带来经济利益，即收入。在日常的生产经营活动中又必然会发生经济利益的流出，即费用。企业一定会计期间的收入与费用配比后即为企业的经营成果，具体表现为利润。所以，收入、费用、利润之间客观上也存在一种数量关系，可用公式表示为

$$收入-费用=利润$$

该等式反映了企业在一定会计期间的经营成果。收入、费用、利润之间的数量关系，即企业的经营成果可用利润表列示，如表 1-3 所示。

表 1-3 利润表(简表)

2024 年 1 月　　　　　　　　　　　　　　　　单位：元

项目	金额
一、营业收入	50 000
减：营业成本	30 000
减：销售费用	3 000
……	……
二、营业利润	17 000
……	

(二) 会计基本等式的转化形式

在企业日常的生产经营活动中，收入的发生必然会引起企业资产的流入，费用的发生必然会引起企业资产的流出，利润是企业资产流入流出的结果，必然带来所有者权益的增

加。可见，企业资产、负债、所有者权益、收入、费用、利润之间客观上存在着必然的内在经济联系。

上述两个会计基本等式可以综合表示为

$$资产=负债+所有者权益+(收入-费用)$$

经过移项可得

$$资产+费用=负债+所有者权益+收入$$

以上分析说明，资产、负债、所有者权益、收入、费用和利润六大要素之间存在一定的恒等关系。

(三) 经济业务及其对会计等式的影响

经济业务也称会计事项，是指企业在生产经营过程中发生的能以货币计量的，并能引起会计要素发生增减变化的交易或事项。企业在生产经营过程中，每天发生着大量的经济业务，任何一项经济业务的发生，都必然引起会计要素发生增减变化，影响着会计等式，但却不会破坏会计等式的恒等关系，这一结论可以通过下面的实例进行验证。

企业的经济活动表现为企业的资金运动。企业资金运动的形式主要有三种情况：资金进入企业、资金退出企业、资金在企业内部的循环和周转。

1. 资金进入企业

资金进入企业会引起企业资产增加，负债或所有者权益同时等额增加，具体业务如下。

(1) 企业购买 10 000 元材料，但是还没有付款(为简化核算，暂不考虑增值税)。该项业务使企业资产项目原材料增加 10 000 元，负债项目应付账款也增加 10 000 元，即资产、负债同时等额增加。

(2) 某单位向本企业以现金方式投入资本 100 000 元，转入本企业存款户。该项业务使企业资产项目银行存款增加 100 000 元，所有者权益项目实收资本也增加 100 000 元，即资产、所有者权益同时等额增加。

2. 资金退出企业

资金退出企业会引起企业资产减少，负债或所有者权益同时等额减少，具体业务如下。

(1) 企业用银行存款 20 000 元偿还银行的短期借款。该项业务使企业资产项目银行存款减少 20 000 元，负债项目短期借款也减少 20 000 元，即资产、负债同时等额减少。

(2) 企业用 10 000 元支付股东股金。该项业务使企业资产项目银行存款减少 10 000 元，而所有者权益项目实收资本也减少 10 000 元，即资产、所有者权益同时等额减少。

3. 资金在企业内部的循环和周转

资金在企业内部的循环和周转会引起资产项目内部一个项目增加，另一个项目同时等额减少，或一个负债(所有者权益)项目增加，另一个负债(所有者权益)项目同时等额减少，具体业务如下。

(1) 企业从银行提取现金 10 000 元。该项业务使企业资产项目银行存款减少 10 000 元，而资产项目库存现金增加 10 000 元，即一个资产项目增加，另一个资产项目同时等额减少。

(2) 企业借入短期借款 20 000 元抵偿应付账款。该项业务使企业负债项目短期借款增加 20 000 元,而负债项目应付账款减少 20 000 元,即一个负债项目增加,另一个负债项目同时等额减少。

(3) 企业经批准将资本公积 10 000 元转增资本。该项业务使企业所有者权益项目资本公积减少 10 000 元,而所有者权益项目实收资本增加 10 000 元,即一个所有者权益项目增加,另一个所有者权益项目同时等额减少。

(4) 接到有关部门通知,将 100 000 元长期借款转为国家投资。该项业务使企业负债项目长期借款减少 100 000 元,而所有者权益项目实收资本增加 100 000 元,即一个负债项目减少,一个所有者权益项目同时等额增加。

(5) 公司经股东大会决议,决定向股东分配现金股利 100 000 元。该项业务使企业负债项目应付股利增加 100 000 元,所有者权益项目未分配利润减少 100 000 元,即一个负债项目增加,一个所有者权益项目同时等额减少。

从上述例子中可以看到企业发生的 9 种经济业务形式,如表 1-4 所示。

表 1-4 企业发生的经济业务形式

序号	资产	=	负债	+	所有者权益
1	增加		增加		
2	增加				增加
3	减少		减少		
4	减少				减少
5	有增有减				
6			有增有减		
7					有增有减
8			减少		增加
9			增加		减少

如果把上述 9 种经济业务的形式具体化,便可得到企业经济业务的 4 种基本类型,如表 1-5 所示。

表 1-5 企业经济业务的基本类型

号	资产	=	权益
1	增加		增加
2	减少		减少
3	有增有减		
4			有增有减

因此,无论企业发生怎样的经济业务,引起会计要素发生怎样的变化,都不会破坏会计等式的平衡关系。

下面我们再来考察经济业务的发生对扩展会计等式的影响。

(1) 企业收入的取得，或者表现为资产要素和收入要素同时等额增加，或者表现为收入要素的增加和负债要素同时等额减少，结果会计等式仍然保持平衡。

(2) 企业费用的发生，或者表现为负债要素和费用要素同时等额增加，或者表现为费用要素的增加和资产要素同时等额减少，结果会计等式仍然保持平衡。

(3) 在会计期末，将收入与费用相减得出企业的利润。利润在按照规定的程序进行分配以后，留存企业的部分转化为所有者权益的增加(或减少)，同时要么是资产要素相应增加(或减少)，要么是负债要素相应减少(或增加)，结果会计等式仍然保持平衡。

由于收入、费用和利润这三个要素的变化实质上都可以表现为所有者权益的变化，因此，上述3种情况都可以归纳到前面我们总结的9种情况中。

任务小结

资产、负债、所有者权益、收入、费用和利润，是会计对象的具体内容，称为会计要素。会计要素是对会计对象所做的大类划分。

用数学等式表达出来的会计要素之间内在的经济联系，称为会计等式，包括基本会计等式和转化的会计等式。无论企业发生怎样的经济业务，引起会计要素发生怎样的变化，都不会破坏会计等式的平衡关系。

任务实施

(1) 该项业务使企业资产项目原材料增加，负债项目应付账款也增加，即资产、负债同时等额增加。

(2) 该项业务使企业资产项目银行存款增加，所有者权益项目实收资本也增加，即资产、所有者权益同时等额增加。

(3) 该项业务使企业资产项目银行存款减少，负债项目短期借款也减少，即资产、负债同时等额减少。

(4) 该项业务使企业资产项目银行存款减少，所有者权益项目的实收资本也减少，即资产、所有者权益同时等额减少。

(5) 该项业务使企业资产项目银行存款减少，而资产项目库存现金增加，即一个资产项目增加，另一个资产项目同时等额减少。

(6) 该项业务使企业负债项目短期借款增加，而负债项目应付账款减少，即一个负债项目增加，另一个负债项目同时等额减少。

(7) 该项业务使企业所有者权益项目资本公积减少，而所有者权益项目实收资本增加，即一个所有者权益项目增加，另一个所有者权益项目同时等额减少。

(8) 该项业务使企业负债项目长期借款减少，所有者权益项目实收资本增加，即一个负债项目减少，一个所有者权益项目同时等额增加。

(9) 该项业务使企业负债项目应付账款增加，所有者权益项目实收资本减少，即一个负债项目增加，一个所有者权益项目同时等额减少。

职业能力考核

职业判断能力测验

一、单项选择题

1. 会计对象是企业、事业单位的( )。
   A. 经济活动　　　B. 经济资源　　　C. 劳动耗费　　　D. 财务活动
2. ( )是对会计对象进行的基本分类,是会计核算对象的具体化。
   A. 会计科目　　　B. 会计要素　　　C. 会计账户　　　D. 会计等式
3. ( )既反映了会计要素之间的基本数量关系,同时也是复式记账的理论基础。
   A. 会计对象　　　B. 会计科目　　　C. 会计账户　　　D. 会计等式
4. 每一项经济业务的发生,都会引起( )会计要素发生增减变化。
   A. 一个　　　　　B. 两个　　　　　C. 两个或两个以上　D. 一个或一个以上
5. 一个企业的资产总额与权益总额( )。
   A. 必然相等　　　　　　　　　　　B. 有时相等
   C. 不会相等　　　　　　　　　　　D. 只有在期末时相等

二、多项选择题

1. 下列各项中,属于反映企业财务状况的会计要素是( )。
   A. 资产　　　　　B. 负债　　　　　C. 所有者权益　　　D. 未分配利润
2. 下列各项中,属于反映企业经营成果的会计要素是( )。
   A. 收入　　　　　B. 费用　　　　　C. 利润　　　　　D. 盈余公积
3. 企业发生的各种经济业务虽然多种多样,但不外乎的几种类型是( )。
   A. 资产与负债或所有者权益同时等额增加
   B. 资产与负债或所有者权益同时等额减少
   C. 资产中有关项目有增有减
   D. 负债或所有者权益项目中有关项目有增有减
4. 在我国,对外提供财务会计报告的会计要素包括( )。
   A. 利润分配　　　　　　　　　　　B. 产品成本
   C. 收入、费用、利润　　　　　　　D. 资产、负债、所有者权益
5. 下列项目中,属于期间费用的有( )。
   A. 间接费用　　　B. 管理费用　　　C. 销售费用　　　D. 财务费用

三、判断题

1. 凡是特定对象中能够以货币表现的经济活动,都是会计核算和监督的内容。( )
2. 会计要素包括资产、负债、权益、收入、费用和利润6项。( )
3. 会计要素中既有反映企业财务状况的会计要素,也有反映企业经营成果的会计要素。( )
4. 企业取得收入,便意味着利润一定会形成。( )
5. 不管企业发生何种经济业务,会计等式的左右两边金额永远不变,故永远相等。( )

职业实践能力训练

目的：熟悉经济业务的发生对会计等式的影响。

资料：假定丰华公司以 2023 年 12 月 31 日作为 2024 年经济业务的起点，2024 年 1 月份发生的经济业务列示在下列等式中(单位：元)。

	资产				=	负债	+	所有者权益
	银行存款	+ 应收账款	+ 存货	+ 固定资产	=	应付账款	+	所有者权益
期初	+10 000	+4 600	+6 600	+10 800		+4 200		+27 800
业务1	+21 000	-21 000						
业务2	-10 000		+10 000					
业务3				+86 000		+86 000		
业务4			+20 000			+20 000		
业务5	-3 500					-3 500		
业务6	+32 000			+4 200				+36 200

要求：

(1) 根据上述资料，说明该公司 2024 年 1 月份发生的经济业务内容。

(2) 计算经济业务发生对资产、负债及所有者权益变动的影响结果，并分析变动类型。

学习评价

根据本任务的教学内容，通过职业判断能力测验和职业实践能力训练等方式对学习效果进行检查，实施评价，填写任务学习评价表(见表1-6)。

表1-6 认识会计要素、理解会计等式任务学习评价表

考核内容标准	实施评价		
	自我评价	同学互评	教师评价
会计要素的分类正确(20 分)			
会计要素金额变动的计算准确(40 分)			
会计等式的验证和分析正确(40 分)			

思政专栏

孔子与会计

背景与情境：孔子"尝为季氏史"，孔子的少年时代，因为门第低落，家室贫贱，曾经做过鲁国季氏的家臣，是季氏手下管理仓库财务出入及家畜放牧的一个小官，后来孔子为官也一直与管理国家财政经济有关，所以，孔子对理财和会计之事都有实际体会。据《孟子》记载："孔子尝为委吏矣，曰：会计当已矣"。孔子根据他主管仓库会计的实际体会，把会计工作的要害归结于"当"字之上。"当"的含义是多方面的，孔子这里所讲的"当"，其意义主要有三点：一是讲在会计工作中对于经济收支事项要遵循财制，处理得当；二是

讲会计事项的计算和记录要正确；三是从管理者的角度讲，要善于选择合格、适当的会计人才。

思考：孔子的这番经验之谈对今天的会计工作有什么借鉴意义？

分析提示：孔子根据他主管仓库会计的实际体会，把财会工作的要点归结于"当"字之上，意思是指财会工作的计算记录要正确无误，同时一切应力求适中、适当、适可而止。"当"的含义对今天的会计工作有着深刻的意义。一是真实性。我国会计准则要求，会计确认必须以实际业务为依据，会计计量、记录的对象必须是真实的经济业务，财务会计报告必须如实反映情况，不得掩饰。会计人员必须遵循诚实守信的职业道德。二是中立性。中立性也被称为"不偏不倚"，它要求会计人员在处理经济业务和选择会计方法时，态度端正，依法办事，客观公正，不偏不倚，保持应有的独立性。

拓展学习

经济业务发生对会计等式的影响

企业在日常生产经营中发生的经济业务，会引起有关会计要素的数额发生增减变化。其一，经济业务的发生，当引起会计等式一边会计要素发生变化时，其规律为一个会计要素增加，另一个会计要素同时等额减少。其二，经济业务的发生，当引起会计等式两边会计要素发生变化时，其规律为等额增加或等额减少同时发生。因此，无论企业发生什么样的经济业务，都不会影响会计等式的恒等关系，任何单位、任何时日的会计等式左边总金额与右边总金额必然相等，经济业务的发生不会影响会计等式的平衡关系。这一恒等关系对于组织会计核算具有十分重要的意义。

任务三　认识会计核算基本前提与会计记账基础

任务导入

1. 某财务咨询公司是由小张和小王合伙创建的，公司主要的经济业务是为在中国境内的客户提供财务咨询服务。该公司最近发生了下列经济业务，并由公司的会计进行了如下处理。

(1) 小张从公司出纳处拿了600元现金给自己的孩子购买玩具，会计将600元计入公司的办公费支出，理由是小张是公司的合伙人，公司的钱也有小张的一部分。

(2) 由于该公司4月份和5月份的经济业务较少，因而会计将4月份和5月份的业务合在一起进行记录并对外报出。

(3) 公司收到某客户支付的业务咨询费2 000美元，会计将其以美元为单位直接记账。

(4) 公司6月30日购买了一台计算机，价值为12 000元，准备使用3年，会计将12 000元的支出一次性全部计入当期管理费用。

要求：根据上述资料，分析该公司的会计在处理这些经济业务时是否正确，并说明理由。

2. 某公司 2023 年 5 月预收货款 30 000 元，按合同规定商品 6 月份发出。5 月份预付 6 月份房租 5 000 元。5 月份销售产品 10 000 元，货款将于 6 月份收到。5 月份发生费用 6 000 元，6 月份支付。

要求：按照权责发生制和收付实现制原理，计算确认该公司 5 月份的收入、费用和利润。

知识与技能

一、会计核算基本前提

会计核算基本前提，又称会计基本假设，是对会计核算的空间范围、时间界限、计量方式所做的一些合乎情理的规定和限制。会计核算的主要目标就是向有关的会计信息使用者提供有用的会计信息，而信息的产生必须在一定的空间和时间范围内进行，并按照一定的内容和形式，通过会计核算的程序和方法取得。在市场经济条件下，会计工作是在许多不确定的经济环境下进行的，如会计的核算范围如何，核算期间如何划分等。如果这些问题不明确，会计工作便无法进行。会计核算基本前提就是限定会计核算范围、内容，并对会计信息加以过滤和筛选，以使会计工作正常进行和保证会计信息的质量。它是在会计实践中被人们所接受的，无须加以证明的一些合乎情理的规定，所以又称会计假设。会计核算基本前提包括会计主体、持续经营、会计分期、货币计量 4 项内容。

会计核算基本前提

（一）会计主体

会计主体，又称会计实体，是指会计为之服务的特定单位。要开展会计工作，首先应明确会计主体，也就是要明确会计人员的立场，解决为谁记账、算账和报账的问题。会计人员只为特定的会计主体进行会计核算，反映企业本身所从事的各项经营活动。

会计主体主要是规定了会计核算的空间范围，每一个会计主体不仅与其他会计主体相区别，而且独立于所有者之外。也就是说，会计所反映的是一个特定会计主体的经济活动，而不是其他会计主体的经济活动，也不是企业所有者的经济活动。会计核算中涉及的资产、负债的确认，收入的实现，费用的发生等，都是针对特定会计主体而言的。

会计主体不同于法律主体。一般来说，法律主体必然是会计主体，而会计主体可以是法律主体，也可以是非法律主体，如独资企业或合伙企业，企业集团，企业的分厂、分公司等均是会计主体。

（二）持续经营

持续经营是指会计主体的生产经营活动在可以预见的未来不会因破产、清算、解散等而不复存在，将无限期地延续下去。企业持续经营和中断经营所采用的会计原则和会计方法是不同的。在市场经济环境下，由于竞争风险和不确定性因素的存在，没有一个企业能够永久地经营下去，客观上企业随时都会由于市场经济的竞争而面临被淘汰的危险。尽管如此，绝大多数企业都能持续经营下去，破产、清算的毕竟是少数，即使可能发生破产、清算，也难以预见其发生的时间。因此，在会计上除非有确凿证据表明企业即将破产、清算,否则都是假定企业在可以预见的未来将持续经营下去,而不会破产、清算,在此前提下选择会计程序和会计处理方法进行会计核算。也只有假定作为会计主体的企业是持续、正常经营的,才能保持会计信息处理的一致性和稳定性。持续经营假设明确了会计工作的时间范围。

(三) 会计分期

会计分期是指把企业持续不断的生产经营过程人为地划分为较短的相对等距的会计期间。会计分期假设的目的在于通过会计期间的划分,分期结算账目,按期编制会计报表。从理论上来说,在企业持续经营的情况下,要反映企业的财务状况和经营成果只有等到企业所有的生产经营活动结束后,才能通过收入和费用的归集与比较进行准确的计算,但那时提供的会计信息已经失去了应有的作用,因此必须人为地将这个过程划分为较短的会计期间。

会计分期假设是对会计工作时间范围的具体划分,主要是确定会计年度。世界各国所采用的会计年度一般都与本国的财政年度相同。我国以日历年度作为会计年度,即确定从每年的 1 月 1 日至 12 月 31 日为一个会计年度。会计年度确定后,一般按日历确定会计半年度、会计季度和会计月度,在会计上通常把它们称为会计中期。

(四) 货币计量

货币计量是指企业在会计核算过程中采用货币为计量单位,反映企业的经济活动,并假设币值保持稳定。

企业的经济活动是多种多样、错综复杂的,涉及的业务又常常会表现为一定的实物形态。为了全面反映企业的各种经营活动,会计核算客观上需要一种统一的计量单位作为计量尺度。会计核算过程中选择货币作为基础进行计量,是由货币本身的属性决定的。货币是商品的一般等价物,是衡量商品价值的共同尺度,会计核算就必然选择货币作为其计量单位,以货币形式来反映企业的生产经营活动的全过程。因此,会计必须以货币计量为前提。《会计法》规定,会计核算以人民币为记账本位币;业务收支以人民币以外的货币为主的单位,可以选定其中一种货币作为记账本位币,但是编报的财务会计报告应当折算为人民币。货币计量为会计核算提供了必要的手段。

二、会计记账基础

企业在持续不断的生产经营活动中会不断地取得收入,不断地发生各种成本、费用。将收入和费用进行配比,就可以计算和确定企业的经营成果。企业在生产经营过程中发生的各种收入和费用,按其收支期间和归属期间的不同可以分为如下两种情况。

会计记账基础

(一) 收入和费用的收支期间与归属期间一致

这种情况是指本期已收到的收入就是本期应获得的收入,本期已支付的费用就是本期应负担的费用。例如,某企业 2023 年 3 月 25 日销售商品一批,款项 10 000 元收存银行,款项在本期收到，收入也归属本期；某企业 2023 年 4 月 26 日以银行存款支付广告费 5 000 元，款项在本期支付，费用也归属本期。

(二) 收入和费用的收支期间与归属期间不一致

这种情况是指应属于本期但尚未收到的收入，或虽然本期收到但不属于本期的收入；应由本期负担但尚未支付的费用，或虽然本期支付但不属于本期的费用。例如，某企业 2023 年 3 月 25 日销售商品一批，款项 10 000 元尚未收到，虽然本期款项尚未收到，但收入归属本期；某企业 2023 年 3 月 25 日预收一笔销售商品款项 10 000 元，存入银行，款项虽然在本期收到，但收入不归属本期；某企业 2023 年 4 月发生水电费 5 000 元，款项尚未支付，虽然本期款项尚未支付，但费用归属本期；某企业 2023 年 4 月 26 日与乙企业签订了一份经营性租赁合同，自 5 月份开始租入大型生产设备一台，租期 3 年，以银行存款支付设备租金 18 000 元，款项虽然在本期支付，但费用不归属本期。

由于收入和费用的收支期和归属期往往不一致，就产生了如何正确确认某一会计期间收入和费用的问题。在会计核算中，应采用一定的记账基础，以正确反映本期收入和费用，进而正确计算当期损益，会计记账基础有如下两个。

1. 收付实现制

收付实现制，又称现金制或实收实付制。它是以款项的实际收付为标准来确认本期的收入和费用的一种会计处理方法。其原则是：凡是当期已经收到款项的收入或支出款项的费用，不管其是否属于本期，都应作为本期的收入或费用处理；相反，凡是本期未实际收到款项的收入或未支付款项的费用，即使应归属本期，也不能作为本期的收入或费用处理。

2. 权责发生制

权责发生制，又称应计制或应收应付制。它是以收入和费用是否发生为标准来确定本期收入和费用的一种会计处理方法。其原则是：凡是当期已经实现的收入和已经发生或应当负担的费用，不论款项是否收付，都应作为当期收入和费用入账；凡是不属于当期的收入和费用，即使款项已在本期收付，也不能作为本期的收入和费用入账。

由于权责发生制可以正确地反映各会计期间所实现的收入和为实现收入而应负担的费用，从而可以将各期的收入与其相关的成本、费用进行配比，正确地确定各期的财务成果。《企业会计制度》规定，企业的会计核算应当以权责发生制为基础。

任务小结

会计核算基本前提，又称会计基本假设，是对会计核算的空间范围、时间界限、计量方式所做的一些合乎情理的规定和限制。会计核算基本前提包括会计主体、持续经营、会计分期、货币计量 4 项内容。

在会计核算中，应采用一定的记账基础，以正确反映本期收入和费用，进而正确计算当期损益。会计记账基础有两个：一是权责发生制；二是收付实现制。

任务实施

1. 该财务咨询公司发生的各项经济业务，其会计处理结果如下。

(1) 事项1的会计处理方式不正确。按照会计主体基本前提，会计所反映的是一个特定会计主体的经济活动，而不是其他会计主体的经济活动，也不是企业所有者的经济活动。公司的业务核算范围应和投资者个人业务分开，小张为孩子购买玩具的业务不属于公司的业务，不应纳入公司的业务核算范围。

(2) 事项2的会计处理方式不正确。按照会计分期基本前提，企业应当分期结算账目，编制会计报表，公司会计应该分别编制4月份和5月份的会计报表。

(3) 事项3的会计处理方式不正确。按照货币计量基本前提，该公司的记账本位币是人民币，所以该公司收到美元时应将其折算为人民币记账。

(4) 事项4的会计处理方式不正确。按照持续经营基本前提，由于购入的计算机将使公司在未来3年受益，因此应将其作为固定资产核算，将支出以折旧的形式在受益期内分摊。

2. 按照权责发生制原理计算确认：5月份收入为10 000元，5月份费用为6 000元，5月份利润为10 000-6 000 = 4 000元。按照收付实现制原理计算确认：5月份收入为30 000元，5月份费用为5 000元，5月份利润为30 000-5 000 = 25 000元。

职业能力考核

职业判断能力测验

一、单项选择题

1. 在会计核算的基本前提中，界定会计工作和会计信息空间范围的是( )。
   A. 会计主体   B. 持续经营
   C. 会计期间   D. 货币计量
2. 持续经营前提是建立在( )前提基础上的。
   A. 会计主体   B. 权责发生制原则
   C. 会计分期   D. 货币计量
3. 会计分期前提是建立在( )前提基础上的。
   A. 会计主体   B. 持续经营
   C. 权责发生制原则   D. 货币计量
4. 我国《企业会计准则》规定，企业的会计确认、计量和报告的基础是( )。
   A. 收付实现制   B. 永续盘存制
   C. 实地盘存制   D. 权责发生制
5. 在我国，会计年度自( )。
   A. 公历每年1月1日起至12月31日止
   B. 公历每年4月1日起至次年3月31日止
   C. 公历每年9月1日起至次年8月31日止
   D. 公历每年7月1日起至次年6月30日止

二、多项选择题

1. 会计核算的基本前提包括( )。
   A. 会计主体 B. 会计分期
   C. 货币计量 D. 权责发生制
2. 按照权责发生制原则的要求，下列应计入本期收入和费用的有( )。
   A. 本期实现的收入已收款
   B. 本期的费用已付款
   C. 本期实现的收入未收款
   D. 下期的费用已付款
3. 会计的记账基础有( )。
   A. 收付实现制 B. 永续盘存制
   C. 实地盘存制 D. 权责发生制
4. 我国《企业会计制度》规定，会计期间分为( )。
   A. 月度 B. 季度
   C. 半年度 D. 年度
5. 下列方法中，属于会计核算方法的有( )。
   A. 设置账户 B. 登记会计账簿
   C. 编制会计报表 D. 编制财务预算

三、判断题

1. 会计主体是指会计所核算和监督的特定单位或者组织，它界定了会计工作的空间范围，明确了经济权利和责任的归属主体。( )
2. 会计期间分为年度、季度、月份和旬。( )
3. 会计核算以人民币为记账本位币，业务收支以人民币以外的货币为主的企业，也可选定其中一种货币作为记账本位币，但编制的会计报表需折算为人民币反映。( )
4. 我国《企业会计准则》规定，企业的会计核算应当以权责发生制为基础。( )
5. 会计分期不同，对利润总额不会产生影响。( )

职业实践能力训练

丰华公司 2020 年 4 月销售甲产品一批，价格为 20 000 元，货款未收；销售乙产品一批，货款 8 000 元，收存银行；收到 3 月份所欠货款 5 000 元；又以银行存款支付租入生产设备 4 月和 5 月的租金各 5 000 元。

要求：分别按照权责发生制和收付实现制原理，计算确认该公司 4 月份的收入和费用。

学习评价

根据本任务的教学内容，通过职业判断能力测验和职业实践能力训练等方式对本任务相关内容的学习效果进行检查，实施评价，填写任务学习评价表(见表 1-7)。

表 1-7　认识会计核算基本前提与会计记账基础任务学习评价表

考核内容标准	实施评价		
	自我评价	同学互评	教师评价
对会计核算基本前提认识准确，阐述清楚(40分)			
运用会计记账基础确定收入和费用正确(40分)			
对会计核算方法有一定的认识(20分)			

思政专栏

公生明，廉生威

背景与情境：刘新华，是一位上市公司的财务总监，在近 10 年的财会工作中，恪尽职守，勤奋敬业，甘于清贫，淡泊名利。多年来的职业生涯使他树立了一个职场信念：没有人能打败你，能打败你的只有你自己，无论对个人还是对公司都是如此，必须从自身做起，廉洁自律，诚实守信，坚持原则。

刘新华供职的上市公司是一家历史悠久的大型国有企业，但公司的产品质量与国外的同类产品有很大的差距，产品的重要原料有 80%靠进口，自己生产的原料质量达不到国内重要大客户的要求。进口原材料价格昂贵，导致成本居高不下，在市场中价格没有竞争优势。在当时这种情况下，公司要生存下去，就必须自行生产原材料，于是公司投入大量资金。但是这个决策却使企业大幅亏损、陷入困境，在企业面临会计师事务所的年报审计时，公司领导要求财务部门在数字上做文章，从而达到粉饰报表的目的。于是公司领导找来刘新华并对他说："新华，你是公司的老员工了，对公司应该很有感情，公司对你也不错，培养了你，现在公司遇到了困难，我们是不是应该为公司出把力呢？而且你和你爱人都在公司工作，公司垮了，对你的家庭是最为不利的。"显然，公司领导希望刘新华在年度会计报表上做文章。在经过彻夜的思考后，第二天一上班他便向领导提交了辞职报告，并委婉地劝告："我认为公司应该想办法真正地走出困境，而不应该在报表上作秀，业绩是做不出来的，纸是包不住火的，希望领导能好好考虑考虑。"

刘新华走了，离开了他工作了多年的公司，离开了让许多人都眼红的位置，带着他会计人员的信念和执着走了……

思考：你认为刘新华这样做值得吗？刘新华的行为体现了什么样的会计职业道德？

分析提示：刘新华的选择是正确的，也是值得的，他表现出了一名会计人员应有的品质，不做假账，廉洁自律，是会计人员的底线。从表面上看，刘新华"很亏"，他不但丢了财务总监的职务，丢了饭碗，而且对他的家庭也造成很大的影响，但是他的做法也许真的会挽救公司，因为财务造假只能隐瞒一时，却掩盖不了越来越严重的经营困境。在刘新华的身上，折射出了会计人员正直诚实的本性。他的行为体现了诚实守信、廉洁自律、客观公正、坚持准则的会计职业道德。

拓展学习

会计确认与计量的原则

会计确认是指以企业具体会计准则或企业会计制度为判断依据，将某一项目作为会计内容正式加以记录和列入财务会计报告的过程。企业日常发生的大量经济业务，有的属于会计核算和监督的内容，有的不属于会计核算和监督的内容，会计确认就是按照一定的标准或规定，解决哪些项目应作为会计项目加以记录，在哪些内容中进行记录，在什么时候进行记录的问题。

会计计量是指根据一定的计量标准和计量方法，确定应记录项目的金额的会计处理过程。会计计量包括计量单位和计量属性两个方面的内容。计量单位是会计进行计量时所采用的尺度，会计核算主要以货币为计量单位。《会计法》第十二条规定，会计核算以人民币为记账本位币。《企业会计准则——基本准则》第八条规定，企业会计应当以货币计量。计量属性是指被计量的对象的价格标准。一项经济业务或事项可以从多个方面用货币计量，因而具有不同的计量属性。按照《企业会计准则——基本准则》的规定，会计核算应当按照以下5种会计计量属性进行计量，确定其金额。

(1) 历史成本。在历史成本计量下，资产按照购置时支付的现金或者现金等价物的金额，或者按照购置资产时所付出的对价的公允价值计量。负债按照因承担现时义务而实际收到的款项或者资产的金额，或者承担现时义务的合同金额，或者按照日常活动中为偿还负债预期需要支付的现金或者现金等价物的金额计量。

(2) 重置成本。在重置成本计量下，资产按照现在购买相同或者相似资产所需支付的现金或者现金等价物的金额计量。负债按照现在偿付该项债务所需支付的现金或者现金等价物的金额计量。

(3) 可变现净值。在可变现净值计量下，资产按照其正常对外销售所能收到的现金或者现金等价物的金额扣减该资产至完工时估计将要发生的成本、估计的销售费用及相关税费后的金额计量。

(4) 现值。在现值计量下，资产按照预计从其持续使用和最终处置中所产生的未来净现金流入量的折现金额计量。负债按照预计期限内需要偿还的未来净现金流出量的折现金额计量。

(5) 公允价值。在公允价值计量下，资产和负债按照市场参与者在计量日发生的有序交易中，出售资产所能收到或者转移负债所需支付的价格计量。

计量属性的选择取决于会计信息使用者的需要，由于不同的会计信息使用者对会计信息的需求不同，会计计量属性的选择也有差别。历史成本具有客观性，易于取得，企业一般采用历史成本计量属性。不过，由于历史成本也存在一定的局限性，因此企业有时将其与其他计量属性结合使用。

项目二　设置会计账户与认识记账方法

学习目标

知识目标

1. 掌握会计科目的概念和分类，了解会计科目的设置原则和内容。
2. 掌握账户的概念和分类，理解和掌握账户的基本结构。
3. 了解记账方法的概念和分类，熟悉复式记账法的概念，理解复式记账法的基本原理。
4. 熟悉借贷记账法的概念，掌握借贷记账法的记账规则、账户结构及试算平衡。

能力目标

1. 能辨别会计科目的类别和核算内容。
2. 能辨别账户的性质和结构。
3. 会运用借贷记账法编制简单的会计分录。
4. 会编制试算平衡表，进行试算平衡。

素质目标

1. 热爱本职岗位，安心专注工作。
2. 工作认真、仔细，积极主动，富有创造性。
3. 责任心强、讲原则、讲方法，具有奉献精神及正确的荣誉观。
4. 实事求是、耐心服务，讲求效率和效益。
5. 运用所学会计账户和复式记账法的知识研究相关案例，提高在特定业务情境中分析问题与处理问题的能力。
6. 结合账户和借贷记账法的相关教学内容，依照会计"职业道德与伦理"的行业规范和标准，分析会计行为的善恶，提高职业道德素质。

项目引入

项目一介绍了会计对象——会计要素。经济业务发生时，会计人员可以根据发生的经济业务所涉及的会计要素进行记录，但如果仅按 6 个要素组织会计核算、进行会计记录，未免太笼统，不能满足信息使用者的需要。因此，必须对会计要素做进一步的分类，分类的结果就是会计科目。另外，还要为会计记录找到一个载体，即设置账户。

会计科目和账户的设置，仅仅为记录经济业务、生成会计信息提供了加工的场所，在实际工作中，还要把生产经营过程中发生的经济业务事项及其所引起的资金增减变动情况和结果记录到各有关账户中。因此，还应采用一定的记账方法，即复式记账法。

项目导学

会计核算是会计最基本的职能，会计通过其核算职能记录和反映企业的经济活动，为信息使用者提供决策所需信息。本项目将学习会计科目、账户及其结构，在此基础上进一步学习记账方法。本项目的具体任务如下。

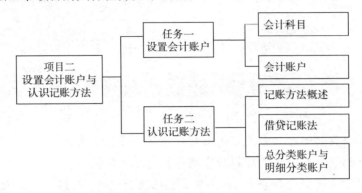

任务一　设置会计账户

任务导入

资料一：丰华公司本月购入生产用钢材，A型钢20吨，单价2 500元；B型钢15吨，单价3 500元。产品生产完工，共生产甲产品100件，单位成本500元；乙产品80件，单位成本2 500元。该公司采购过程中因资金紧张，货款未付，欠长江公司货款86 000元，欠黄河公司货款7 200元。根据资料列明各经济业务所涉及的会计科目名称及级次。

资料二：丰华公司2023年3月部分账户资料，如表2-1所示。

表2-1　账户资料

单位：元

账户名称	期初余额	本期增加发生额	本期减少发生额	期末余额
库存现金	500	800		400
银行存款		26 000	19 000	45 000
应收账款	5 000		4 800	4 500
原材料	46 000	78 000		52 000
固定资产	105 000	120 000	25 000	
短期借款	80 000	50 000		100 000
应付账款	5 400	3 000	3 500	
应付职工薪酬	30 000		34 000	31 000
实收资本		32 500	2 500	100 000

要求：根据以上资料计算填列表2-1中空格处的数据，并按经济内容对以上账户进行分类。

知识与技能

一、会计科目

（一）会计科目的概念

会计科目与账户

如果要了解一家企业在某一时间点拥有或控制的经济资源即资产有多少，对外承担了多少债务，投资人的权益是多少，企业在一定时期内取得了多少收入，发生了多少耗费，实现了多少利润等信息，那么通过前述会计要素记录所提供的资料就可以实现。但这只是对会计内容的基本分类，而企业在生产经营过程中发生的经济业务事项多种多样，它们都会引起会计要素发生不同的增减变化。就同一会计要素而言，它们都包含若干的具体内容，如资产中包括库存现金、银行存款及各种应收款项等；负债中包括短期借款和各种应付款等；其他的会计要素也各自包含很多内容，而且它们的内涵和作用也各不相同。会计信息使用者在决策过程中除了需要总括的会计资料外，还需要比较详细的会计资料，如在了解企业拥有和控制了多少资产后，他们还需要了解资产都是什么，企业的债务构成如何，等等。这样，按照会计要素分类核算提供的资料就满足不了会计信息使用者的需要，于是就需要在对会计内容做出基本分类的基础上对会计要素做进一步的具体分类，分类出来的各个项目称为会计科目。因此，会计科目是对会计对象即会计要素进行具体分类的项目名称。

（二）会计科目设置的原则

合理地设置会计科目，能够为企业提供科学、完整、系统的会计信息。企业在设置和使用会计科目时必须遵循会计准则和国家统一会计制度的规定，并在满足会计核算要求、不影响会计指标汇总及对外提供统一会计报表的前提下，根据实际情况自行增加、减少或合并某些会计科目。通常设置会计科目应遵循下列基本原则。

1. 反映会计对象的内容

会计科目的设置，必须全面、完整、系统地反映会计对象的内容。会计科目是在对会计内容进行基本分类的基础上对会计内容所做出的进一步分类，其目的是对各单位在生产经营过程中发生的经济业务进行全面、完整、系统的反映和监督。因此，会计科目的设置必须符合企业经营活动的特点，全面反映企业资产、负债、所有者权益、收入、费用和利润等会计内容。此外，每个会计主体还应结合本单位的实际情况，设置能够反映本单位经营特点的会计科目。例如，产品制造企业为核算产品制造过程所发生的各项支出，需要设置生产成本、制造费用等会计科目；商业企业为核算商品流通过程，需要设置商品进销差价等会计科目。

2. 满足内外部经营管理的需要

会计科目的设置，既要符合企业内部经营管理的需要，又要满足企业对外报告会计信息的要求，坚持统一性与灵活性相结合。会计核算所提供的信息是国家进行宏观经济管理、企业进行内部经济管理，以及投资者、债权人等有关方面进行决策所不可缺少的资料。所以，会计科目的设置既要符合国家宏观经济管理的要求，又要满足会计主体内部经济管理的需要。例如，国家制定会计准则和统一的会计制度就是为了规范各会计主体的会计核算和使其按照统一要求提供会计信息，以满足国家宏观经济管理的要求。为此，无论是企业，还是行政、事业单位，必须按照国家统一的会计制度规定设置会计科目。

3. 内容明确，繁简适宜

会计科目的设置，内容上要求清晰准确，级次上要讲求实用，繁简适宜。科目名称力求简明扼要、内容准确、含义清晰，不能相互混淆。一个科目原则上只能反映一个特定的内容，不重不漏，以保证会计核算指标的一致性。所设会计科目的级次，既要防止过于简单，又要避免过于繁杂，能够满足需要即可。

(三) 会计科目的分类

由于每个会计科目都核算某一个特定的经济内容，各科目之间既有联系又有区别，为了便于掌握和正确运用会计科目，有必要对会计科目进行科学的分类。通常按照下列标准对会计科目进行分类。

1. 按照反映的经济内容分类

所谓会计科目反映的经济内容，是指会计科目核算和监督的会计对象的具体内容，即会计要素。由于会计要素包括资产、负债、所有者权益、收入、费用和利润六大类，所以会计科目按照经济内容也应该分为资产、负债、所有者权益、收入、费用和利润六大类。但由于企业的利润属于所有者权益，所以反映企业利润形成和分配的会计科目列作所有者权益类；又由于企业的收入减去费用等于损益，反映企业收入和费用的会计科目都是用来计算企业损益的，所以把反映企业收入和费用的会计科目合并称为损益类科目。另外，由于不同行业经济活动具有不同的特点，所以不同企业还要根据自身经营的特点和经营管理的需要，设置满足自身需要的会计科目。例如，产品制造企业会设置反映产品费用形成的成本类科目，所以在产品制造企业等生产性企业中，会计科目分为资产类、负债类、所有者权益类、成本类和损益类五大类。此外，还有既有资产性质又有负债性质的共同类科目。

2. 按照提供核算指标的详细程度分类

会计科目按照提供核算指标的详细程度，可分为总分类科目和明细分类科目两种。总分类科目，也称总账科目或一级科目，是对会计核算和监督的具体内容进行总括分类的科目。例如，"库存现金""银行存款""应收账款""固定资产"等都属于总分类科目，它们反映的经济内容或提供的指标最为概括。明细分类科目，也称明细账科目或明细科目，简称为细目，是对总分类科目的进一步分类，它所反映的经济内容或提供的指标比较详细具体，是对总分类科目的具体化和详细说明。例如，在"应收账款"总分类科目下按照债务人单位或姓名设置明细科目，以反映应收账款的具体对象；在"固定资产"总分类科目下按照固定资产的类别设置"房屋建筑物""机器设备""运输车辆"等明细科目，以反映固定资产的具体内容。

如果某总分类科目下面反映的内容较多，可以增设二级科目，也称子目。它是介于总分类科目与明细分类科目之间的科目，比总分类科目提供的指标详细，但又比明细分类科目提供的指标概括。子目和细目统称为明细科目。例如，工业企业中"原材料"属于一级科目，在"原材料"科目下可根据需要分别开设"主要材料""辅助材料"等二级明细科目，而在二级科目下还可根据需要，按照材料的品种开设三级明细科目。三级科目之间的关系可以用表2-2列示如下。

表2-2　会计科目按级次分类

总分类科目(一级科目)	明细分类科目	
	二级科目	三级科目
原材料	原料及主要材料	甲材料
		乙材料
	辅助材料	丙材料
		丁材料

为了规范会计工作，并满足国家宏观经济管理的要求，财政部在《企业会计准则——应用指南》中对总分类会计科目的名称、核算内容做出统一规定，各单位可根据本企业的生产规模、经营特点和管理要求等，从国家所规定的总分类科目中选用总分类科目。明细分类科目除了会计准则规定设置的以外，可由企业根据需要按照设置原则自行设置。

(四) 会计科目的内容

我国统一制定的会计科目由三部分内容组成，即会计科目名称、编号和会计科目使用说明。财政部统一规定的会计科目都按照一定规则予以编号。会计科目的编号一般采用四位数字，以千位数字代表会计科目的类别，一般分为6个数码："1"为资产类，"2"为负债类，"3"为共同类，"4"为所有者权益类，"5"为成本类，"6"为损益类；百位数字代表每大类会计科目下的较为详细的类别；十位和个位上的数字代表会计科目的顺序号。为便于会计科目的增减，在顺序号中一般都有一定的间隔。会计科目的内容(常用科目)，如表2-3所示。

表2-3　会计科目表(简表)

顺序号	编号	会计科目名称	顺序号	编号	会计科目名称
		一、资产类	10	1221	其他应收款
1	1001	库存现金	11	1231	坏账准备
2	1002	银行存款	12	1401	材料采购
3	1012	其他货币资金	13	1402	在途物资
4	1101	交易性金融资产	14	1403	原材料
5	1121	应收票据	15	1404	材料成本差异
6	1122	应收账款	16	1405	库存商品
7	1123	预付账款	17	1406	发出商品
8	1131	应收股利	18	1411	周转材料
9	1132	应收利息	19	1471	存货跌价准备

(续表)

顺序号	编号	会计科目名称	顺序号	编号	会计科目名称
20	1511	长期股权投资			三、共同类(略)
21	1512	长期股权投资减值准备			四、所有者权益类
22	1521	投资性房地产	47	4002	实收资本
23	1531	长期应收款	48	4003	资本公积
24	1601	固定资产	49	4103	盈余公积
25	1602	累计折旧	50	4104	本年利润
26	1603	固定资产减值准备	51	4201	利润分配
27	1604	在建工程			五、成本类
28	1605	工程物资	52	5001	生产成本
29	1606	固定资产清理	53	5101	制造费用
30	1701	无形资产	54	5301	研发支出
31	1702	累计摊销	55	5402	合同取得成本
32	1703	无形资产减值准备			六、损益类
33	1801	长期待摊费用	56	6001	主营业务收入
34	1901	待处理财产损溢	57	6051	其他业务收入
		二、负债类	58	6101	公允价值变动损益
35	2001	短期借款	59	6102	投资收益
36	2201	应付票据	60	6103	资产处置损益
37	2202	应付账款	61	6301	营业外收入
38	2203	预收账款	62	6401	主营业务成本
39	2211	应付职工薪酬	63	6402	其他业务成本
40	2221	应交税费	64	6601	销售费用
41	2231	应付利息	65	6602	管理费用
42	2232	应付股利	66	6603	财务费用
43	2241	其他应付款	67	6701	资产减值损失
44	2501	长期借款	68	6702	信用减值损失
45	2502	应付债券	69	6711	营业外支出
46	2701	长期应付款	70	6801	所得税费用

二、会计账户

(一) 账户的概念

会计科目只是对会计对象具体内容进行分类的项目名称，不具有特定的格式和结构，仅有会计科目还是无法将发生的经济业务记录下来。为了全面、系统、分类地核算和监督各项经济业务事项所引起的资金增减变动情况及其结果，还需要有一个具有特定格式和结构的记录载体，这个载体就是根据会计科目在会计账簿中开设的一系列账户。

账户是根据会计科目开设的用以连续、系统、全面、综合地记录会计内容增减变动情况及其结果的载体。设置账户是会计核算的专门方法之一，账户所记录的数据是编制会计报表的资料来源。

(二) 账户的分类

1. 按照反映的经济内容分类

账户是根据会计科目开设的，所以账户所反映的经济内容与会计科目的经济内容完全一致，其分类也相同。产品制造企业中，由于会计科目按照经济内容分为 5 类，因此账户也就相应地分为 5 类，即资产类、负债类、所有者权益类、成本类和损益类。此外，还有资产负债共同类。

2. 按照提供指标的详细程度分类

账户的开设应与会计科目的设置相适应，由于会计科目按照提供指标的详细程度可分为总分类科目和明细分类科目，所以账户也就相应地分为总分类账户和明细分类账户。

总分类账户提供的是总括的分类核算指标，一般只以金额进行货币计量，它是根据一级会计科目设置的。运用总分类账户办理会计核算，称为总分类核算。明细分类账户提供的是明细分类核算指标，不仅记录金额，还可以根据需要记载品名、规格、单价、数量等，即还能以实物为计量单位，它是根据二级或三级会计科目设置的。运用明细分类账户办理会计核算，称为明细分类核算。

总分类账户和明细分类账户之间存在着辩证的关系。总分类账户对明细分类账户进行概括和总结，提供总括的核算指标；明细分类账户对总分类账户进行补充说明，提供具体的核算指标。下面用应付账款明细账具体说明，如表 2-4 所示。

表 2-4 应付账款明细账

单位：元

债权企业名称	负债金额
甲企业	30 000
乙企业	70 000
丙企业	50 000
合　计	150 000

在表 2-4 中，总分类账户中提供企业所欠的总负债 150 000 元的经济指标，而明细分类账户中则提供具体欠谁的经济指标。

(三) 账户的基本结构

账户是用以连续、系统、全面、综合地记录会计内容增减变动情况及其结果的载体。引起会计要素增减变动的经济业务事项尽管错综复杂，但从数量上看不外乎增加和减少两种情况。因此，用来分类记录经济业务的账户，在结构上也相应地划分为左右两个基本部分，即左方和右方，分别记录会计要素的增加数和减少数。同时，还需要反映会计要素各项目增减变化后的结果，即余额。所以，反映会计要素的增加、减少、余额三个部分是账户的基本结构。此外，为了便于随时考察引起资金增减变动的经济业务事项的内容、记账时间和依据，账户中除设置增加、减少、余额三个基本部分外，还设置了包括账户名称(即会计科目)、日期和凭证号数(用以说明经济业务发生的时间和记录的依据)、摘要(概括说明经济事项)等内容。账户基本格式，如表2-5所示。

表2-5 账户基本格式

年		凭证号	摘要	左方金额								右方金额								余额							
月	日			十	万	千	百	十	元	角	分	十	万	千	百	十	元	角	分	十	万	千	百	十	元	角	分

上列账户的基本格式中，左右两方的金额栏一方记录增加额，一方记录减少额，增减相抵后的差额，即为余额。余额按其表示的时间不同，分为期初余额和期末余额。因此，每个账户所记录的金额，可以分为期初余额、本期增加额、本期减少额和期末余额。本期增加额和本期减少额是指在一定的会计期间内(如月度、季度或年度)，账户在左右两方分别登记的增加金额合计和减少金额合计，也称为本期增加发生额和本期减少发生额。本期增加发生额和本期减少发生额相抵后的差额即为本期的期末余额。如果将本期的期末余额转入下一期，就是下一期的期初余额。上述4项金额指标之间的关系可用公式表示为

$$本期期末余额＝本期期初余额+本期增加发生额-本期减少发生额$$

账户的左右两方是按相反方向来记录增加额和减少额的。也就是说，如果一个账户在左方登记增加额，则在右方登记减少额；反之，如果一个账户在右方登记增加额，则在左方登记减少额。在每一个具体账户的左右两方，究竟哪一方登记增加额，哪一方登记减少额，取决于所采用的记账方法和账户所记录的经济内容。账户的余额一般与记录增加额在同一方向。

为方便起见，通常将会计账户的基本结构简化为T形账户，如图2-1所示。它是由一条水平线及其平分的一条直线所构成的，账户的中间部分写明账户的名称，即会计科目的名称，如银行存款、原材料、应付账款等。

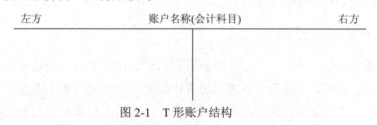

图2-1 T形账户结构

T形账户是适应教学需要而采用的一种简化形式。

任务小结

会计科目是对会计对象即会计要素进行具体分类的项目名称。会计科目按照反映的经济内容,可以分为资产类、负债类、共同类、所有者权益类、成本类和损益类六大类,按照提供核算指标详细程度分类可以分为总分类科目和明细分类科目两种。

账户是根据会计科目开设的用以连续、系统、全面、综合地记录会计内容增减变动情况及其结果的载体。按照经济内容不同,账户分为资产类、负债类、共同类、所有者权益类、成本类和损益类六大类账户;按照提供指标的详细程度不同,账户分为总分类账户和明细分类账户。

任务实施

1. 资料一中各业务所涉及的会计科目名称及级次,如表2-6所示。

表2-6 会计科目的名称及级次

总分类科目(一级科目)	明细分类科目	
	二级科目	三级科目
原材料	钢材	A型钢材
		B型钢材
库存商品	甲产品	
	乙产品	
应付账款	长江公司	
	黄河公司	

2. 资料二填列的数字和账户分类如下。

库存现金	900	资产类账户
银行存款	38 000	资产类账户
应收账款	4 300	资产类账户
原材料	72 000	资产类账户
固定资产	200 000	资产类账户
短期借款	30 000	负债类账户
应付账款	4 900	负债类账户
应付职工薪酬	35 000	负债类账户
实收资本	70 000	所有者权益类账户

职业能力考核

职业判断能力测验

一、单项选择题

1. 账户结构一般分为(　　)。
   A. 左右两方　　　　　　　　　B. 上下两部分
   C. 发生额、余额两部分　　　　D. 前后两部分

2. 会计账户左右两方，哪一方登记增加数，哪一方登记减少数，取决于(　　)。
   A. 账户的结构　　　　　　　　B. 账户的用途
   C. 账户的类别　　　　　　　　D. 采用的记账方法和所记录的经济业务内容

3. 账户余额一般与(　　)在同一方向。
   A. 增加额　　　　　　　　　　B. 减少额
   C. 借方发生额　　　　　　　　D. 贷方发生额

4. (　　)不是设置会计科目的原则。
   A. 必须结合会计对象的特点　　B. 统一性与灵活性相结合
   C. 应保持相对的稳定　　　　　D. 经审计人员审计批准

5. 对每个账户而言，期末余额应该在(　　)。
   A. 左方　　　　　　　　　　　B. 右方
   C. 左方和右方均可　　　　　　D. 账户的一方

二、多项选择题

1. 账户与会计科目的区别表现在(　　)。
   A. 账户和会计科目反映的经济内容是不一致的
   B. 账户有结构，会计科目则无
   C. 会计要素的增减变化要在账户中进行登记，而会计科目则不能
   D. 账户设置构成了会计核算的方法之一，而会计科目则不能

2. 在会计工作中，账户的格式设计一般包括(　　)。
   A. 账户的名称　　　　　　　　B. 日期和摘要
   C. 增加和减少的金额与余额　　D. 凭证字号

3. 账户按提供指标的详细程度分类，可分为(　　)。
   A. 总分类账户　　　　　　　　B. 明细分类账户
   C. 资产类账户　　　　　　　　D. 权益类账户

4. 账户中各项金额的关系可用(　　)表示。
   A. 本期期末余额=本期期初余额+本期增加发生额-本期减少发生额
   B. 本期期末余额+本期减少发生额=本期期初余额+本期增加发生额
   C. 增加额=减少额
   D. 本期期末余额=本期期初余额

5. 企业计算某账户本期期末余额,要根据( )才能计算出来。
   A. 本期期初余额　　　　　　B. 本期增减净额
   C. 本期增加发生额　　　　　D. 本期减少发生额

三、判断题

1. 会计账户是以会计科目为名称的,两者反映的内容是一致的。　　　　　(　　)
2. 账户的简单格式分为左右两方,其中左方登记增加额,右方登记减少额。(　　)
3. 一般来说,各类账户的期末余额与记录增加额的一方在同一方向。　　　(　　)
4. 会计账户的设置与会计科目的分类密切相关,即根据总分类科目和明细分类科目分别设置总分类账户和明细分类账户。　　　　　　　　　　　　　　　　(　　)
5. 会计科目是账户的名称,因而也是会计核算方法。　　　　　　　　　　(　　)

职业实践能力训练

1. 丰华公司本月发生如下业务。

(1) 购入生产用钢材,A 型钢 10 吨,单价 3 000 元;B 型钢 5 吨,单价 5 000 元。

(2) 生产产品完工入库,其中生产甲产品 100 件,单位成本 2 000 元;生产乙产品 200 件,单位成本 2 500 元。

(3) 在采购过程中因资金紧张,货款未付,其中欠付长江公司货款 25 000 元,欠付黄河公司货款 40 000 元。

要求:根据资料列明经济业务所涉及的会计科目名称及级次。

2. 资料一:2023 年 2 月 1 日,丰华公司"银行存款"账户的期初余额为 30 000 元,2 月份该公司发生的存款收支经济业务如下。

(1) 3 日,向银行送存现金 40 000 元。

(2) 5 日,用银行存款支付采购材料价款 28 000 元。

(3) 8 日,从银行提取现金 20 000 元,备发工资。

(4) 12 日,销售产品一批,价款 50 000 元存入银行。

(5) 25 日,银行支付第二季度存款利息 50 元。

(6) 28 日,用银行存款支付水电费 3 800 元。

资料二:2023 年 3 月 1 日,丰华公司"应付账款"账户的期初余额为 40 000 元,3 月份该公司发生的经济业务如下。

(1) 1 日,购入生产用 A 钢材,货款 45 000 元暂欠。

(2) 6 日,归还前欠供应单位部分货款 22 000 元。

(3) 15 日,购入生产用机器设备价款 185 000 元,其中 100 000 元用银行存款支付,剩余部分暂欠。

(4) 20 日,归还 A 钢材欠款 45 000 元。

(5) 25 日,购入生产用 B 钢材,货款 50 000 元尚未支付。

资料三:丰华公司 2023 年 3 月部分账户资料,如表 2-7 所示。

表 2-7　账户发生额及余额表

单位：元

账户名称	期初余额	本期增加发生额	本期减少发生额	期末余额
库存现金	800	400		300
银行存款		30 000	20 000	50 000
应收账款	5 000		2 000	4 000
应付账款	4 500	2 400	2 600	
实收资本		12 500	3 000	48 500
固定资产	34 000	12 000		36 000
原材料	4 600	28 000		5 200
应付职工薪酬	3 000		3 400	3 100

要求：

(1) 根据资料一，开设"银行存款"T形账户，以左方记录增加额，以右方记录减少额，将所发生经济业务登入该账户，并计算 2023 年 2 月末"银行存款"账户的期末余额。

(2) 根据资料二，开设"应付账款"T形账户，以右方记录增加额，以左方记录减少额，将所发生经济业务登入该账户，并计算 2023 年 3 月末"应付账款"账户的期末余额。

(3) 根据资料三，计算填列表 2-7 空格中的数字。

学习评价

根据本任务的教学内容，通过职业判断能力测验和职业实践能力训练等方式对本任务相关内容的学习效果进行检查，实施评价，填写任务学习评价表(见表 2-8)。

表 2-8　设置会计账户任务学习评价表

考核内容标准	实施评价		
	自我评价	同学互评	教师评价
会计科目的分类正确(50 分)			
准确把握账户 4 项金额要素的恒等关系(50 分)			

思政专栏

会计人员应当廉洁自律

背景与情境：安徽王某，23 岁，大学专科毕业后分配到某市一国债服务部，担任柜台出纳兼任金库保管员。1999 年 5 月 11 日，王某偷偷从金库中取出 1997 年国库券 30 万元，4 个月后，王某见无人知晓，胆子开始大了起来，又取出 50 万元，通过证券公司融资回购方法，拆借人民币 89.91 万元，用来炒股，没想到赔了钱。王某在无力返还单位债券的情况下，索性于 1999 年 12 月 14 日和 12 月 15 日，将金库里剩余的 14.03 万元国库券和股市上所有的 73.7 万元人民币全部取出后潜逃，用化名在该市一处民房租住隐匿。至此，王某共贪污 1997 年国库券 94.03 万元，折合人民币 118.51 万元。案发后，当地人民检察院立案侦查，王某迫于各种压力，于2000年1月8日投案自首，检察院依法提起公诉。

思考：王某违背了哪些职业道德规范？简要说明会计职业道德教育的意义？

分析提示：案例中的王某，没有丝毫会计职业道德观念和法治观念，内心深处没有构筑道德的防线，或者说道德防线十分脆弱，不堪一击。从会计职业道德规范的角度分析，该会计人员违背了爱岗敬业、诚实守信、廉洁自律等会计职业道德规范。此外，此案也说明了建立单位内部控制制度的重要性。

会计职业道德教育有利于提高会计职业道德水平，有利于培养会计人员会计职业道德情感，有利于树立会计职业道德信念。

拓展学习

会计科目与账户的关系

会计科目与账户是两个不同的概念，两者之间既有联系又有区别。会计科目与账户的联系表现在：账户直接以会计科目为依据设置，会计科目的名称就是账户的名称，会计科目的核算内容就是账户所要登记的内容，两者分类的口径和反映的经济内容是一致的。正因为这一点，在实际工作中常把会计科目作为账户的同义语。但会计科目与账户也有区别，具体表现在：会计科目只是对会计内容具体分类的项目名称，仅说明反映的经济业务内容是什么，本身没有结构；而账户既有名称，又有相应的结构，它既能说明账户反映的经济业务内容是什么，又能具体地记录资金的增减变动情况及其结果。也正因为如此，账户才成为会计内容的载体，账户的内容比会计科目更丰富。

任务二　认识记账方法

任务导入

1. 丰华公司2023年5月发生如下经济业务。
(1) 收到某单位投入的款项98 600元，存入银行。
(2) 收到外商捐赠的某设备，价值48 000元。
(3) 以现金300元支付厂部办公费。
(4) 以银行存款2 000元支付前欠东方厂货款。
(5) 从银行提取现金4 500元。
(6) 以现金支付本月应付的职工工资4 500元。
(7) 将现金1 000元存入银行。
(8) 收到南方厂前欠货款30 000元，款项存入银行。
(9) 从银行取得三年期借款38 000元。
(10) 以银行存款1 000元支付广告费。

要求：请运用借贷记账法，写出上述交易、事项的会计分录。

2. 丰华公司 2023 年 6 月发生如下经济业务。
(1) 从银行取得短期借款 300 000 元，存入存款账户。
(2) 甲产品 200 件完工入库，单位成本 58 元。
(3) 用银行存款支付银行贷款手续费 200 元。
(4) 用转账支票支付前欠 A 公司采购材料款 32 000 元。
(5) 从银行提取现金 100 000 元。
(6) 用银行存款偿还银行短期借款 100 000 元。
(7) 用银行存款 35 000 元购入生产设备一台。
要求：请根据上述资料，编制有关会计分录和总分类账户发生额试算平衡表。

知识与技能

设置会计科目和账户，为记账准备了必要的条件，但是要将企业发生的经济业务在账户中进行记录还要解决记账方法的问题。会计对象是企业的资金运动，企业发生的每一笔经济业务都会引起资金的增减变动，都有来龙和去脉。为了将资金运动的来龙去脉全面、系统地反映清楚，对发生的每一笔经济业务都必须做双重记录，即在两个或两个以上的账户中，以相等的金额同时进行登记。完成会计记录需要学会记账方法的有关知识与技能。

一、记账方法概述

记账方法概述

（一）记账方法的概念

所谓记账方法，是指按一定的规则，使用一定的符号，将客观发生的经济业务事项记入有关账户中所采用的方法。

（二）记账方法的分类

从会计发展的历史来看，人类曾使用过的记账方法有单式记账法和复式记账法两种。

1. 单式记账法

单式记账法是指对发生的经济业务及引起的会计要素的增减变化只在一个有关的账户中做出记录的一种记账方法。例如，以现金 2 000 元购进商品一批，单式记账法下只记录"库存现金"减少，而不记录"库存商品"增加。

单式记账法的优点是：记账过程和方式简单。

单式记账法的缺点是：①对每一笔经济业务事项只在一个账户中记录该笔经济业务事项的主要方面，而不同时反映这笔经济业务事项的另一个方面，而且大都是以钱财、人欠、欠人为记账对象，因此对会计对象反映不完整；②采用单方面的记录方式，对发生的收入项目，只进行钱财、人欠的单方面记录，对发生的支出项目，也只进行钱财、欠人的单方面记录，不能全面反映经济业务的变化情况；③缺少计算损益的专门账户，因而没有完整科学的账户和账户体系；④仅有个别账户的平衡公式，而无全部账户体系的平衡公式，所以记账过程的正确性缺乏自我验证的作用。

2. 复式记账法

复式记账法是指对每一笔经济业务事项所引起的资金增减变动,都以相等的金额同时在两个或两个以上相互联系的账户中进行登记的一种记账方法。例如,某企业以1 000元现金购进一批材料。该企业对这笔业务事项不仅要记录"原材料"增加1 000元,而且同时要记录"库存现金"减少1 000元。

相对于单式记账法而言,复式记账法最主要的特点是:①会计记录的双重性,即对发生的每一笔经济业务事项,都在两个或两个以上的账户中进行登记;②运用统一的记账货币单位,并运用简明的记账符号表明记账的方向和数量的增减;③有完整科学的账户体系;④有全部账户的平衡公式,并能根据会计平衡公式检验全部会计记录的正确性。由于对发生的每一笔经济业务事项都以相等的金额同时在两个或两个以上相互联系的账户中进行登记,使得各账户之间形成了严密的对应关系,账户记录能够互相平衡,是否正确也可以进行自我验证。因此,复式记账法要比单式记账法更加科学。由于复式记账法具有单式记账法不可比拟的特点,因而成为世界各国公认的一种科学的记账方法。复式记账法又分为借贷记账法、增减记账法和收付记账法三种。其中,借贷记账法是国际上通用的复式记账法,我国企业会计准则规定,企业应当采用借贷记账法记账。

1) 复式记账法的理论基础

复式记账法的基本理论依据是会计等式,即"资产=负债+所有者权益"。如前所述,各单位发生的经济业务虽然多种多样,千变万化,但不管怎样变化,必然在会计等式中引起双重影响:要么引起会计等式两边会计要素等额的同增同减,要么引起会计等式某一边会计要素等额地有增有减。这些变化都不会破坏会计等式的平衡关系。会计记录采用复式记账法,对发生的每项经济业务,都以相等的金额在两个或两个以上相互联系的账户中进行记录,可以完整、系统地反映经济活动的过程和结果,了解经济业务的全貌;可以根据会计等式的平衡关系检查会计记录的正确性。

2) 复式记账法的基本内容

作为科学的复式记账法,其基本内容一般包括科学明确的记账符号、健全的账户体系与合理的账户结构、科学的记账规则和试算平衡方法等。

(1) 记账符号。记账符号是指明确经济业务事项记入某一账户的某一方向,并表明其数量增减变化的符号。例如,借贷记账法是以"借"和"贷"作为记账符号;增减记账法是以"增"和"减"作为记账符号;收付记账法是以"收"和"付"作为记账符号。

(2) 账户的设置及结构。设置账户是对会计对象具体内容进行分类、记录和监督的一种方法。复式记账可反映经济业务事项所引起的财务状况和经营成果的变化及其结果。因此,须设置能够全面反映财务状况和经营成果的科学的账户体系,否则便不可能做出相互联系的会计记录。

(3) 记账规则。记账规则是指采用复式记账法记账时所应遵守的法则。每一笔科学、正确的会计记录,都必须有明确的记账符号和会计内容,以及与内容相一致的金额。这些也正是经济业务事项所引起的资金变化的规律,将这一规律简明扼要地概括为"记账规则"，以其作为约束记账者进行会计记录时必须遵循的法则。

(4) 试算平衡。试算平衡是指利用资产与权益的平衡关系及平衡原理检查账户记录是否正确的一种方法。采用复式记账法并依据记账规则进行记账，账户记录应自然形成一种平衡关系，利用这种平衡关系对账户记录及其结果进行自我检验，可以保证会计记录的正确性。

二、借贷记账法

(一) 借贷记账法的概念

借贷记账法的基本内容

借贷记账法是以"借""贷"二字作为记账符号，用以记录经济业务的发生所引起的资金增减变动及其结果的一种科学的复式记账方法。

(二) 借贷记账法的基本内容

1. 借贷记账法的记账符号

"借""贷"二字源于借贷记账法产生时的"借主""贷主"之地位，但作为记账符号，它们已失去了原本的含义，只表示增加和减少。即"借"表明资产的增加、权益的减少；"贷"表明权益的增加、资产的减少。

账户是用来具体记录会计内容的，企业根据规定的会计科目开设的账户通常包括五类，即资产类、负债类、所有者权益类、成本类和损益类等。以上五类账户在本质上仍然是两类，即资产类和权益类(包括负债类和所有者权益类)。例如，成本是资产的运用和表现形态，其本质还是资产，所以成本类账户可归属于资产类账户；损益类账户是为了计算损益(所有者权益)而设置的账户，其所反映的内容包括收益(收入、利得等)和费用(成本、期间费用、损失等)，它们都是构成损益的因素，收入是所有者权益的增项，费用是所有者权益的减项，故损益类账户可归属于所有者权益类账户。

经以上分析归类，可将"借""贷"记账符号用以表示账户内容增减变动的含义概括为："借"表明资产类账户的增加、权益类账户的减少，"贷"表明权益类账户的增加、资产类账户的减少。其中，损益类账户中费用账户(包括"主营业务成本""管理费用"等)的增加用"借"表示，收入账户(包括"主营业务收入""其他业务收入"等)的增加用"贷"表示。怎样理解呢？很简单，因为费用是所有者权益的减项，费用的增加就意味着所有者权益的减少，故用"借"表示。收入是所有者权益的增项，收入的增加就意味着所有者权益的增加，故用"贷"表示。借、贷对归属后的会计账户的经济含义，如表2-9所示。

表2-9 借、贷的经济含义

账户类别	借的含义	贷的含义
资产类、成本类和损益类的费用账户	增加	减少
负债类、所有者权益类和损益类的收入账户	减少	增加

2. 借贷记账法下账户的设置及结构

在借贷记账法下，通常把账户的左方称为"借方"，账户的右方称为"贷方"。记账时，账户的借贷两方必须做相反方向的记录，即对于某一个账户而言，如果借方登记增加额，则贷方登记减少额；如果借方登记减少额，则贷方登记增加额。就一个具体的账户而言，究竟哪一方登记增加额，哪一方登记减少额，要视账户的性质而定。账户的性质就是账户所反映的交易或事项的内容，即会计要素。可见，在借贷记账法下不同性质的账户，其结构是不同的，下面分别加以说明。

(1) 资产类账户的结构。资产类账户是用来反映企业各项资产增减变化及结余情况的。资产类账户的结构是：借方登记资产的增加额，贷方登记资产的减少额。在一定会计期间内（如月度、季度、年度），借方登记的增加额的合计数称为借方发生额，贷方登记的减少额的合计数称为贷方发生额，在每一会计期末，将借、贷方发生额相比较，其差额称为期末余额。本期的期末余额结转到下期，即为下期的期初余额。其计算公式为

$$资产类账户期末余额=借方期初余额+借方本期发生额-贷方本期发生额$$

由于资产的减少额不可能大于它的期初余额和本期增加额之和，因此资产类账户期末如果有余额一定在借方。资产类账户的结构，如图2-2所示。

借方	资产类账户名称(会计科目)		贷方
期初余额	×××		
本期增加额	×××	本期减少额	×××
	×××		×××
本期发生额(增加数合计)	×××	本期发生额(减少数合计)	×××
期末余额	×××		

图 2-2　资产类账户的结构

(2) 负债类账户的结构。负债类账户是用来反映各项负债增减变化及结余情况的。负债类账户的结构与资产类账户的结构正好相反，即贷方登记负债的增加额，借方登记负债的减少额。在一定会计期间内（如月度、季度、年度），贷方登记的增加额的合计数称为贷方发生额，借方登记的减少额的合计数称为借方发生额，在每一会计期末将借、贷方发生额相比较，其差额称为期末余额。本期的期末余额结转到下期，即为下期的期初余额。其计算公式为

$$负债类账户期末余额=贷方期初余额+贷方本期发生额-借方本期发生额$$

由于负债的增加额与期初余额之和通常要大于其本期减少额，因此负债类账户期末如果有余额一定在贷方。负债类账户的结构，如图2-3所示。

借方	负债类账户名称(会计科目)		贷方
		期初余额	
本期减少额	×××	本期增加额	×××
	×××		×××
本期发生额(减少数合计)	×××	本期发生额(增加数合计)	×××
		期末余额	×××

图 2-3　负债类账户的结构

(3) 所有者权益类账户的结构。所有者权益类账户是用来反映各项所有者权益增减变化及结余情况的。所有者权益类账户的结构与资产类账户的结构正好相反,即贷方登记所有者权益的增加额,借方登记所有者权益的减少额。在一定会计期间内(如月度、季度、年度),贷方登记的增加额的合计数称为贷方发生额,借方登记的减少额的合计数称为借方发生额,在每一会计期末将借、贷方发生额相比较,其差额称为期末余额。本期的期末余额结转到下期,即为下期的期初余额。其计算公式为

所有者权益类账户期末余额=贷方期初余额+贷方本期发生额-借方本期发生额

由于所有者权益的增加额与期初余额之和通常也要大于其本期减少额,因此所有者权益类账户期末如果有余额一定在贷方。所有者权益类账户的结构,如图 2-4 所示。

借方	所有者权益类账户名称(会计科目)		贷方
		期初余额	
本期减少额	×××	本期增加额	×××
	×××		×××
本期发生额(减少数合计)	×××	本期发生额(增加数合计)	×××
		期末余额	×××

图 2-4 所有者权益类账户的结构

(4) 成本类账户的结构。成本类账户是指按照成本类会计科目开设的,用以具体核算和监督生产产品或提供劳务过程中发生的各种直接费用和间接费用的账户,如"生产成本""制造费用"等账户。

由于成本的本质是资产的运用,因此成本类账户可归属于资产类账户,其结构与资产类账户相同。

(5) 损益类账户的结构。企业在生产经营过程中,会取得收入和发生费用,最终会导致所有者权益发生增减变化。收入的取得会增加所有者权益,费用的增加会减少所有者权益。所以从理论上讲,当企业取得收入或发生费用时,最简单的做法就是直接通过所有者权益账户加以记录,即凡获得收入记入所有者权益账户的贷方;凡发生费用记入所有者权益账户的借方。但是这种处理方法无法反映企业在一定时期所获得的收入和发生的费用,从而也就无法确定该期所实现的经营成果。为了便于确定每一会计期间的经营成果,需要单独设置收入账户和费用账户。此外,为记录反映一定时期收入与费用比较的结果,还需要设置一个反映利润的账户,即"本年利润"账户。

收入类账户是核算所有者权益增加的账户,其结构与所有者权益账户相似,即本期收入的增加记入收入账户的贷方,本期收入的减少记入收入账户的借方,期末将本期收入增加额减去减少额的差额,从收入账户转入"本年利润"账户的贷方,经此结转后收入账户期末无余额。费用类账户是核算所有者权益减少的账户,其结构与所有者权益账户相反,本期费用的增加记入费用账户的借方,本期费用的减少记入费用账户的贷方,期末将本期费用增加额减去减少额的差额,从费用账户转入"本年利润"账户的借方,经此结转后费用账户期末无余额。"本年利润"账户的贷方登记增加利润的各项收入,借方登记减少利润的各项费用,期末账户贷方的收入金额与借方的费用金额相抵后,如果是贷方余额则为本期利润,如果是借方余额则表示本期亏损。损益类账户的结构,如图 2-5~图 2-7 所示。

借方	收入类账户名称(会计科目)		贷方
本期减少额	×××	本期增加额	×××
	×××		×××
本期发生额(减少数合计)	×××	本期发生额(增加数合计)	×××
		期末余额	0

图 2-5　收入类账户的结构

借方	费用类账户名称(会计科目)		贷方
本期增加额	×××	本期减少额	×××
	×××		×××
本期发生额(增加数合计)	×××	本期发生额(减少数合计)	×××
期末余额	0		

图 2-6　费用类账户的结构

借方	利润类账户名称(会计科目)		贷方
		期初余额(年初无余额)	×××
本期减少额	×××	本期增加额	×××
	×××		×××
本期发生额(减少数合计)	×××	本期发生额(增加数合计)	×××
		期末余额(年末无余额)	×××

图 2-7　利润类账户的结构

借贷记账法下各类账户的结构如图 2-8 所示。

借方	账户	贷方
资产的增加 成本费用的增加 负债的减少 所有者权益的减少 收入的减少		负债的增加 所有者权益的增加 收入的增加 资产的减少 成本费用的减少

图 2-8　借贷记账法下各类账户的结构

上述介绍的是在借贷记账法下 T 形账户的结构，但具体账户的结构并不完全一样。实际工作中的账户一般包括以下几项内容：①账户名称；②记账时间和凭证编号；③经济业务摘要；④增加额和减少额；⑤余额。账户结构，如表 2-10 所示。

表 2-10　账户结构(会计科目)

年		凭证号	摘要	借方								贷方								余额							
月	日			十	万	千	百	十	元	角	分	十	万	千	百	十	元	角	分	十	万	千	百	十	元	角	分

3. 借贷记账法的记账规则

记账规则是采用复式记账法记录具体经济业务时所应遵循的规律。前已述及，企业在生产经营过程中，每天发生着大量的经济业务，这些经济业务尽管多种多样、千差万别，但归纳起来不外乎9种形式4种基本类型。下面以基本类型的经济业务为例，说明借贷记账法的记账规则。

借贷记账法的
记账规则

企业的经济活动表现为企业的资金运动，企业资金运动的形式主要有3种情况，即资金进入企业、资金退出企业、资金在企业内部的循环与周转。

(1) 资金进入企业，会引起企业资产增加，负债或所有者权益同时等额增加。

【例2-1】企业购买10 000元材料，但没有付款(为简化核算，暂不考虑增值税)。

分析：这一经济业务的发生，一方面使企业的资产——原材料增加10 000元，另一方面使企业的负债——应付账款增加10 000元。因此，这项经济业务需要设置"原材料"账户和"应付账款"账户来反映。"原材料"账户属于资产类账户，"应付账款"账户属于负债类账户，用借贷记账法在"原材料"账户的借方记10 000元的同时，在"应付账款"账户的贷方记10 000元。其会计记录如下：

借方	应付账款	贷方	借方	原材料	贷方
		10 000	10 000		

【例2-2】某单位向本企业以现金方式投入资本100 000元，转入本企业存款户。

分析：这一经济业务的发生，一方面使企业的资产——银行存款增加100 000元，另一方面使企业的所有者权益——实收资本增加100 000元。因此，这项经济业务需要设置"银行存款"账户和"实收资本(或股本)"账户来反映。"银行存款"账户属于资产类账户，"实收资本(或股本)"账户属于所有者权益类账户，用借贷记账法在"银行存款"账户的借方记100 000元的同时，在"实收资本(或股本)"账户的贷方记100 000元。其会计记录如下：

借方	实收资本	贷方	借方	银行存款	贷方
		100 000	100 000		

(2) 资金退出企业，会引起企业资产减少，负债或所有者权益同时等额减少。

【例2-3】企业用银行存款20 000元偿还了银行的短期借款。

分析：这一经济业务的发生，一方面使企业的资产——银行存款减少20 000元，另一方面使企业的负债——短期借款减少20 000元。因此，这项经济业务需要设置"银行存款"账户和"短期借款"账户来反映。"银行存款"账户属于资产类账户，"短期借款"账户属于负债类账户，用借贷记账法在"银行存款"账户的贷方记20 000元的同时，在"短期借款"账户的借方记20 000元。其会计记录如下：

借方	银行存款	贷方	借方	短期借款	贷方
		20 000	20 000		

【例2-4】经有关部门批准,企业以银行存款10 000元返还投资者的投资。

分析:这一经济业务的发生,一方面使企业的资产——银行存款减少10 000元,另一方面使企业的所有者权益——实收资本减少10 000元。因此,这项经济业务需要设置"银行存款"账户和"实收资本"账户来反映。"银行存款"账户属于资产类账户,"实收资本"账户属于所有者权益类账户,用借贷记账法在"实收资本"账户的借方记10 000元的同时,在"银行存款"账户的贷方记10 000元。其会计记录如下:

借方	银行存款	贷方	借方	实收资本	贷方
		10 000	10 000		

(3) 资金在企业内部的循环与周转,会引起资产项目内部一个项目增加,一个项目同时等额减少;或一个负债(所有者权益)项目增加,另一个负债(所有者权益)项目同时等额减少。

【例2-5】企业从银行提取现金10 000元。

分析:这一经济业务的发生,一方面使企业的库存现金增加10 000元,另一方面使企业的银行存款减少10 000元。因此,这项经济业务需要设置"库存现金"账户和"银行存款"账户来反映。"库存现金"账户和"银行存款"账户都属于资产类账户,用借贷记账法在"库存现金"账户的借方记10 000元的同时,在"银行存款"账户的贷方记10 000元。其会计记录如下:

借方	银行存款	贷方	借方	库存现金	贷方
		10 000	10 000		

【例2-6】企业借入短期借款20 000元抵偿应付账款。

分析:这一经济业务的发生,一方面使企业负债中的短期借款增加20 000元,另一方面使企业负债中的应付账款减少20 000元。因此,这项经济业务需要设置"短期借款"账户和"应付账款"账户来反映。"短期借款"账户和"应付账款"账户都属于负债类账户,用借贷记账法在"应付账款"账户的借方记20 000元的同时,在"短期借款"账户的贷方记20 000元。其会计记录如下:

借方	短期借款	贷方	借方	应付账款	贷方
		20 000	20 000		

【例2-7】企业经批准将资本公积10 000元转增资本。

分析:这一经济业务的发生,一方面使企业所有者权益中的实收资本增加10 000元,另一方面使企业所有者权益中的资本公积减少10 000元。因此,这项经济业务需要设置"实收资本"账户和"资本公积"账户来反映。"实收资本"账户和"资本公积"账户都属于所有者权益类账户,用借贷记账法在"资本公积"账户的借方记10 000元的同时,在"实收资本"账户的贷方记10 000元。其会计记录如下:

借方	实收资本	贷方	借方	资本公积	贷方
		10 000	10 000		

【例 2-8】接到有关部门通知,将 100 000 元长期借款转为国家投资。

分析:这一经济业务的发生,一方面使企业所有者权益中的实收资本增加 100 000 元,另一方面使企业负债中的长期借款减少 100 000 元。因此,这项经济业务需要设置"实收资本"账户和"长期借款"账户来反映。"实收资本"账户属于所有者权益类账户,"长期借款"账户属于负债类账户,用借贷记账法在"长期借款"账户的借方记 100 000 元的同时,在"实收资本"账户的贷方记 100 000 元。其会计记录如下:

借方	实收资本	贷方		借方	长期借款	贷方
		100 000			100 000	

【例 2-9】公司经股东大会批准,决定向股东分配现金股利 100 000 元。

分析:这一经济业务的发生,一方面使企业所有者权益中的未分配利润减少 100 000 元,另一方面使企业负债中的应付股利增加 100 000 元。因此,这项经济业务需要设置"利润分配"账户和"应付股利"账户来反映。"利润分配"账户属于所有者权益类账户,"应付股利"账户属于负债类账户,用借贷记账法在"利润分配"账户的借方记 100 000 元的同时,在"应付股利"账户的贷方记 100 000 元。其会计记录如下:

借方	应付股利	贷方		借方	利润分配	贷方
		100 000			100 000	

从以上所列举的实例可以看到,当每一类型经济业务发生时,运用借贷记账法进行会计记录时,都是在记入某一个或几个账户借方的同时,也记入另一个或几个账户的贷方,而且记入一个或几个账户借方的金额与记入另一个或几个账户贷方的金额总是相等的。由此得出借贷记账法的记账规则是"有借必有贷,借贷必相等"。

4. 借贷记账法的试算平衡

由于各单位发生的经济业务种类繁多,内容复杂,经济业务发生后,运用借贷记账法按照记账规则在账户中记录经济业务的过程中,不可避免地会发生各类错误,如记错账户、记错方向、记错金额等。为此,还必须确定科学、简便的用以检查账户记录是否正确的方法,以便找出错误及其原因,及时加以纠正。借贷记账法下的试算平衡,是指利用借贷记账法的记账规则和"资产=负债+所有者权益"的平衡关系,检查账户记录是否正确、完整的一种方法。

借贷记账法的试算平衡

借贷记账法的试算平衡有账户发生额试算平衡和账户余额试算平衡两种。账户发生额试算平衡是根据借贷记账法的记账规则来确定的;账户余额试算平衡是根据"资产=负债+所有者权益"的平衡关系原理来确定的。

借贷记账法下,由于每一笔会计记录都是有借必有贷,且借贷的金额相等,一定会计期间,不但每一笔记录的借贷方发生额相互平衡,而且所有账户的借方发生额合计必然与贷方发生额合计平衡,也就是说发生额相互平衡。根据借贷发生额平衡原理,检查账户记录是否正确的方法,称为发生额平衡法,其公式为

所有账户本期借方发生额合计=所有账户本期贷方发生额合计

借贷记账法的记账符号规定,"借"表示资产类账户金额增加,"贷"表示权益类账户(包

括负债账户和所有者权益账户)金额增加,两类账户金额的减少都记入各自相反的方向。一定会计期间结束时,资产类账户是借方余额,而权益类账户则是贷方余额。据此可以断定,借方余额的账户是企业资产类账户,其余额是企业资产的数额,贷方余额的账户是企业权益类账户,其余额是企业权益的数额,根据"资产=权益(负债+所有者权益)"平衡关系,资产与权益必定相等。根据余额平衡原理,检查账户记录是否正确的方法称为余额平衡法,其公式为

所有账户借方余额合计=所有账户贷方余额合计

期末,企业可通过编制试算平衡表的方式进行发生额和余额的试算平衡。发生额和余额试算平衡表的格式,如表2-11所示。

表 2-11 发生额及余额试算平衡表

会计科目	期初余额		本期发生额		期末余额	
	借方	贷方	借方	贷方	借方	贷方
合　计						

为便于理解和掌握试算平衡表的编制方法,现举例说明如下。

【例2-10】丰华公司2023年6月1日各总分类账户的期初余额资料,如表2-12所示。

表 2-12 总分类账户的期初余额表

单位:元

账户名称	借方余额	账户名称	贷方余额
库存现金	500	短期借款	33 000
银行存款	20 000	应付账款	10 000
应收账款	1 500	实收资本	120 000
原材料	71 000		
固定资产	70 000		
合计	163 000	合计	163 000

2023年6月份公司发生的经济业务如下(为简化核算,购入业务暂不考虑增值税)。

(1) 以银行存款5 000元购买原材料一批。

(2) 由上级主管部门投入资本金20 000元存入银行。

(3) 开出面值1 000元的商业汇票,偿还应付账款。

(4) 用银行存款10 000元偿还前欠银行短期借款。

(5) 购进原材料10 000元,用银行存款支付货款6 000元,其余暂欠。

(6) 某公司投资转入价值10 000元的新设备一台及价值5 000元的材料一批。

根据上述资料,编制试算平衡表的步骤如下。

第一步，开设 T 形总分类账户，登记期初余额(登记方法见图 2-9)。

第二步，分析 6 月份发生的各项经济业务，将其全部登记到 T 形账户中(登记方法见图 2-9)，即过账。

第三步，计算所有账户的本期借贷方发生额和期末余额，即结账。

第四步，编制发生额及余额试算平衡表。该企业 2023 年 6 月 30 日的总分类账户本期发生额及余额试算平衡表，如表 2-13 所示。

借方	库存现金	贷方
期初余额	500	
期末余额	500	

借方	银行存款		贷方
期初余额	20 000		
(2)	20 000	(1)	5 000
		(4)	10 000
		(5)	6 000
本期发生额	20 000	本期发生额	21 000
期末余额	19 000		

借方	应收账款	贷方
期初余额	1 500	
期末余额	1 500	

借方	原材料	贷方
期初余额	71 000	
(1)	5 000	
(5)	10 000	
(6)	5 000	
本期发生额	20 000	本期发生额
期末余额	91 000	

借方	固定资产	贷方
期初余额	70 000	
(6)	10 000	
本期发生额	10 000	本期发生额
期末余额	80 000	

借方	短期借款		贷方
		期初余额	33 000
(4)	10 000		
本期发生额	10 000	本期发生额	
		期末余额	23 000

借方	应付账款		贷方
		期初余额	10 000
(3)	1 000	(5)	4 000
本期发生额	1 000	本期发生额	4 000
		期末余额	13 000

借方	实收资本		贷方
		期初余额	120 000
		(2)	20 000
		(6)	15 000
本期发生额		本期发生额	35 000
		期末余额	155 000

借方	应付票据		贷方
		(3)	1 000
本期发生额		本期发生额	1 000
		期末余额	1 000

图 2-9 开设及登记 T 形账户

表 2-13　总分类账户本期发生额及余额试算平衡表

2023 年 6 月 30 日　　　　　　　　　　　　　　　　　　　　　　单位：元

会计科目	期初余额		本期发生额		期末余额	
	借方	贷方	借方	贷方	借方	贷方
库存现金	500				500	
银行存款	20 000		20 000	21 000	19 000	
应收账款	1 500				1 500	
原材料	71 000		20 000		91 000	
固定资产	70 000		10 000		80 000	
短期借款		33 000	10 000			23 000
应付票据				1 000		1 000
应付账款		10 000	1 000	4 000		13 000
实收资本		120 000		35 000		155 000
合计	163 000	163 000	61 000	61 000	192 000	192 000

（三）会计分录

前述记账规则所列举的各项经济业务，在运用借贷记账法进行会计记录时，都是在分析经济业务引起各会计要素发生增减变动之后，直接记入有关账户之中的。在实际会计工作中，由于各单位发生的经济业务种类繁多、内容复杂，如果直接将每项经济业务记入账户，不仅工作量大，而且容易发生错误。为了连续、系统、全面地反映经济业务引起的会计要素的增减变化，保证账户记录的完整性和正确性，在运用借贷记账法把经济业务记入有关账户之前，应先分析经济业务的内容，确定应设置的账户名称和账户的性质，明确应记入账户的借贷方向和应记的金额，然后再将其登记到有关的账户中。会计实务中常常把这一分析过程用一种形式表达出来，这种形式在会计上称为会计分录，简称分录。

因此，会计分录是指按照复式记账的要求对某项经济业务应记入的账户名称、应借应贷的方向和应登记的金额所做的一种记录。

1. 会计分录的内容

一笔完整的会计分录应包括三个要素，即账户名称(会计科目)、记账方向(借方或贷方)和记账金额。账户名称用来反映经济业务事项的内容，记账方向用以反映经济业务事项引起的资金增减变动的方向，记账金额则反映资金变动的数额。

2. 会计分录的分类

会计分录按其所涉及账户的多少，可分为简单会计分录和复合会计分录两种。简单会计分录是只涉及两个账户的会计分录，又称一借一贷的会计分录。复合会计分录是涉及两个以上(不包括两个)账户的会计分录。但需要指出的是，一笔经济业务事项的发生，是编制简单会计分录还是编制复合会计分录，应以清楚地反映经济业务事项内容和账户对应关系，以及满足会计核算要求为原则，不可将几笔经济业务合并编制"多借多贷"的会计分录。

3. 会计分录的编制

编制会计分录是会计核算工作的基础阶段，会计分录的正确与否直接影响账户记录的正确性，乃至影响会计核算所提供的会计信息的真实性和准确性。编制会计分录可按下列步骤进行。

(1) 一项经济业务发生后，首先分析这项经济业务的发生涉及的会计要素是什么，是增加还是减少。

(2) 根据会计科目表确定应设置的账户名称；根据涉及的账户性质，确定应记入账户的借方还是贷方。

(3) 根据会计要素增减变化的数量确定应登记的金额。

(4) 根据借贷记账法的记账规则检查会计分录是否平衡，有无错误。

4. 会计分录的格式

会计分录的习惯书写格式是先写借方后写贷方；借方和贷方要分行写，并且文字与金额的数字都要错开；在一借多贷或一贷多借，以及多借多贷的情况下，要求借方和贷方账户的文字和金额数字必须对齐。其书写格式如下。

借：××科目　　　金额
　　贷：××科目　　金额

根据前述借贷记账法记账规则中所列举的 9 笔经济业务，编制的会计分录书写形式如下。

【例 2-1】借：原材料　　　　　10 000
　　　　　　贷：应付账款　　　　10 000

【例 2-2】借：银行存款　　　　100 000
　　　　　　贷：实收资本　　　　100 000

【例 2-3】借：短期借款　　　　20 000
　　　　　　贷：银行存款　　　　20 000

【例 2-4】借：实收资本　　　　10 000
　　　　　　贷：银行存款　　　　10 000

【例 2-5】借：库存现金　　　　10 000
　　　　　　贷：银行存款　　　　10 000

【例 2-6】借：应付账款　　　　20 000
　　　　　　贷：短期借款　　　　20 000

【例 2-7】借：资本公积　　　　10 000
　　　　　　贷：实收资本　　　　10 000

【例 2-8】借：长期借款　　　　100 000
　　　　　　贷：实收资本　　　　100 000

【例 2-9】借：利润分配　　　　100 000
　　　　　　贷：应付股利　　　　100 000

以上均为简单会计分录的编制,下面再举两个例子说明复合会计分录的编制方法。

【例2-11】企业以银行存款30 000元偿还银行短期借款20 000元和前欠某单位货款10 000元。

分析:这一经济业务事项,使企业的资产——银行存款减少30 000元,负债——短期借款和应付账款分别减少20 000元和10 000元。其会计分录如下。

  借:短期借款　　　　　　　　　20 000
　　　应付账款　　　　　　　　　10 000
　　　　贷:银行存款　　　　　　　　　　30 000
或　借:短期借款　　　　　　　　　20 000
　　　　贷:银行存款　　　　　　　　　　20 000
　　借:应付账款　　　　　　　　　10 000
　　　　贷:银行存款　　　　　　　　　　10 000

【例2-12】企业购入一台设备,价值75 000元。其中,以银行存款支付50 000元,其余暂欠。

分析:这一经济业务事项,使企业的资产——固定资产增加75 000元,使资产——银行存款减少50 000元,负债——应付账款增加25 000元。其会计分录如下。

  借:固定资产　　　　　　　　　75 000
　　　　贷:银行存款　　　　　　　　　　50 000
　　　　　　应付账款　　　　　　　　　　25 000

应当指出,会计分录是在教学中常用的反映经济业务变化情况的会计核算形式,在实际工作中,会计分录是反映在记账凭证上的。记账凭证是会计凭证的一种,有关内容将在项目四中加以介绍。

5. 会计分录与账户的对应关系

经济业务事项发生后,采用借贷记账法的记账规则在两个或两个以上相关的账户中进行登记,从而在有关账户之间形成了应借、应贷的相互关系,账户之间的这种相互关系在会计上称为账户的对应关系。发生对应关系的账户,称为对应账户。掌握账户对应关系的目的是通过账户对应关系了解经济业务事项的内容及其所引起的资金增减变动情况,借以检查对经济业务事项的处理是否合理、合法。

会计分录与账户的对应关系

总分类账户与明细分类账户的平行登记

三、总分类账户与明细分类账户

(一)总分类账户与明细分类账户的关系

前已述及,在会计核算工作中,为了适应企业经营管理和决策的需要,会计记录既要提供综合的、总括的会计信息,又要提供具体而详细的会计信息。因此,用于记录经济业务的账户按其提供会计信息的详细程度不同,可将其分为总分类账户和明细分类账户两类。

在会计核算工作中,总分类账户和明细分类账户之间形成密切的关系。两者的关系是:总分类账户及其所属明细分类账户记录相同的经济业务内容,总分类账户提供的是总括的核算资料,明细分类账户提供的是详细的核算资料。总分类账户是所属明细分类账户的总括,对所属明细分类账户起着统驭和控制的作用,因此总分类账户也称为统驭账户。明细分类账户是总分类账户的明细记录,对总分类账户起着辅助和补充作用,因此明细分类账户也称为从属账户。

(二) 总分类账户与明细分类账户的平行登记

虽然总分类账户提供的总括指标统驭着明细分类账户,但在账务处理上,它们是平行的关系,应当平行地进行登记。所谓平行登记,就是记入总分类账户和明细分类账户的资料,都以会计凭证为依据,而且根据会计凭证在总分类账户和明细分类账户中记录经济业务,必须独立地、互不依赖地进行。通过平行登记并相互核对,才能保证总分类账户的记录与明细分类账户的记录形成统驭和被统驭的关系,才能及时检查和更正错误。

下面以"原材料"为例,说明总分类账户及其所属明细分类账户的平行登记方法。

【例 2-13】2023 年 3 月初,丰华公司"原材料"总分类账户及其所属明细分类账户的余额如下:

甲材料 50 吨	每吨 200 元	明细账户借方余额	共计 10 000 元
乙材料 200 件	每件 500 元	明细账户借方余额	共计 100 000 元
原材料总账借方余额			110 000 元

该公司本期有关材料的收入和发出业务如下。

购入下列各种材料,材料已验收入库,款尚未支付。

甲材料 40 吨	每吨 200 元	共计 8 000 元
乙材料 100 件	每件 500 元	共计 50 000 元
丙材料 20 箱	每箱 500 元	共计 10 000 元
合　计		68 000 元

应做如下会计分录。

借:原材料——甲材料　　　　　　8 000
　　　　　——乙材料　　　　　　50 000
　　　　　——丙材料　　　　　　10 000
　　贷:应付账款　　　　　　　　68 000

【例 2-14】接上例,仓库发出以下原材料,投入生产:

甲材料 60 吨	每吨 200 元	共计 12 000 元
乙材料 150 件	每件 500 元	共计 75 000 元
丙材料 8 箱	每箱 500 元	共计 4 000 元
合　计		91 000 元

应做如下会计分录。

借：生产成本　　　　　　　　　　　　　　91 000
　　贷：原材料——甲材料　　　　　　　　　　12 000
　　　　　　——乙材料　　　　　　　　　　75 000
　　　　　　——丙材料　　　　　　　　　　 4 000

1. 登记程序

根据上述月初余额资料和会计分录，在"原材料"总分类账户及其所属的"甲材料""乙材料"和"丙材料"三个明细分类账户中进行登记的程序如下。

(1) 将原材料的期初余额110 000元，记入"原材料"总分类账户的余额栏，并标明余额方向为"借"。同时，在"甲材料"和"乙材料"明细分类账户的借方分别登记甲、乙两种材料的期初结存数量和金额，并注明计量单位和单价。

(2) 将本期入库材料总额68 000元，记入"原材料"总分类账户的借方。同时，将入库的甲、乙、丙三种材料的数量、单价和金额分别记入有关明细账的借方。

(3) 将本期发出材料总额91 000元，记入"原材料"总分类账户的贷方。同时，将发出的甲、乙、丙三种材料的数量、单价和金额分别记入有关明细账的贷方。

(4) 期末，根据"原材料"总分类账户及其所属的"甲材料""乙材料"和"丙材料"三个明细分类账户的记录，结出本期发生额和期末余额。

根据上述步骤，在"原材料"总分类账户及其所属明细分类账户中进行登记的结果，如表2-14～表2-17所示。

表2-14　总分类账户

账户名称：原材料　　　　　　　　　　　　　　　　　　　　　　　　　　　　单位：元

年		凭证号数	摘要	借方	贷方	借或贷	余额
月	日						
略	略	略	期初余额			借	110 000
			购入材料	68 000		借	178 000
			发出生产用材料		91 000	借	87 000
			本期发生额及余额	68 000	91 000	借	87 000

表2-15　"原材料"明细分类账户(甲材料)

明细账名称：甲材料　　　　　　　　　　　　　　　　　　　　　　　　　　金额单位：元
　　　　　　　　　　　　　　　　　　　　　　　　　　　　　　　　　　　　计量单位：吨

年		凭证	摘要	收入			发出			结存		
月	日			数量	单价	金额	数量	单价	金额	数量	单价	金额
略	略	略	期初余额							50	200	10 000
			购入材料	40	200	8 000				90	200	18 000
			发出材料				60	200	12 000	30	200	6 000
			本期发生额及余额	40	200	8 000	60	200	12 000	30	200	6 000

表 2-16 "原材料"明细分类账户(乙材料)

金额单位：元
计量单位：件

明细账名称：乙材料

年		凭证	摘要	收入			发出			结存		
月	日			数量	单价	金额	数量	单价	金额	数量	单价	金额
略	略	略	期初余额							200	500	100 000
			购入材料	100	500	50 000				300	500	150 000
			发出材料				150	500	75 000	150	500	75 000
			本期发生额及余额	100	500	50 000	150	500	75 000	150	500	75 000

表 2-17 "原材料"明细分类账户(丙材料)

金额单位：元
计量单位：箱

明细账名称：丙材料

年		凭证	摘要	收入			发出			结存		
月	日			数量	单价	金额	数量	单价	金额	数量	单价	金额
略	略	略	购入材料	20	500	10 000				20	500	10 000
			发出材料				8	500	4 000	12	500	6 000
			本期发生额及余额	20	500	10 000	8	500	4 000	12	500	6 000

2. 平行登记要点

从上述的登记过程可以总结出总分类账户和明细分类账户平行登记的要点如下。

(1) 同期间登记，即登记的会计期间一致。对于发生的经济业务，在同一会计期间内，一方面要在有关总分类账户中进行总括的登记；另一方面要在其所属明细分类账户中进行详细登记。如果同时涉及多个明细分类账户，则应分别在有关几个明细分类账户中进行登记。

(2) 同方向登记，即登记的方向相同。对于发生的经济业务，在总分类账户和其所属明细分类账户登记时，其记账方向(借方或贷方)必须相同。如果在有关的总分类账户中登记借方，则在其所属明细分类账户中也应登记借方；如果在有关的总分类账户中登记贷方，则在其所属明细分类账户中也应登记贷方。

(3) 同金额登记，即登记的金额相等。对于发生的经济业务，记入有关总分类账户中的金额与记入其所属明细分类账户中的金额必须相等。如果一个总分类账户需要设置多个明细分类账户，则记入总分类账户中的金额与记入其所属的几个明细分类账户中的金额之和应当相等。

3. 登记核对

为了便于核对，可以根据某一总分类账户所属明细分类账户的记录分别编制明细分类账户本期发生额及余额表。例如，根据上面列示的"原材料"明细分类账户的记录，分别编制本期发生额及余额表，如表 2-18 所示。

表 2-18 "原材料"总分类账户及其所属明细分类账户发生额及余额表

金额单位：元

明细分类账户	计量单位	单价	期初结存		本期发生额				期末结存	
					收入		发出			
			数量	金额	数量	金额	数量	金额	数量	金额
甲材料	吨	200	50	10 000	40	8 000	60	12 000	30	6 000
乙材料	件	500	200	100 000	100	50 000	150	75 000	150	75 000
丙材料	箱	500			20	10 000	8	4 000	12	6 000
				110 000		68 000		91 000		87 000

平行登记的结果表明：

(1) 总分类账户期初余额等于所属明细分类账户的期初余额之和。
(2) 总分类账户本期借方发生额等于所属明细分类账户的借方发生额之和。
(3) 总分类账户本期贷方发生额等于所属明细分类账户的贷方发生额之和。
(4) 总分类账户的期末余额等于所属明细分类账户的期末余额之和。

根据总分类账户和明细分类账户的有关数字必然相等的关系，可以采用相互核对的方法来检查账簿登记是否正确、完整。如果有关数字不等，表明账簿登记有差错，必须查明原因，加以更正。

任务小结

所谓记账方法，是指按一定的规则，使用一定的符号，将客观发生的经济业务事项记入有关账户中所采用的方法。从会计发展的历史来看，人类曾使用过的记账方法有单式记账法和复式记账法两种。

借贷记账法是以"借""贷"二字作为记账符号，用以记录经济业务的发生所引起的资金增减变动及其结果的一种科学的复式记账方法。其基本内容包括记账符号、账户体系与账户结构、记账规则和试算平衡等。

所谓平行登记，就是记入总分类账户和明细分类账户的资料，都以会计凭证为依据，而且根据会计凭证在总分类账户和明细分类账户中记录经济业务，必须独立地、互不依赖地进行。通过平行登记，相互核对，保证总分类账户的记录与明细分类账户的记录形成统驭和被统驭的关系，及时检查错误和更正错误。

任务实施

1. 有关经济业务分析及会计分录编制如下。

(1) 借：银行存款　　　　　　98 600
　　　贷：实收资本　　　　　　98 600
(2) 借：固定资产　　　　　　48 000
　　　贷：营业外收入　　　　　48 000

(3) 借：管理费用　　　　　　　　300
　　　贷：库存现金　　　　　　　　300
(4) 借：应付账款　　　　　　　　2 000
　　　贷：银行存款　　　　　　　　2 000
(5) 借：库存现金　　　　　　　　4 500
　　　贷：银行存款　　　　　　　　4 500
(6) 借：应付职工薪酬　　　　　　4 500
　　　贷：库存现金　　　　　　　　4 500
(7) 借：银行存款　　　　　　　　1 000
　　　贷：库存现金　　　　　　　　1 000
(8) 借：银行存款　　　　　　　　30 000
　　　贷：应收账款　　　　　　　　30 000
(9) 借：银行存款　　　　　　　　38 000
　　　贷：长期借款　　　　　　　　38 000
(10) 借：销售费用　　　　　　　　1 000
　　　贷：银行存款　　　　　　　　1 000

2. 有关经济业务的会计分录及总分类账户发生额试算平衡表的编制(见表2-19)如下。

(1) 借：银行存款　　　　　　　　300 000
　　　贷：短期借款　　　　　　　　300 000
(2) 借：库存商品　　　　　　　　11 600
　　　贷：生产成本　　　　　　　　11 600
(3) 借：财务费用　　　　　　　　200
　　　贷：银行存款　　　　　　　　200
(4) 借：应付账款　　　　　　　　32 000
　　　贷：银行存款　　　　　　　　32 000
(5) 借：库存现金　　　　　　　　100 000
　　　贷：银行存款　　　　　　　　100 000
(6) 借：短期借款　　　　　　　　100 000
　　　贷：银行存款　　　　　　　　100 000
(7) 借：固定资产　　　　　　　　35 000
　　　贷：银行存款　　　　　　　　35 000

表2-19　总分类账户发生额试算平衡表

单位：元

会计科目	借方发生额	贷方发生额
库存现金	100 000	
银行存款	300 000	267 200
固定资产	35 000	

(续表)

会计科目	借方发生额	贷方发生额
库存商品	11 600	
短期借款	100 000	300 000
应付账款	32 000	
财务费用	200	
生产成本		11 600
合　　计	578 800	578 800

职业能力考核

职业判断能力测验

一、单项选择题

1. 目前，世界各国普遍采用的记账方法是(　　)。
   A. 单式记账法　　　　　　　　B. 收付记账法
   C. 借贷记账法　　　　　　　　D. 增减记账法
2. 采用复式记账法主要是为了(　　)。
   A. 便于登记账簿　　　　　　　B. 如实完整地反映资金运动的来龙去脉
   C. 提高会计工作效率　　　　　D. 便于会计人员的分工协作
3. (　　)通常没有期末余额。
   A. 资产类账户　　　　　　　　B. 负债类账户
   C. 所有者权益类账户　　　　　D. 损益类账户
4. 为了保证会计分录有清晰的账户对应关系，一般情况下不宜编制(　　)分录。
   A. 一借一贷　　　　　　　　　B. 一借多贷
   C. 一贷多借　　　　　　　　　D. 多借多贷
5. 账户余额试算平衡是依据(　　)确定的。
   A. 经济业务的内容　　　　　　B. 借贷记账法的记账规则
   C. 经济业务的类型　　　　　　D. 会计等式

二、多项选择题

1. 按照记录经济业务方式的不同，记账方法可以分为(　　)。
   A. 单式记账法　　　　　　　　B. 收付记账法
   C. 复式记账法　　　　　　　　D. 增减记账法
2. 借贷记账法的基本内容通常包括(　　)。
   A. "借""贷"记账符号　　　　　B. 记账规则
   C. 账户的设置及结构　　　　　D. 试算平衡

3. 难以通过试算平衡发现的错误有(　　)。
   A. 漏记或重记同一经济业务
   B. 借贷双方多记或少记了相同的金额
   C. 应借应贷科目写错或借贷方向弄反
   D. 借贷双方一方多记，另一方少记

4. 在借贷记账法下，用来进行试算平衡的公式有(　　)。
   A. 资产类账户借方发生额合计=负债类账户贷方发生额合计
   B. 全部账户借方发生额合计=全部账户贷方发生额合计
   C. 全部账户借方余额合计=全部账户贷方余额合计
   D. 全部账户借方余额合计=全部账户借方发生额合计

5. 发生额及余额试算平衡表中存在三对相等数字，它们是(　　)。
   A. 期初借方余额合计=期初贷方余额合计
   B. 本期借方发生额合计=本期贷方发生额合计
   C. 期初借方余额合计=期末贷方余额合计
   D. 期末借方余额合计=期末贷方余额合计

三、判断题

1. 借贷记账法是世界通用的记账方法，也是我国法定的记账方法。(　　)
2. "借""贷"二字不仅是记账符号，其本身的含义也应考虑，"借"只能表示债权增加，"贷"只能表示债务增加。(　　)
3. 借贷记账法的记账规则是"有借必有贷，借贷必相等"。(　　)
4. 编制试算平衡表，如果试算不平衡，则账户记录或计算一定有错误；如果试算平衡，可大体推断账户记录正确，但不能绝对保证账户记录无误。(　　)
5. 通过同时登记，可以使总分类账户与其所属明细分类账户保持驭关系和对应关系，便于核对和检查，纠正错误和遗漏。(　　)

职业实践能力训练

1. 丰华公司 2023 年 6 月 30 日有关账户的部分资料，如表 2-20 所示。

表 2-20　账户发生额及余额表

单位：元

账户名称	期初余额		本期发生额		期末余额	
	借方	贷方	借方	贷方	借方	贷方
固定资产	800 000		440 000	20 000	(　)	
银行存款	120 000		(　)	160 000	180 000	
应付账款		160 000	140 000	120 000		(　)
短期借款		90 000	(　)	20 000		60 000
应收账款	(　)		60 000	100 000	40 000	
实收资本		700 000	—	(　)		1 240 000
其他应收款	50 000		50 000	—	(　)	

要求：根据资料，熟悉借贷记账法下会计账户的基本结构，以及会计账户中期初余额、本期发生额和期末余额相关指标之间的关系，并计算填列表中括号内的数字。

2. 丰华公司 2023 年 6 月 1 日各总分类账户的期初余额资料，如表 2-21 所示。

表 2-21　总分类账户期初余额表

单位：元

账户名称	借方余额	账户名称	贷方余额
库存现金	4 000	短期借款	340 000
银行存款	290 000	应付账款	144 000
应收账款	90 000	应交税费	100 000
原材料	200 000	长期借款	500 000
库存商品	850 000	实收资本	4 200 000
固定资产	3 850 000		
合计	5 284 000	合计	5 284 000

2023 年 6 月，该公司发生的经济业务如下。

(1) 购入甲材料 180 000 元，材料已经验收入库，货款尚未支付(为简化核算，暂不考虑增值税)。

(2) 由上级主管部门投入资本金 20 000 元存入银行。

(3) 将现金 2 000 元存入银行。

(4) 收到乙公司前欠货款 80 000 元。

(5) 收到某公司价值 1 000 000 元的投资，包括价值 300 000 元的设备一台，银行存款 700 000 元。

(6) 用银行存款偿还前欠货款 120 000 元。

(7) 用银行存款归还短期借款 100 000 元。

(8) 以银行存款缴纳上月所得税 50 000 元。

(9) 购入 200 000 元乙材料，材料已经验收入库，以银行存款支付货款(为简化核算，暂不考虑增值税)。

(10) 用银行存款 300 000 元偿还银行长期借款。

(11) 购入设备一台，价值 100 000 元，以银行存款支付。

(12) 向银行借入短期借款 50 000 元直接偿还前欠货款。

要求：

(1) 根据表 2-21 的内容开设 T 形账户，登记期初余额。

(2) 根据 6 月份发生的各项经济业务，逐笔编制会计分录。

(3) 根据会计分录逐笔登记 T 形账户，并计算出所有账户的本期借贷方发生额和期末余额。

(4) 编制本期发生额及余额试算平衡表(见表 2-22)。

表 2-22 本期发生额及余额试算平衡表

2023 年 6 月 30 日   单位：元

会计科目	期初余额		本期发生额		期末余额	
	借方	贷方	借方	贷方	借方	贷方

学习评价

根据本任务的教学内容，通过职业判断能力测验和职业实践能力训练等方式对本任务相关内容的学习效果进行检查，实施评价，填写任务学习评价表(见表 2-23)。

表 2-23 认识记账方法任务学习评价表

考核内容标准	实施评价		
	自我评价	同学互评	教师评价
正确编制会计分录(30 分)			
熟练编制试算平衡表(30 分)			
总账登记正确(10 分)			
明细账登记正确(10 分)			
总账和明细账的平行登记正确(20 分)			

思政专栏

自律是会计职业道德的更高目标

背景与情境：王某是山东省某投资公司的一名会计，其丈夫是一家国有企业的技术工人，两人有一个活泼可爱的儿子。王某一家像城市中的许多人一样，过着平淡而充实的生活。当汽车、洋房成为都市人追逐的目标时，王某对此没有太多的奢望，安贫乐道，平安是福，在简单而又枯燥的生活中她有着自己的追求，希望孩子上名校、考大学、出国留学。在一次同学聚会时,王某看到自己的同学,发财的发财、升官的升官,想想自己学习不比他们差,水平不比他们低,结果工作单位平平,要地位没地位,要钱财没钱财,心里很不平衡。

闲谈中,她听到同学李小虎炒股发了大财,一年赚了100多万元,心里羡慕极了,也想炒点股票试一试。可是资金哪里来呢?同学们你一言,我一语,出谋划策。其中有个同学说:"你真是死心眼,你不是管着单位的钱吗?先拿来用一用,等赚了钱再还回去不就行了,这有什么难的,公款炒股,公款私存,不是很正常的吗?"听了同学的话,王某动摇了。第二天就挪用50万元资金投进了股市。贪婪一旦战胜理智,就如同洪水猛兽一般,一发不可收拾。到事情败露前的5年间,王某利用提取现金不记账等手段累计挪用资金249.7万元,非法获利87.6万元。

思考:王某的行为符合会计职业道德吗?从中你得到怎样的启示?

分析提示:王某的行为不符合自律的会计人员职业道德标准。一失足成千古恨,这位已为人母的王某,今后将在铁窗中度过漫长的牢狱生活。这个案例告诫我们,会计人员应该自尊、自爱,自觉遵守国家的财经法规,廉洁自律。

拓展学习

试算平衡表的局限性

试算平衡表只是通过借贷金额是否平衡来检查账户记录是否正确的方法之一。如果发生额或余额不平衡,说明账户记录或计算一定有错误,应进一步查明原因,予以纠正;如果借贷平衡了,可以大体上推断账户的记录是正确的,但并不能肯定说明账户记录没有错误。这是因为有些错误对于借贷双方的平衡关系并不产生影响,因而不能通过试算平衡表来发现。如一笔经济业务的记录全部被重记或漏记;一笔经济业务的借贷双方在记账时,金额上发生同样的错误;一笔经济业务在记账时,应借应贷的账户相互颠倒,或误用了账户的名称;一笔经济业务记入借方或贷方的金额偶然一多一少,数额恰好相互抵销等。这些错误都是试算平衡表不能发现的,需要采用其他会计检查方法进行检查。

项目三　运用记账方法——核算制造企业基本经济业务

学习目标

知识目标

1. 了解制造企业基本经济业务的内容。
2. 掌握资金筹资业务的账务处理。
3. 掌握供应过程业务的账务处理。
4. 掌握生产过程业务的账务处理。
5. 掌握销售及利润形成和分配业务的账务处理。

能力目标

1. 理解制造企业日常经济运作，了解制造企业经济活动过程。
2. 能够分析制造企业的经济业务。
3. 能运用借贷记账法对制造企业常见经济业务进行会计处理。

素质目标

1. 工作认真仔细，严谨负责。
2. 工作责任心强，讲原则，讲方法，会计处理符合规范。
3. 按照《企业会计准则》要求处理企业基本经济业务。
4. 运用所学成本核算理论和实务知识研究相关案例，提高在特定业务情境中分析问题与处理问题的能力。
5. 结合主要经济业务核算的相关内容，依照会计"职业道德与伦理"的行业规范和标准，分析会计行为的善恶，提高职业道德素质。

项目引入

账户与复式记账是会计的一种技术性方法，其基本原理不是对社会现象的理论抽象，而是对账户与复式记账的使用方法和使用规则所进行的总结和归纳。为了全面、完整、深入地理解账户与复式记账，还需进一步学习账户与复式记账的具体运用。由于各种企业、单位的工作任务和经济活动的性质并不相同，相比较而言，制造企业的业务频繁，具有代表性，能够比较典型地反映一个企业的经济活动过程。因此，记账方法的运用主要以制造企业的经济业务核算为例来说明。

制造企业是产品的生产经营单位，其完整的生产经营过程由供应过程、生产过程和销售过程所构成。企业为了进行生产经营活动，就必须拥有一定数量的经营资金，而这些经营资金都是从一定的来源渠道取得的，主要包括接受投资人的投资和向债权人借入等。资金筹集业务的完成意味着资金进入企业，因而企业可以运用筹集到的资金开展正常的经营活动，进入供、产、销过程。

企业筹集到的资金最初一般表现为货币资金形态，也可以说，货币资金形态是资金运动的起点。企业筹集到的资金首先进入供应过程，供应过程是企业产品生产的准备阶段。在这个过程中，企业用货币资金购买机器设备等劳动资料形成固定资金，购买原材料等劳动对象形成储备资金，为生产产品做好物资上的准备，货币资金分别转化为固定资金形态和储备资金形态。由于固定资产一旦购买完成将长期供企业使用，因而供应过程日常的主要活动内容是用货币资金(或形成结算债务)购买原材料的业务，包括支付材料价款和税款、发生采购费用、计算采购成本、材料验收入库结转成本等，完成供应过程，为生产产品做好各项准备，企业的经营活动即进入生产过程。

生产过程是制造业企业经营过程的中心环节。生产过程既是产品的制造过程，又是物化劳动和活劳动的耗费过程，即费用、成本的发生过程。从消耗或加工对象的实物形态及其变化过程看，原材料等劳动对象通过加工形成在产品，随着生产过程的不断进行，在产品终究要转化为产成品；从价值形态看，生产过程中发生的各种耗费，形成企业的生产费用。具体而言，为生产产品要耗费材料形成材料费用，耗费活劳动形成工资及福利等费用，使用厂房、机器设备等劳动资料形成折旧费用等，生产过程中发生的这些生产费用的总和构成所生产的一定数量和种类产品的生产成本(或称制造成本)。其资金形态从固定资金、储备资金和一部分货币资金形态转化为生产资金形态，随着生产过程的不断进行，产成品生产出来并验收入库之后，其资金形态又转化为成品资金形态。因而，生产过程的主要业务活动是生产费用的发生、归集和分配，以及完工产品生产成本的计算等。

产品生产出来还不是制造企业生产的最终目的，要实现其价值，还需要将产品销售出去，所以制造企业经营活动的下一过程是销售过程。在销售过程中，企业通过销售产品，并按照销售价格与购买单位办理各种款项的结算，收回货款或形成债权，从而使得成品资金形态转化为货币资金形态，回到了资金运动的起点状态，完成了一次资金的循环。另外，销售过程中还要发生各种诸如包装、广告等销售费用，计算并及时缴纳各种税金，结转销售成本等内容。

对于制造业企业而言，生产产品并销售产品是其主要的经营业务，即主营业务。除此之外，制造业企业还会发生诸如销售材料、出租固定资产等其他业务，对外投资业务，以及非营业活动中发生的各项业务等。企业在生产经营过程中所获得的各项收入遵循配比原则抵偿了各项成本、费用之后的差额，形成企业的所得，即利润。企业实现的利润，一部分要以所得税的形式上缴国家，形成国家的财政收入；另一部分即税后利润，要按照规定的分配顺序在各有关方面进行合理的分配。通过利润分配，一部分资金要退出企业，一部分资金要以公积金等形式继续参加企业的资金周转。资金在企业的循环周转，如

图 3-1 所示。

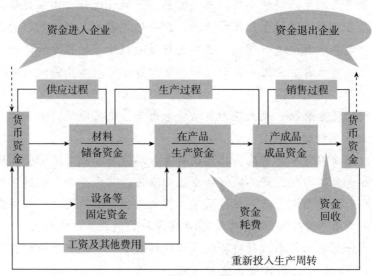

图 3-1 制造业企业资金循环周转图

综合上述内容，制造企业在生产经营过程中发生的主要经济业务内容包括：①资金筹集业务；②供应过程业务；③生产过程业务；④销售过程业务；⑤财务成果形成与分配业务。本项目将以这些日常经济业务为例，说明如何在实践中运用复式借贷记账法。

项目导学

制造企业的基本经济活动是以资金筹集—材料供应—产品生产—产品销售及利润形成和分配为主线的资金运动过程。本项目运用前面所学习的借贷记账方法对制造企业日常发生的基本经济业务进行会计核算。本项目将学习资金筹集业务的核算、供应业务的核算、生产业务的核算、销售及利润形成和分配业务的核算。本项目的具体任务如下。

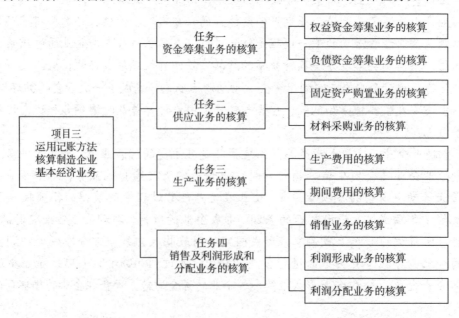

任务一 资金筹集业务的核算

任务导入

某公司注册成立时,依法向市场监督管理部门提供的验资报告显示:公司的注册资本为1 000万元,其中个人现金出资500万元,固定资产出资400万元,专利技术出资100万元。个人现金出资的500万元是公司总经理向银行借款而来的。

公司注册成立后,为购建生产经营用厂房,向银行借款100万元,期限为3年,同时为维持日常经营活动,向银行借入临时性借款10万元。

请问:如果你是该公司的会计,你将如何核算这些业务?

知识与技能

资金筹集是企业资金运动的起点,也是企业生产经营活动的首要条件。资金筹集是指企业根据其生产经营的需要,通过各种渠道从金融市场筹集企业所需资金的过程。对于一个企业而言,其资金来源一般有两条渠道:一是投资人(所有者)的投资及其增值,形成所有者权益,这部分业务可称为权益资金筹集业务;二是企业向债权人借入,形成债权人权益,即负债,这部分业务可称为负债资金筹集业务。

一、权益资金筹集业务的核算

企业从投资人处筹集到的资金形成企业所有者权益的重要组成部分,企业的所有者权益包括实收资本(或股本)、资本公积、盈余公积和未分配利润四部分。其中,实收资本(或股本)和资本公积是所有者直接投入企业的资本和超额投资等,一般也将实收资本(或股本)和资本公积称为投入资本;盈余公积和未分配利润则是企业在经营过程中所实现的利润留存于企业的部分。本部分内容只介绍实收资本(或股本)和资本公积的核算,至于盈余公积和未分配利润将在后续内容中进行阐述。

(一) 实收资本(或股本)的核算

1. 实收资本(或股本)的含义

实收资本(或股本)是指企业的投资者按照企业的章程或合同、协议的约定实际投入企业的资本金。

2. 实收资本的分类

实收资本按照投资主体的不同,可分为国家资本金、法人资本金、个人资本金和外商资本金4种。国家资本金是指有权代表国家的政府部门或者机构,以国有资产投入企业形成的资本金;法人资本金是指其他法人单位以其依法可以支配的资产投入企业形成的资本金;个人资本金是指社会个人包括本企业职工以个人合法财产投入企业形成的资本金;外商资本金是指外国投资者及我国香港、澳门和台湾地区投资者向中国境内企业投资形成的资本金。

实收资本按照投入资本的物质形态不同，可分为货币投资、实物投资和无形资产投资等。货币投资是企业收到的投资者直接以货币形式投入的资本；实物投资是企业收到的投资者以设备、材料、商品等实物资产投入的资本；无形资产投资是企业收到的投资者以专利权、土地使用权、商标权等无形资产投入的资本。

3. 实收资本(或股本)入账价值的确定

企业的实收资本按照投资者实际投资数额入账，即投资者以现金资产投入的资本，应当以实际收到或者存入企业开户银行的金额作为实收资本入账；投资者以非现金资产投入的资本，应当按照投资各方确认的价值(双方作价不公允的除外)作为实收资本入账。股份有限公司应当在核定的股份总额的范围内发行股票，并按股票面值和核定的股份总额的乘积计算的金额，作为股本的入账价值。

4. 实收资本(或股本)核算设置的账户及账务处理

企业应设置"实收资本"账户，用来核算企业投资者投入资本的增减变动及其结果。该账户属于所有者权益类，其贷方登记企业实际收到的投资者投入的资本金数额；其借方登记依照法定程序减少的资本金数额；期末余额在贷方，反映企业实有的资本金数额。本账户应按投资者设置明细分类账户，进行明细分类核算。股份有限公司则设置"股本"账户，核算投资者投入的资本。其账户结构如下。

借方	实收资本(或股本)	贷方
实收资本(或股本)的减少额	实收资本(或股本)的增加额	
	期末余额：实收资本(或股本)的实有额	

企业收到投资者投入的资本超过其在注册资本中所占份额的部分，作为资本溢价或股本溢价，确认为企业的资本公积，而不应确认为企业的实收资本或股本。

【例3-1】2023年1月1日，丰华公司收到国家投入的货币资金200 000元，款项已存入银行。

分析：该项经济业务的发生，引起企业资产要素和所有者权益要素发生变化。一方面，企业的银行存款增加200 000元；另一方面，国家对该企业的投资也增加200 000元。因此，该项经济业务涉及"银行存款"和"实收资本"两个账户。银行存款的增加，应记入"银行存款"账户的借方；国家对该公司的投资所增加的所有者权益，应记入"实收资本"账户的贷方，入账金额应为实际存入企业开户银行的金额。会计分录如下。

借：银行存款　　　　　　　　　200 000
　　贷：实收资本——国家　　　　　　200 000

【例3-2】2023年1月5日，丰华公司收到乙公司投入原材料一批，双方作价10 000元。

分析：该项经济业务的发生，引起企业资产要素和所有者权益要素发生变化。一方面，该公司的原材料增加10 000元；另一方面，企业法人对该公司的投资也增加10 000元。因此，该业务涉及"原材料"和"实收资本"两个账户。原材料的增加，应记入"原材料"账户的借方；企业法人对该公司的投资所增加的所有者权益，应记入"实收资本"账户的贷方，入账价值应为投资各方确认的价值。会计分录如下。

  借：原材料   10 000
    贷：实收资本——乙公司   10 000

【例 3-3】2023 年 1 月 10 日，丰华公司收到丙公司投入的新设备一台，设备的价值为 150 000 元。

分析：该项经济业务的发生，引起企业资产要素和所有者权益要素发生变化。一方面，该公司的固定资产增加 150 000 元；另一方面，企业法人对该公司的投资也增加 150 000 元。因此，该业务涉及"固定资产"和"实收资本"两个账户。固定资产的增加，应记入"固定资产"账户的借方；企业法人对该公司的投资所增加的所有者权益，应记入"实收资本"账户的贷方，入账价值应为设备的价值。会计分录如下。

  借：固定资产   150 000
    贷：实收资本——丙公司   150 000

【例 3-4】2023 年 1 月 20 日，丰华公司收到丁公司投入的一项土地使用权，土地使用权价值为 600 000 元。

分析：该项经济业务的发生，引起企业资产要素和所有者权益要素发生变化。一方面，该公司的无形资产增加 600 000 元；另一方面，企业法人对该公司的投资也增加 600 000 元。因此，该业务涉及"无形资产"和"实收资本"两个账户。无形资产的增加，应记入"无形资产"账户的借方；企业法人对该公司的投资所增加的所有者权益，应记入"实收资本"账户的贷方，入账价值应为无形资产的价值。会计分录如下。

  借：无形资产   600 000
    贷：实收资本——丁公司   600 000

(二) 资本公积的核算

1. 资本公积的含义

资本公积是指投资者或者他人投入企业的所有权归属于投资者，但不构成实收资本的那部分资本。

2. 资本公积的内容

资本公积包括资本(或股本)溢价和其他资本公积。资本溢价是指投资者缴付企业的出资额大于该投资者在企业注册资本中所占份额的部分。股本溢价是指股份有限公司溢价发行股票时实际收到的款项超过股票面值总额的部分。其他资本公积是指除资本溢价(或股本溢价)项目以外所形成的资本公积，其中主要是直接计入所有者权益的利得或损失。

3. 资本公积核算设置的账户及账务处理

企业应设置"资本公积"账户，用来核算企业资本公积的增减变动及其结果。该账户属于所有者权益类，其贷方登记资本公积的增加额；其借方登记资本公积的减少额；期末余额在贷方，反映企业实有的资本公积数额。本账户应按资本公积的内容设置明细分类账户，进行明细分类核算。其账户结构如下。

借方　　资本公积　　贷方
资本公积的减少额　　资本公积的增加额
期末余额：资本公积的实有额

【例 3-5】 丰华公司原本由甲、乙两个投资者组成，在"实收资本"账户上甲、乙各有 1 000 万元资本。由于该公司有效经营，盈利水平不断提高，丙想加入该企业，经协商丙出资 1 400 万元拥有 1/3 的份额，"实收资本"账户丙的投资为 1 000 万元，资本溢价为 400 万元。

分析：该项经济业务的发生，引起企业资产要素和所有者权益要素发生变化。一方面，企业的银行存款增加 1 400 万元；另一方面，企业的实收资本增加 1 000 万元，企业的资本溢价增加 400 万元。银行存款的增加，应记入"银行存款"账户的借方；实收资本的增加，应记入"实收资本"账户的贷方；资本溢价的增加，应记入"资本公积"账户的贷方。会计分录如下。

借：银行存款　　　　　　　　　14 000 000
　　贷：实收资本——丙　　　　　　10 000 000
　　　　资本公积——资本溢价　　　 4 000 000

【例 3-6】 宏达股份有限公司于 2023 年 1 月 31 日公开发行股票 2 000 万股，股票面值为 1 元，实际筹得资金 2 800 万元，款项存入银行。

分析：该项经济业务的发生，引起企业资产要素和所有者权益要素发生变化。一方面，企业的银行存款增加 2 800 万元；另一方面，企业的股本增加 2 000 万元(1 元/股×2 000 万股)，企业的股本溢价增加 800(2 800−2 000)万元。银行存款的增加，应记入"银行存款"账户的借方；股本的增加，应记入"股本"账户的贷方；股本溢价的增加，应记入"资本公积"账户的贷方。会计分录如下。

借：银行存款　　　　　　　　　28 000 000
　　贷：股本　　　　　　　　　　20 000 000
　　　　资本公积——股本溢价　　 8 000 000

二、负债资金筹集业务的核算

企业从债权人那里筹集到的资金形成企业的负债，它表示债权人对企业资产的要求权即债权人权益。企业为了取得生产经营所需资金，可以向银行或其他金融机构借款，也可以向其他单位赊购材料、商品等，形成企业同其他单位之间的债权债务关系。其中，企业负债的主要来源是向银行或其他金融机构的借款。因此，这里只介绍向银行或其他金融机构借款的核算。企业向银行或其他金融机构的借款按照偿还期的长短不同，可分为短期借款和长期借款。

负债资金筹集业务的核算

(一) 短期借款的核算

1. 短期借款的概念

短期借款是企业向银行或其他金融机构借入的还款期限在1年以内(包括1年)的各种借款。

2. 短期借款核算设置的账户

(1) "短期借款"账户。"短期借款"账户用来核算企业向银行或其他金融机构借入的期限在1年以内(含1年)的各种借款(借入的期限在1年以上的各种借款不在本账户核算)。该账户属负债类账户，贷方登记借入的各种短期借款本金；借方登记归还的短期借款本金；期末余额在贷方，表示企业期末尚未归还的短期借款的本金。该账户应按债权人设置明细账，并按借款种类进行明细分类核算。其账户的结构如下。

借方	短期借款	贷方
短期借款本金的偿还(减少)	短期借款本金的取得(增加)	
	期末余额： 短期借款本金结余额	

(2) "应付利息"账户。"应付利息"账户用来核算企业按合同约定应支付的利息。该账户属负债类账户，贷方登记计提的利息；借方登记实际支付的利息；期末余额在贷方，表示企业期末尚未归还的利息。其账户的结构如下。

借方	应付利息	贷方
利息的偿还(减少)	利息的计提(增加)	
	期末余额： 已计提尚未偿还的利息	

(3) "财务费用"账户。"财务费用"账户用来核算企业为筹集资金而发生的费用。该账户属损益类账户，借方登记发生的财务费用；贷方登记期末转出的财务费用；期末一般无余额。其账户的结构如下。

借方	财务费用	贷方
发生的财务费用： 利息支出 手续费 汇兑损失	利息收入 期末转入"本年利润"账户的财务费用	

3. 短期借款的账务处理

短期借款的会计处理，涉及三个方面的问题：第一，取得贷款；第二，借款利息的计算；第三，归还贷款。企业取得短期借款本金时，借记"银行存款"账户，贷记"短期借款"账户；期末计算借款利息时，借记"财务费用"账户，贷记"银行存款"或"应付利息"账户；偿还借款本金、支付利息时，借记"短期借款""财务费用""应付利息"等账户，贷记"银行存款"账户。

【例3-7】丰华公司于2023年1月1日向银行借入一笔款项，金额75 000元，期限为6个月，年利率为6%，所得款项已存入银行。

分析：该项经济业务的发生，引起企业资产要素和负债要素发生变化。一方面，企业的银行存款增加75 000元；另一方面，企业的短期借款也增加75 000元。因此，该业务涉及企业的"银行存款"和"短期借款"两个账户。银行存款的增加，应记入"银行存款"账户的借方；短期借款的增加，应记入"短期借款"账户的贷方。会计分录如下。

借：银行存款　　　　　75 000
　　贷：短期借款　　　　　75 000

【例3-8】承前例，假如丰华公司上述取得的短期借款的利息按季度结算，计算本月短期借款的利息为375元(短期借款利息的计算公式为：短期借款利息=借款本金×利率×期限)。

分析：该项经济业务的发生，引起费用要素和负债要素发生变化。一方面，企业本月的财务费用增加375元；另一方面，企业的应付利息也增加375(75 000×6%÷12)元。因此，该业务涉及企业的"财务费用"和"应付利息"两个账户。财务费用的增加，应记入"财务费用"账户的借方；计提利息费用的增加，应记入"应付利息"账户的贷方。会计分录如下。

借：财务费用　　　　　375
　　贷：应付利息　　　　　375

2月份的利息计算和会计处理方法与1月份相同。

【例3-9】2023年3月31日丰华公司收到银行的结息通知，第1季度的短期借款利息1 125元已从结算存款户中支付。

分析：该项经济业务的发生，引起企业费用要素、负债要素和资产要素发生变化。一方面，本月财务费用增加375元，计提的利息减少750元；另一方面，银行存款减少1 125元。因此，该项业务涉及"财务费用""应付利息"和"银行存款"三个账户。财务费用的增加，应记入"财务费用"账户的借方；计提利息的减少，应记入"应付利息"账户的借方；银行存款的减少，应记入"银行存款"账户的贷方。会计分录如下。

借：财务费用　　　　　375
　　应付利息　　　　　750
　　贷：银行存款　　　　　1 125

注：第二季度利息的会计处理与第1季度相同。

【例3-10】2023年6月30日，丰华公司用银行存款75 000元偿还到期的短期借款。

分析：该项经济业务的发生，引起企业资产要素和负债要素发生变化。一方面，企业的银行存款减少75 000元；另一方面，企业的短期借款也减少75 000元。因此，该业务涉及企业的"银行存款"和"短期借款"两个账户。银行存款的减少，应记入"银行存款"账户的贷方；短期借款的减少，应记入"短期借款"账户的借方。会计分录如下。

借：短期借款　　　　　75 000
　　贷：银行存款　　　　　75 000

(二) 长期借款的核算

1. 长期借款的概念

长期借款是指企业向银行或其他金融机构借入的期限在 1 年以上的各种借款。一般而言,企业取得的长期借款主要用于机器设备、厂房等固定资产的购建。因此,在会计核算中,关于长期借款利息费用的处理应分不同的情况进行。若该项利息支出发生在所购建的固定资产达到预定可使用状态之前,应直接计入所购建的固定资产成本;若发生在所购建的固定资产达到预定可使用状态之后,则直接计入当期损益(财务费用)。在会计上将借款费用计入固定资产价值的过程,称为借款费用的资本化;将借款费用直接计入当期损益的过程,称为借款费用的费用化。

2. 长期借款核算设置的账户及账务处理

企业应设置"长期借款"账户,用来核算企业向银行或其他金融机构借入的期限在 1 年以上(不含 1 年)的各项借款。该账户属负债类账户,其贷方登记借入的长期借款的本金和计提的到期一次还本付息长期借款的利息(如果长期借款属于分期付息到期一次还本的,计提利息通过"应付利息"科目核算);其借方登记偿还的长期借款的本金和到期一次还本付息长期借款支付的利息;期末余额在贷方,反映企业尚未偿还的长期借款的本金和利息。"长期借款"账户应按贷款单位和贷款种类分别在"本金""应计利息""利息调整"等账户进行明细账核算。其账户的结构如下。

借方	长期借款	贷方
偿还的长期借款本金 到期一次还本付息长期 借款支付的利息		借入的长期借款本金 计提的到期一次还本 付息长期借款利息
		期末余额: 尚未偿还的长期借款本金和利息

【例 3-11】 丰华公司为购建一条新的生产线(工期 2 年),于 2020 年 12 月 31 日向银行借入期限为 3 年的借款,金额为 5 000 000 元,所得款项已存入银行。

分析:该项经济业务的发生,引起企业资产要素和负债要素发生变化。一方面,企业的银行存款增加 5 000 000 元;另一方面,企业的长期借款增加 5 000 000 元。因此,该业务涉及企业的"银行存款"账户和"长期借款"账户。银行存款的增加,应记入"银行存款"账户的借方;长期借款的增加,应记入"长期借款"账户的贷方。会计分录如下。

借:银行存款　　　　　5 000 000
　　贷:长期借款——本金　　　5 000 000

【例 3-12】 承上例,假如上述借款年利率 8%,合同规定到期一次还本付息。计算确定 2021 年应由该工程负担的借款利息。

分析:长期借款的利息计算方法与短期借款的利息计算方法相同,即 2021 年的利息为 400 000(5 000 000×8%)元。由于该利息发生在固定资产建造工程交付使用前,属于资本化的借款费用,按规定应计入固定资产建造成本。所以,该项经济业务的发生,引起企业资产要素和负债要素发生变化。一方面,企业的在建工程成本增加 400 000 元;另一方面,企业长期借款的应计利息增加 400 000 元。因此,该业务涉及企业的"在建工程"账户和"长期借款——应计利息"账户。在建工程的增加,应记入"在建工程"账户的借方;应付利息的增加,应记入"长期借款——应计利息"账户的贷方。会计分录如下。

借:在建工程　　　　　　　　400 000
　　贷:长期借款——应计利息　　400 000

2022 年的利息计算和会计处理方法与 2021 年的相同。

【例 3-13】承前两例,假如丰华公司在 2023 年 12 月 31 日归还到期的长期借款本息。

分析:该项经济业务的发生,引起企业资产要素、费用要素和负债要素发生变化。一方面,企业的银行存款减少 6 200 000 元;另一方面,企业的长期借款的本金减少 5 000 000 元,长期借款的应计利息减少 800 000 元,财务费用增加 400 000 元。因此,该业务涉及企业的"银行存款""长期借款——应计利息"和"财务费用"三个账户。银行存款的减少,应记入"银行存款"账户的贷方;长期借款本金的减少,应记入"长期借款"账户的借方,应付利息的减少,应记入"长期借款——应计利息"账户的借方,财务费用的增加,应记入"财务费用"账户的借方。会计分录如下。

借:长期借款——本金　　　　5 000 000
　　　　　　——应计利息　　　800 000
　　财务费用　　　　　　　　　400 000
　　贷:银行存款　　　　　　　6 200 000

因此,长期借款业务的会计处理也涉及三个方面的问题:其一,取得贷款;其二,借款利息的计算;其三,归还贷款。企业取得长期借款时,借记"银行存款"账户,贷记"长期借款——本金"账户;计算利息时,借记"在建工程""财务费用"等账户,贷记"应付利息""长期借款——应计利息"等账户;偿还借款、支付利息时,借记"长期借款""应付利息""财务费用"账户,贷记"银行存款"账户。

任务小结

资金筹集是指企业根据其生产经营的需要,通过各种渠道从金融市场筹集企业所需资金的过程。资金来源一般有两条渠道:一是投资人(所有者)的投资及其增值,形成所有者权益,这部分业务可以称为权益资金筹集业务;二是企业向债权人借入,形成债权人权益,这部分业务可以称为负债资金筹集业务。

任务实施

公司成立时,取得各项投资发生的业务,一方面使得企业资金、固定资产和无形资产增加,另一方面使得实收资本增加,其会计处理如下。

```
借：银行存款            5 000 000
    固定资产            4 000 000
    无形资产            1 000 000
    贷：实收资本                10 000 000
```

公司成立后取得借款的会计处理如下。

```
借：银行存款            1 100 000
    贷：短期借款                100 000
        长期借款              1 000 000
```

职业能力考核

职业判断能力测验

一、单项选择题

1. 当企业收到投资者投入存货时，应按确定的成本，借记有关存货账户，贷记(　　)账户。
   A. "实收资本"   B. "资本公积"
   C. "盈余公积"   D. "营业外收入"

2. "实收资本(或股本)"和"资本公积"账户，均属于企业的(　　)账户。
   A. 资产类   B. 负债类   C. 收入类   D. 所有者权益类

3. 企业计提短期借款利息费用的账务处理应为(　　)。
   A. 借记"财务费用"等账户，贷记"短期借款"账户
   B. 借记"财务费用"等账户，贷记"银行存款"账户
   C. 借记"财务费用"等账户，贷记"应付利息"账户
   D. 借记"财务费用"等账户，贷记"应收利息"账户

4. 企业计提长期借款利息费用的账务处理一般为(　　)。
   A. 借记"财务费用"或"在建工程"等账户，贷记"长期借款"账户
   B. 借记"财务费用"或"在建工程"等账户，贷记"银行存款"账户
   C. 借记"财务费用"或"在建工程"等账户，贷记"应付利息"或"长期借款——应计利息"等账户
   D. 借记"财务费用"或"在建工程"等账户，贷记"应收利息"账户

5. 企业收到投资者投入的资本，超过其在注册资本中所占份额的部分，应确认为企业的(　　)。
   A. 实收资本   B. 资本公积   C. 盈余公积   D. 未分配利润

二、多项选择题

1. 企业筹集资金的主要渠道有(　　)。
   A. 权益资金筹集   B. 负债资金筹集
   C. 储备资金筹集   D. 生产资金筹集

2. 企业可以接受投资者以(　　)等形式进行的投资。
   A. 货币资金　　　B. 有价证券　　　C. 实物资产　　　D. 无形资产
3. 接受投资者投入资本的核算，可能涉及的账户有(　　)。
   A. 货币资金　　　B. 银行存款　　　C. 实收资本　　　D. 资本公积
4. 当企业偿还债务时，会引起(　　)要素发生增减变化。
   A. 资产　　　　　B. 负债　　　　　C. 所有者权益　　D. 利润
5. 下列各项经济业务中，属于资金筹集业务的是(　　)。
   A. 赊购原材料　　　　　　　　　　B. 发行公司债券
   C. 向金融机构借款　　　　　　　　D. 收回应收账款

三、判断题

1. 核算企业向银行或其他金融机构借入的款项，应通过"应付账款"和"其他应付款"两个账户进行核算。(　　)
2. 设立企业必须拥有一定数额的资本金，但企业设立后投资者投入的资本金可随时抽回。(　　)
3. 一般来说，股份有限公司设置"股本"账户，非股份有限公司设置"实收资本"账户，核算企业实际收到的投资者投入的资本金。(　　)
4. 企业收到投资者投入的资本，超过其在注册资本中所占份额的部分，应确认为企业的实收资本或股本。(　　)
5. 短期借款的利息支出和长期借款的利息支出性质是一样的，都是在筹集资金过程中发生的费用。因此，该项支出均应计入企业的财务费用。(　　)

职业实践能力训练

丰华公司 2020 年 6 月份发生如下经济业务。

(1) 收到国家投入的货币资金 500 000 元，存入银行。
(2) 乙公司以不需要的机器设备一台作为对丰华公司的投资，双方作价 200 000 元。该设备原账面价值 250 000 元，已提折旧 80 000 元。
(3) 丙公司以一项专利对丰华公司投资，双方作价 150 000 元。
(4) 向银行取得为期 8 个月借款 120 000 元，款项已转存银行。
(5) 向银行取得为期 3 年的借款 250 000 元，款项已转存银行。
(6) 计提本月短期借款利息 2 000 元，长期借款利息 5 000 元(假定该长期借款为到期一次还本付息的长期借款，且利息费用不符合资本化条件)。
(7) 以银行存款 7 500 元支付短期借款利息，其中已预提利息费用为 5 000 元。
(8) 以银行存款归还到期的短期借款 500 000 元，长期借款 450 000 元。

要求：根据上述经济业务编制会计分录。

学习评价

根据本任务的教学内容，通过职业判断能力测验和职业实践能力训练等方式对本任务相关内容的学习效果进行检查，实施评价，填写任务学习评价表(见表 3-1)。

表 3-1　资金筹集业务的核算任务学习评价表

考核内容标准	实施评价		
	自我评价	同学互评	教师评价
识别会计主体、分析经济业务(30 分)			
正确选择和使用会计科目(30 分)			
正确编制会计分录(40 分)			

思政专栏

备用金：变通与捍卫

背景与情境：某公司营销部经理对财务总监说"你的备用金保管人不合作，不给我领取差旅预支费用，我的付款申请书已获总经理批准，明天就要出差……"财务总监看了看她的付款申请金额，明白了为什么备用金保管人不同意支付，因为她的预支金额超过了公司规定的现金支取限额。于是财务总监想了一个合情合理与合法的处理办法，把公司的备用金操作规定及其实施程序文件亮了出来，对总经理说"这些是经过您批准实施的，如果我照付，属于违反了已批准的规定。"同时请总经理再签一次名表明"特批"，然后备用金保管人支付了营销部经理的差旅预支费。

思考：从案例中你得到哪些启示？你认为财务总监对这件事的处理方法是否正确？是否体现了会计职业道德的要求？

分析提示：从实例中我们可以体会出内部控制制度对于企业的重要性，尤其是对财务部门和财务人员执行工作的准绳起了很大的明确作用，避免了人为因素的介入。因此，我们经常强调企业要有一套健全的内部控制制度。

在会计工作中，会计人员经常会遇到一些处理起来感到"两难"的事情，坚持按制度办事会得罪上级，反之，又会使工作丧失原则，使制度形同虚设。本案例告诉我们，在会计工作中也应该讲究工作艺术，以达到最好的工作效果。

财务总监的做法是正确的。本案例中财务总监对事务的处理方法，既体现了会计人员坚守准则的道德规范要求，也体现了会计人员参与管理的职业规范要求。当然对于工作中遇到的违法事项必须坚决抵制，绝不能变通。

拓展学习

实收资本(或股本)与注册资本

实收资本(或股本)是开办企业的本钱，是企业所有者权益(或股东权益)的基本组成部分，也是企业设立的基本条件之一。企业设立时，为使企业掌握与其生产经营和服务规模相适应的资金数额，保证企业从事生产经营活动的需要，作为企业的所有者，必须向企业注入一定的资本金。资本金是指企业在工商行政管理部门登记的注册资金。我国目前实行的是注册资本金制度，要求企业的实收资本与注册资本相一致。我国法律规定，投资者投入企业的资本金应当受到保全，除法律、法规另有规定外，投资者不得抽回。

任务二　供应业务的核算

任务导入

丰华公司本月购入材料一批，买价为 150 000 元，购入过程中发生运杂费 500 元，保险费 300 元，材料采购人员差旅费 300 元，材料入库时的搬运费 200 元，材料入库后因生产需要转运其他仓库发生搬运费 100 元。

请问：材料的采购成本应包括哪些内容？该批材料的采购成本是多少？

知识与技能

供应过程是为生产产品做准备的过程，为了生产产品，就要做好多方面的物资准备工作，如购置厂房、建筑物、机器设备，购入材料等。因此，供应过程的业务核算内容主要包括固定资产购置业务的核算和材料采购业务的核算两个方面。

一、固定资产购置业务的核算

固定资产购置业务的核算

（一）固定资产的含义

固定资产是指为生产商品、提供劳务、出租或经营管理而持有的、使用寿命超过一个会计年度的有形资产，包括房屋、建筑物、机器、机械、运输工具及其他与生产经营有关的设备、器具、工具等。

（二）固定资产入账价值的确定

固定资产一般应按取得时的实际成本(即原始价值)作为入账价值。固定资产取得时的实际成本是指企业单位购建固定资产达到预定可使用状态前所发生的一切合理、必要的支出。由于企业可以从各种渠道取得固定资产，不同渠道形成的固定资产，其价值构成的具体内容也不同，所以，固定资产取得时的入账价值应根据具体情况分别确定。企业外购的固定资产，其实际取得成本包括买价、进口关税和其他相关税费，以及使固定资产达到预定可使用状态前所发生的可归属于该项资产的其他支出，如运输费、装卸费、保险费、安装费和专业人员服务费等。一般纳税人购入固定资产时发生的增值税进项税不计入固定资产的成本，可以在销项税中予以抵扣。

（三）固定资产购置业务核算设置的账户

企业应设置"固定资产"账户，用来核算企业固定资产的增减变动及其结果。该账户属于资产类，其借方登记增加的固定资产原始价值；贷方登记减少的固定资产原始价值；期末余额在借方，反映企业期末固定资产的账面原值。本账户应按固定资产的种类设置明细分类账户，进行明细分类核算。其账户的结构如下。

借方	固定资产	贷方
增加的固定资产原始价值		减少的固定资产原始价值
期末余额： 固定资产的账面原值		

(四) 固定资产购置业务的账务处理

企业购入的固定资产，有的不需要安装就可以投入使用，有的则需要经过安装调试后才能交付使用。因此，固定资产购入业务的核算应区分以下两种情况。

1. 购入不需要安装的固定资产

企业作为一般纳税人，购入不需要安装的固定资产时，应按实际支付的购买价款、相关税费，以及使固定资产达到预定可使用状态前所发生的可归属于该项资产的其他支出(运输费、装卸费、安装费和专业人员服务费等)作为固定资产的成本，借记"固定资产"账户。如取得了合法的增值税扣税凭证，允许其抵扣进项税额，还应借记"应交税费——应交增值税(进项税额)"账户，按应付或实际支付的全部金额贷记"银行存款""应付账款"等账户。

【例3-14】丰华公司购入不需要安装的设备一台，该设备的买价为300 000元，增值税税率为13%，购置过程中发生包装费5 000元，运输费10 000元，款项用银行存款支付。固定资产的取得成本为315 000(300 000 + 5 000 + 10 000)元。

分析：该项经济业务的发生，引起企业资产要素和负债要素发生了增减变化。一方面，企业的固定资产增加315 000元，增值税进项税额增加39 000元；另一方面，企业的银行存款减少354 000元。因此，该业务涉及企业的"固定资产"账户、"应交税费——应交增值税(进项税额)"账户和"银行存款"账户。固定资产的增加，应记入"固定资产"账户的借方；增值税进项税额的增加，应记入"应交税费——应交增值税(进项税额)"账户的借方；银行存款的减少，应记入"银行存款"账户的贷方。会计分录如下。

借：固定资产　　　　　　　　　　　　315 000
　　应交税费——应交增值税(进项税额)　39 000
　贷：银行存款　　　　　　　　　　　　354 000

2. 购入需要安装的固定资产

企业作为一般纳税人，购入需要安装的固定资产时，应在购入的固定资产取得成本的基础上加上安装调试成本作为入账成本。按购入需安装的固定资产的取得成本，借记"在建工程"账户，按购入固定资产时可抵扣的增值税进项税额，借记"应交税费——应交增值税(进项税额)"账户，贷记"银行存款""应付账款"等账户；按发生的安装调试成本，借记"在建工程"账户，按取得的外部单位提供的增值税专用发票上注明的增值税进项税额，借记"应交税费——应交增值税(进项税额)"账户，贷记"银行存款"等账户；耗用了本单位的材料或人工的，按应承担的成本金额，借记"在建工程"账户，贷记"原材料"

"应付职工薪酬"等账户。安装完成达到预定可使用状态时,由"在建工程"账户转入"固定资产"账户,借记"固定资产"账户,贷记"在建工程"账户。

【例3-15】丰华公司购入需要安装的设备一台,买价500 000元,税金65 000元,包装费5 000元,运杂费等10 000元,设备安装过程中发生安装费用共50 000元,款项均以银行存款支付,设备安装完毕交付使用。

分析:该项经济业务的发生,引起企业资产要素和负债要素发生了增减变化。该业务涉及企业的"在建工程""固定资产""应交税费——应交增值税(进项税额)"和"银行存款"账户。在建工程的增加,记入"在建工程"账户的借方;在建工程的减少,记入"在建工程"账户的贷方;固定资产的增加,记入"固定资产"账户的借方;增值税进项税额的增加,记入"应交税费——应交增值税(进项税额)"账户的借方;银行存款的减少,记入"银行存款"账户的贷方。有关会计分录如下。

(1) 购入固定资产时
借:在建工程   515 000
    应交税费——应交增值税(进项税额)   65 000
    贷:银行存款   580 000
(2) 以存款支付安装费时
借:在建工程   50 000
    贷:银行存款   50 000
(3) 设备安装完毕交付使用时
借:固定资产   565 000
    贷:在建工程   565 000

二、材料采购业务的核算

材料采购业务的核算

企业要进行正常的产品生产经营活动,除了具备基本的生产条件以外,还需要有一定种类和数量的原材料,企业所需要的原材料通常都是向外单位采购来的。企业为采购一定种类和数量的材料而发生的各项耗费之和,即为该种材料的采购成本。因此,对于制造企业来说,材料采购业务的核算内容主要有三个:一是确定材料的采购成本;二是核算与供应单位的款项结算情况;三是材料到达验收入库。

(一) 材料采购成本的确定

按现行制度规定,制造企业的材料采购成本包括如下几方面。

1. 买价

买价即企业购入材料时,实际支付给销货方的材料价款。

2. 附带成本

附带成本即企业在购入材料过程中所发生的与材料采购业务有关的其他各项支出。附带成本主要由以下内容构成。

(1) 运杂费,包括运输费、装卸费、保险费、包装费、仓储费等。

(2) 运输途中的合理损耗，即外购材料在运输途中发生的正常范围内的损耗。

(3) 入库前的挑选整理费，主要包括挑选整理过程中发生的工资、费用支出和必要的损耗，并减去回收的下脚(废)料价值。

(4) 材料采购过程中应负担的其他费用。

3. 税金

税金是指企业在材料采购过程中依法缴纳的各种流转税，如增值税、进口关税、进口消费税等。我国在增值税的处理上是区别增值税一般纳税人和小规模纳税人的，一般纳税人购进材料负担的增值税进项税额应单独核算，不能计入材料采购成本，而对于小规模纳税人在材料采购过程中所支付的增值税，应计入材料采购成本。

企业在材料采购业务中发生的应计入材料采购成本的附带成本和税金，又可合称为材料的采购费用。所以，企业材料采购成本可概括为由买价和采购费用构成。

上述各项，凡能分清是某种材料负担的，可以直接计入该种材料的采购成本；凡不能分清由某种材料负担的，应按材料的买价、重量、体积等比例，采用一定的方法分摊计入各种材料的采购成本中去。

(二) 材料采购业务核算设置的账户

1. "在途物资"账户

"在途物资"账户用来核算企业外购材料的实际采购成本。该账户属于资产类账户，借方登记购入材料的实际采购成本；贷方登记验收入库材料的实际采购成本；期末借方余额反映尚未运达企业或者虽然已经运达企业但尚未验收入库的在途材料的实际采购成本。该账户应按供应单位和材料品种设置明细账户，进行明细分类核算。其账户的结构如下。

借方	在途物资	贷方
购入材料的实际采购成本： 买价 采购费用	验收入库材料的实际采购成本	
期末余额： 在途材料的实际采购成本		

2. "原材料"账户

"原材料"账户用来核算企业库存的各种材料，包括原料及主要材料、辅助材料、外购半成品(外购件)、修理用备件(备品备件)、包装材料、燃料等实际成本的增减变动及其结存情况。该账户属于资产类账户，借方登记已验收入库材料的实际成本；贷方登记发出材料的实际成本；期末借方余额反映企业库存材料的实际成本。该账户应按材料的保管地点(仓库)、材料的类别、品种和规格等设置明细账户，进行明细分类核算。其账户的结构如下。

借方	原材料	贷方
验收入库材料实际成本的增加		库存材料实际成本的减少
期末余额： 库存材料实际成本结余		

3."应付账款"账户

"应付账款"账户用来核算企业因购买材料、商品和接受劳务等而应付给供应单位的款项，反映和监督企业应付款项的增减变化和期末结存情况。该账户属于负债类账户，贷方登记应付供应单位款项的增加；借方登记应付供应单位款项的减少；期末贷方余额反映企业尚未偿还的应付款项。该账户应按供应单位设置明细账户，进行明细分类核算。其账户的结构如下。

借方	应付账款	贷方
应付供应单位款项的减少		应付供应单位款项的增加
		期末余额： 尚未偿还的应付款项

4."应付票据"账户

"应付票据"账户用来核算企业采用商业汇票结算方式购买材料物资等而开出、承兑的商业汇票的增减变化及结存情况。该账户属于负债类账户，贷方登记企业开出、承兑商业汇票的增加；借方登记到期商业票据的减少；期末贷方余额反映企业尚未到期的应付票据的余额。该账户应按供应单位设置明细账户，进行明细分类核算。其账户的结构如下。

借方	应付票据	贷方
到期应付票据的减少(不论是否已经付款)		开出、承兑商业汇票的增加
		期末余额： 尚未到期商业汇票的结余额

5."预付账款"账户

"预付账款"账户用来核算企业按照购货合同规定预付给供应单位的款项，反映企业预付账款的增减变化及结存情况。该账户属于资产类账户，借方登记企业因购货而预付的款项；贷方登记企业收到所购材料时而应冲减的款项；期末借方余额反映企业实际预付的款项；期末贷方余额反映企业尚未补付的款项。该账户应按供应单位设置明细账户，进行明细分类核算。其账户的结构如下。

借方	预付账款	贷方
预付供应单位款项的增加		冲销预付供应单位的款项
期末余额： 尚未结算的预付款		期末余额： 尚未补付的款项

6. "应交税费"账户

"应交税费"账户用来核算企业按照税法规定应缴纳的各种税费的计算与实际缴纳情况。该账户属于负债类账户，贷方登记企业按税法规定计算出的各种应交未交的税费；借方登记企业实际缴纳的各种税费；期末贷方余额反映企业尚未缴纳的税费；期末如为借方余额则反映企业多交或尚未抵扣的税费。该账户按税种设置明细账户，进行明细分类核算。其中，"应交税费——应交增值税"明细账是用来核算和监督企业应交和未交增值税的账户。企业购买材料物资等支付给销货方的增值税(即进项税额)记入"应交税费——应交增值税"账户的借方，企业销售商品等向购买方收取的增值税(即销项税额)记入"应交税费——应交增值税"的贷方。其账户的结构如下。

借方	应交税费	贷方
实际缴纳的各种税费 (增值税进项税额)		计算出的应交而未交的税费 (增值税销项税额)
期末余额：多交或尚未抵扣的税费		期末余额：未交的税费

(三) 材料采购业务的账务处理

由于企业采购材料时所采用的货款支付结算方式有多种，其账务处理方式也不一样，以下介绍几种常见的情况。

1. 以银行存款结算货款

该类经济业务的发生，主要引起企业资产要素和负债要素的增减变化。一方面，企业的材料采购成本和增值税进项税额增加；另一方面，企业的银行存款减少。因此，企业根据发票账单支付物资价款和运杂费时，按应计入材料采购成本的金额，借记"在途物资"或"原材料"账户；按支付的增值税进项税额，借记"应交税费——应交增值税(进项税额)"账户；按实际支付的价款，贷记"银行存款"账户。

【例3-16】2023年6月4日，丰华公司从东方公司购甲、乙、丙三种材料，发票账单已到达企业，货款以银行存款支付，材料尚未验收入库。材料的买价为42 000元，增值税进项税额为5 460元。其中，甲材料2 000千克，单价8元，合计16 000元；乙材料4 000千克，单价5元，合计20 000元；丙材料1 000千克，单价6元，合计6 000元。

分析：该项经济业务的发生，一方面，使企业的材料采购成本增加42 000元，增值税进项税额增加5 460元；另一方面，使企业的银行存款减少47 460元。材料采购成本的增加，应记入"在途物资"账户的借方；增值税进项税额的增加，应记入"应交税费——应交增值税(进项税额)"账户的借方；银行存款的减少，应记入"银行存款"账户的贷方。会计分录如下：

借：在途物资——甲材料	16 000
——乙材料	20 000
——丙材料	6 000
应交税费——应交增值税(进项税额)	5 460
贷：银行存款	47 460

2. 赊购或以商业汇票结算货款

该类经济业务的发生，将引起企业资产要素和负债要素同时增加。一方面，企业的材料采购成本和增值税进项税额增加；另一方面，企业的应付账款或应付票据增加。因此，企业按应计入材料采购成本的金额，借记"在途物资"或"原材料"账户；按增值税进项税额，借记"应交税费——应交增值税(进项税额)"账户；按应付账款金额或应付票据票面金额，贷记"应付账款"账户或"应付票据"账户。

【例3-17】 2023年6月6日，丰华公司从长安公司购入丁材料500千克，每千克15元，买价为7 500元，增值税进项税额为975元，代垫运费为50元，材料已验收入库，货款尚未支付。

分析：该项经济业务的发生，一方面，使企业材料采购成本增加7 550(500×15+50)元，企业的增值税进项税额增加975元；另一方面，企业的应付账款增加8 525元。材料采购成本的增加，应记入"原材料"账户的借方；增值税进项税额的增加，应记入"应交税费——应交增值税(进项税额)"账户的借方；应付账款的增加，应记入"应付账款"账户的贷方。会计分录如下。

借：原材料——丁材料	7 550
应交税费——应交增值税(进项税额)	975
贷：应付账款——长安公司	8 525

【例3-18】 承上例，假定公司开出一张面值为8 525元的商业承兑汇票，交付长安公司。

分析：该项经济业务的发生，使企业应付票据增加8 525元。应付票据的增加应记入"应付票据"账户的贷方。会计分录如下。

借：原材料——丁材料	7 550
应交税费——应交增值税(进项税额)	975
贷：应付票据——长安公司	8 525

3. 预付货款购入材料

企业发生预付货款时，引起企业资产要素项目的增减变化。一方面使企业的预付账款增加，另一方面又使企业的银行存款减少。预付账款的增加，应记入"预付账款"账户的借方；银行存款的减少，则记入"银行存款"账户的贷方。

当企业收到已经预付货款的货物后，引起企业资产要素项目间的增减变化及负债要素的变化。一方面，企业的材料采购成本和增值税进项税额增加；另一方面，企业的预付账款减少。预付账款的减少,应按发票账单上注明的应付金额,贷记"预付账款"账户。

【例3-19】2023年6月8日,丰华公司为购入甲材料向长安公司预付货款22 600元,款项以银行存款支付。

分析:该项经济业务的发生,使企业的预付账款增加22 600元,银行存款减少22 600元。会计分录如下。

借:预付账款　　　　　　　　　　　　　　22 600
　　贷:银行存款　　　　　　　　　　　　　　22 600

【例3-20】2023年6月20日,丰华公司收到长安公司发来的甲材料2 000千克,每千克10元,总买价为20 000元,增值税税款为2 600元,长安公司代垫运费1 000元,该批材料的货款已于6月8日预付,代垫运费以银行存款另付。

分析:该项经济业务的发生,一方面使企业的材料采购成本增加21 000(20 000+1 000)元,增值税进项税额增加2 600元;另一方面使企业的预付账款减少22 600元,银行存款减少1 000元。会计分录如下。

借:原材料——甲材料　　　　　　　　　　21 000
　　应交税费——应交增值税(进项税额)　　　2 600
　　贷:预付账款　　　　　　　　　　　　　　22 600
　　　　银行存款　　　　　　　　　　　　　　1 000

4. 材料采购费用的分摊

材料采购费用是材料在采购过程中发生的应计入材料采购成本的各项附带成本和税金,属于材料采购成本中的间接成本。凡是能分清采购费用归属于何种材料的,可以直接计入各种材料的采购成本;凡是不能分清由某种材料负担的,应按材料的重量、买价或体积等比例,采用一定的方法分摊计入各种材料的采购成本。

第一,计算采购费用的分摊率。计算公式为

采购费用分摊率=采购费用总额÷材料的总重量(或买价等)

第二,计算各种材料应分担的采购费用。计算公式为

某种材料应分担的采购费用=该材料的总重量(或买价等)×采购费用分摊率

【例3-21】2020年6月10日,丰华公司以银行存款支付6月4日向东方公司购入的三种材料的运杂费3 150元。

分析:该项经济业务的发生,使企业的资产要素项目间发生增减变化。一方面,企业的材料采购成本增加3 150元;另一方面,企业的银行存款减少3 150元。材料采购成本的增加,应记入"在途物资"账户的借方;银行存款的减少,应记入"银行存款"账户的贷方。但由于运杂费属于材料的采购费用,且该笔费用不能分清应归属于何种材料,所以应选择适当的标准在甲、乙、丙三种材料间进行分摊,计入各材料的采购成本。具体分摊方法如下。

根据例3-16中的资料,假定该公司按材料的重量分摊运杂费用,则

分摊率=3 150÷(2 000+4 000+1 000)=0.45(元/千克)

甲材料应分摊的采购费用=2 000×0.45=900(元)
乙材料应分摊的采购费用=4 000×0.45=1 800(元)
丙材料应分摊的采购费用=1 000×0.45=450(元)
会计分录如下。

　　借：在途物资——甲材料　　　　　　　　　900
　　　　　　　　——乙材料　　　　　　　　1 800
　　　　　　　　——丙材料　　　　　　　　　450
　　　贷：银行存款　　　　　　　　　　　　3 150

5. 材料到达验收入库的核算

企业购入材料运达企业，在验收入库时，将引起企业资产要素项目间的增减变化。一方面，企业的原材料增加；另一方面，企业的材料采购成本减少。因此，企业应按实收材料的实际成本，借记"原材料"账户，贷记"在途物资"账户。

【例3-22】 2023年6月12日，丰华公司收到从东方公司购入的甲、乙、丙三种材料，并于当日全部验收入库。

分析：该项经济业务的发生，使企业的原材料增加45 150(16 900+21 800+6 450)元，材料采购成本减少45 150元。原材料的增加应记入"原材料"账户的借方，材料采购成本的减少应记入"在途物资"账户的贷方。会计分录如下。

　　借：原材料——甲材料　　　　　　　　　16 900
　　　　　　——乙材料　　　　　　　　　21 800
　　　　　　——丙材料　　　　　　　　　 6 450
　　　贷：在途物资——甲材料　　　　　　　16 900
　　　　　　　　　——乙材料　　　　　　 21 800
　　　　　　　　　——丙材料　　　　　　　6 450

根据例3-16、例3-21、例3-22的资料，登记甲、乙、丙三种材料的"在途物资"明细分类账，如表3-2、表3-3、表3-4所示。

表3-2　在途物资明细分类账(甲材料)

材料名称：甲材料

2023年		凭证号数	摘要	借方			贷方
月	日			买价	采购费用	合计	
略	略	1	材料买价	16 000		16 000	
		2	运杂费		900	900	
		3	材料验收入库				16 900
			本期发生额	16 000	900	16 900	16 900

表 3-3 在途物资明细分类账(乙材料)

材料名称：乙材料

2023年		凭证号数	摘要	借方			贷方
月	日			买价	采购费用	合计	
略	略	1	材料买价	20 000		20 000	
		2	运杂费		1 800	1 800	
		3	材料验收入库				21 800
			本期发生额	20 000	1 800	21 800	21 800

表 3-4 在途物资明细分类账(丙材料)

材料名称：丙材料

2023年		凭证号数	摘要	借方			贷方
月	日			买价	采购费用	合计	
略	略	1	材料买价	6 000		6 000	
		2	运杂费		450	450	
		3	材料验收入库				6 450
			本期发生额	6 000	450	6 450	6 450

根据各在途物资有关明细分类账资料，计算各材料的采购成本，如表3-5所示。

表 3-5 材料采购成本计算表

单位：元

项目	甲材料(2 000千克)		乙材料(4 000千克)		丙材料(1 000千克)	
	总成本	单位成本	总成本	单位成本	总成本	单位成本
买价	16 000	8.00	20 000	5.00	6 000	6.00
采购费用	900	0.45	1 800	0.45	450	0.45
采购成本	16 900	8.45	21 800	5.45	6 450	6.45

任务小结

供应过程是为生产产品做准备的过程，为了生产产品，就要做好多方面的物资准备工作，如购置厂房、建筑物、机器设备，购入材料等。因此，供应过程的业务核算内容主要包括固定资产购置业务的核算和材料采购业务的核算两个方面。

材料采购成本由买价和采购费用构成。凡能分清是某种材料负担的，可以直接计入该种材料的采购成本；凡不能分清由某种材料负担的，应按材料的买价、重量、体积等比例，采用一定的方法分摊计入各种材料的采购成本中去。

任务实施

材料采购成本由买价和采购费用构成。具体包括买价、运杂费、运输途中的合理损耗、入库前的挑选整理费用、购入材料应负担的税金和其他费用。因此,该批材料的采购成本如下。

本月购入材料的采购成本=150 000+500+300+200=151 000(元)

职业能力考核

职业判断能力测验

一、单项选择题

1. 企业无论从何种途径取得材料,都要通过(　　)账户。
   A. "在途物资"　　　　　　　　B. "材料采购"
   C. "原材料"　　　　　　　　　D. "材料成本差异"
2. 为反映库存材料的增减变化及其结存情况,应设置(　　)账户。
   A. "在途物资"　　　　　　　　B. "材料采购"
   C. "原材料"　　　　　　　　　D. "材料成本差异"
3. 企业为购进材料预付的款项,应通过的账户是(　　)。
   A. "应付账款"　　　　　　　　B. "预付账款"
   C. "应收账款"　　　　　　　　D. "预收账款"
4. 下列项目中,不构成材料采购成本的是(　　)。
   A. 买价　　　　　　　　　　　B. 可抵扣的增值税税额
   C. 消费税　　　　　　　　　　D. 关税
5. "在途物资"账户期末若有余额,表示(　　)。
   A. 已购入但尚未验收入库的材料成本
   B. 企业已入库和已耗用的材料成本
   C. 企业目前尚存的材料成本
   D. 企业本月及以前各期累计购买的材料成本

二、多项选择题

1. 材料的实际采购成本包括(　　)。
   A. 买价　　　　　　　　　　　B. 增值税
   C. 采购费用　　　　　　　　　D. 入库后的保管费用
2. 材料采购费用的分配标准,可以是(　　)。
   A. 外购材料的重量　　　　　　B. 外购材料的买价
   C. 外购材料的生产工时　　　　D. 外购材料的人工费用
3. 与"在途物资"账户的借方发生对应关系的账户可能有(　　)。
   A. 应付账款　　　　　　　　　B. 银行存款

C. 预付账款　　　　　　　　　　　D. 应付票据

4. 某企业购入材料一批，在发生的下列费用中，应计入材料采购成本的有(　　)。

A. 外地运杂费　　　　　　　　　　B. 采购人员差旅费

C. 运输途中的合理损耗　　　　　　D. 入库前的挑选整理费用

5. 增值税一般纳税人购入的机器设备，其入账价值包括(　　)。

A. 进口关税　　　　　　　　　　　B. 增值税

C. 安装成本　　　　　　　　　　　D. 购买价款和运杂费

三、判断题

1. 企业外购存货的采购成本，均包括增值税、关税和消费税等。　　　　　(　　)
2. 预付货款购入存货时，企业应以预付货款的时间作为外购存货的入账时间。(　　)
3. 存货采购费用属于存货采购成本中的间接成本，因此均需要通过分摊计入存货的采购成本。　　　　　　　　　　　　　　　　　　　　　　　　　　　　(　　)
4. 存货采购费用的分摊依据可以是存货的买价、重量或体积等。　　　　　(　　)
5. 原材料的成本是购进原材料时从购货方取得的发票上列明的原材料的买价。(　　)

职业实践能力训练

1. 丰华公司 2023 年 6 月份发生下列材料采购交易、事项。

(1) 3 日，从东方厂购进甲材料 15 000 千克，增值税专用发票所列单价 5.00 元，合计 75 000 元，进项税额 9 750 元，东方厂代垫运费 1 500 元，款项以银行存款支付，材料尚未运到。

(2) 6 日，从东方厂购进的甲材料已到，并验收入库。

(3) 8 日，从新华厂购进乙材料 20 吨，增值税专用发票所列单价为 1 800 元，买价 36 000 元，进项税额 4 680 元，新华厂代垫运费 2 000 元，款未付，材料尚未到达。

(4) 15 日，以银行存款偿还新华厂乙材料款 42 680 元。

(5) 16 日，从新华厂购进的乙材料已运到，并验收入库。

(6) 20 日，从新华厂购进丙材料 8 000 千克，增值税专用发票所列单价 7.00 元，合计 56 000 元，进项税额 7 280 元，供货方代垫运费 2 400 元，材料已到并验收入库，价款尚未支付。

(7) 28 日，按合同约定，为购买丙材料以银行存款 15 000 元预付新华厂货款。

(8) 30 日，于 6 月 28 日预付货款购买的丙材料运到，增值税专用发票上记载的货款为 10 000 元，增值税 1 300 元，供货方代垫运费 500 元，余款退回存入银行。

要求：运用借贷记账法对上述交易、事项进行会计处理。

2. 丰华公司 2023 年 6 月份发生下列经济业务。

(1) 1 日，从外地购入下列材料，用银行存款支付价款 11 000 元和增值税专用发票上的税款 1 430 元，材料未到。

品种	体积	重量	买价
甲材料	100 立方米	1 000 千克	3 000 元
乙材料	200 立方米	4 000 千克	8 000 元

(2) 5 日，以银行存款支付 1 日购入的甲、乙材料的运杂费 2 700 元，按材料的重量分

配比例分配该项采购费用(不考虑增值税因素，下同)。

(3) 12日，从外地购入下列材料，以银行存款支付价款127 000元和增值税专用发票上的税款16 510元，材料未到。

品种	重量	单价	买价
甲材料	4 000千克	29.50元/千克	118 000元
乙材料	1 000千克	9.00元/千克	9 000元

(4) 20日以银行存款支付12日购入的甲、乙材料的下列采购费用：运输费2 500元和装卸、搬运费500元，分配方式均按材料重量的比例计入材料采购成本。

(5) 上述材料验收入库，按实际采购成本入账。

要求：根据上述资料编制会计分录；编制材料采购成本计算表(见表3-6)。

表3-6　材料采购成本计算表

单位：元

项目	甲材料		乙材料	
	总成本	单位成本	总成本	单位成本
买价				
采购费用				
采购成本				

学习评价

根据本任务的教学内容，通过职业判断能力测验和职业实践能力训练等方式对本任务相关内容的学习效果进行检查，实施评价，填写任务学习评价表(见表3-7)。

表3-7　供应业务的核算任务学习评价表

考核内容标准	实施评价		
	自我评价	同学互评	教师评价
正确编制固定资产购置业务的会计分录(20分)			
正确辨析与确定材料采购成本(40分)			
正确编制材料采购业务会计分录(40分)			

思政专栏

大肆虚开增值税发票，家庭式税案实属罕见

背景与情境：广东省韶关市中级人民法院开庭审理了新丰县物资公司原副总经理潘光始及其儿子潘英平、儿媳罗媚三人虚开增值税专用发票价税合计4亿多元的案件，这种家庭式的虚开税票案实属罕见。由于担任公职不便出面，潘光始首先借用朋友潘某的身份证设立了新丰县新城物资有限公司，然后又指使自己的儿子潘英平成立新丰县万源有限公司，

指使冯泽段等人申请成立了商发、长能贸易有限公司。据公诉人讲述，1997年潘光始竟然在一天之内成立了两家所谓的贸易公司，而这些公司既无厂房工地，又无贸易往来，唯一的生意就是兜售虚开的增值税专用发票，有时需要出具的虚开发票太多，忙不过来，潘光始就指使自己的儿子和儿媳开票。检察院诉称，潘光始等三人从1996年1月到2000年11月，利用开设5家"皮包公司"的幌子，先后为中国石油物资装备总公司、天津三星电机有限公司、广东湛江制药总厂等全国100余家单位大肆虚开增值税专用发票。经查实，被告人潘光始共参与虚开增值税专用发票4亿多元，税额5900万元。每一次交易，潘光始都要求按价税总额的1.5%~1.8%收费。如此计算，潘家从中获取的不法之财达数百万元人民币。

资料来源：张炜. 广东三名特大虚开增值税发票案犯一审被判死刑[EB/OL]. [2002-09-10]. https://www.chinanews.com/2002-9-10/26/220676.html.

思考：此案例中的增值税专用发票属于何种会计凭证？虚开增值税专用发票的行为应承担何种法律责任？

分析提示：从会计角度看，增值税专用发票属于会计凭证中的外来原始凭证。根据《最高人民法院关于虚开增值税专用发票定罪量刑标准有关问题的通知》，虚开的税款数额在五万元以上的，以虚开增值税专用发票罪处三年以下有期徒刑或者拘役，并处二万元以上二十万元以下罚金；虚开的税款数额在五十万元以上的，认定为刑法第二百零五条规定的"数额较大"；虚开的税款数额在二百五十万元以上的，认定为刑法第二百零五条规定的"数额巨大"。

拓展学习

增值税及其征收范围

增值税是以商品(含应税劳务)在流转过程中产生的增值额作为计税依据而征收的一种流转税。从计税原理上说，增值税是对商品生产、流通、劳务服务中多个环节的新增价值或商品的附加值征收的一种流转税。实行价外税，也就是由消费者负担，有增值才征税，没有增值不征税。

在中华人民共和国境内销售货物或者提供加工、修理修配劳务，以及进口货物的单位和个人，为增值税的纳税人，应当依法缴纳增值税。

增值税的征税范围包括销售(包括进口)货物，提供加工及修理修配劳务。其中，包含如下特殊项目和特殊行为。

1. 特殊项目
(1) 货物期货(包括商品期货和贵金属期货)，在实物交割环节纳税。
(2) 银行销售金银的业务。
(3) 典当业销售死当物品业务。
(4) 寄售业销售委托人寄售物品的业务。
(5) 集邮商品的生产、调拨及邮政部门以外的其他单位和个人销售集邮商品的业务。

2. 特殊行为(视同销售)
以下8种行为在增值税法中被视同为销售货物，均要征收增值税。

(1) 将货物交由他人代销。
(2) 代他人销售货物。
(3) 将货物从一地移送至另一地(同一县市除外)。
(4) 将自产或委托加工的货物用于非应税项目。
(5) 将自产、委托加工或购买的货物作为对其他单位的投资。
(6) 将自产、委托加工或购买的货物分配给股东或投资者。
(7) 将自产、委托加工的货物用于职工福利或个人消费。
(8) 将自产、委托加工或购买的货物无偿赠送他人。

任务三　生产业务的核算

任务导入

丰华公司生产甲、乙两种产品,甲产品期初在产品成本10 000元,本月发生材料费用35 000元,生产工人工资5 000元,月末在产品成本12 000元,甲产品本月完工300件;乙产品200件本月全部完工,本月发生材料费用31 200元,生产工人工资4 000元。两种产品共发生制造费用4 500元(制造费用按生产工人工资比例分配)。

要求：请根据上述资料计算确定甲、乙产品完工总成本和单位成本。

知识与技能

制造企业的主要经济活动是生产符合社会需要的产品,企业要生产产品就要发生各种耗费,这些耗费可以统称为费用。费用按是否计入产品成本,可分为生产费用和期间费用。

生产费用即企业为制造一定种类和一定数量的产品所支付的各项费用的总和。生产费用按其计入产品成本的方式不同,可分为直接费用和间接费用。一般将能够直接计入产品成本的生产费用,称为直接费用,包括直接材料、直接人工、其他直接支出,如生产产品所耗费的材料、生产工人工资等；将先归集、后分配计入产品成本的生产费用,称为间接费用,也叫制造费用,如生产车间管理人员工资、固定资产折旧等。这些费用构成产品的生产成本。

期间费用是指本期发生、不能直接或间接计入产品成本、直接计入当期损益的各项费用,包括管理费用、销售费用和财务费用三项。这些费用不构成产品的生产成本。因此,企业在产品生产过程中发生的各种费用,以及这些费用的归集、分配和产品生产成本的计算,构成了生产过程业务核算的主要内容。

一、生产费用的核算

(一) 生产费用核算设置的账户

为核算企业发生的生产费用,正确计算各种产品的实际生产成本,应设置

生产费用的核算

以下账户。

1. "生产成本"账户

"生产成本"账户用于归集和分配企业产品生产过程中所发生的各项生产费用。该账户属于成本类账户，其借方登记企业产品生产过程中所发生的应计入产品成本的各项费用；贷方登记企业已经生产完工并已验收入库的产成品的生产成本；期末如果有余额在借方，反映企业尚未完工产品(在产品)的成本。该账户应按产品种类或类别设置明细账户，进行明细核算。其账户的结构如下。

借方	生产成本	贷方
发生的生产费用： 直接材料 直接工资 其他直接支出 制造费用		结转完工并验收入库产成品的成本
期末余额：在产品的成本		

2. "制造费用"账户

"制造费用"账户用于归集和分配企业生产车间为组织和管理产品的生产活动而发生的各项间接生产费用，包括车间范围内发生的工资及福利费、折旧费、办公费、水电费、机物料消耗等。该账户属于成本类账户，其借方登记企业实际发生的各项间接费用；贷方登记期末分配转入"生产成本"账户的制造费用；月末，该账户借方归集的间接费用，应按照适当的分配标准分配给各有关成本计算对象，该账户期末分配结转后无余额。该账户按不同的车间、部门和费用项目进行明细分类核算。其账户的结构如下。

借方	制造费用	贷方
归集车间范围内发生的各项间接费用		期末分配转入"生产成本"的制造费用

3. "库存商品"账户

"库存商品"账户用来核算企业为销售而储存的各种商品的增减变化和期末结存情况。该账户属于资产类账户，借方登记企业因购入、自制等原因而收入商品的实际成本；贷方登记企业因销售等原因而发出商品的实际成本；期末借方余额反映企业各种库存商品的实际成本。该账户应按库存商品的种类、品种和规格设置明细账，进行明细分类核算。其账户的结构如下。

借方	库存商品	贷方
验收入库商品实际成本的增加		库存商品实际成本的减少
期末余额： 库存商品实际成本结余		

生产过程业务核算还会涉及其他一些账户,后面将结合具体经济业务内容进行介绍。

(二) 各项生产费用的核算

1. 材料费用的核算

企业在生产经营过程中领用的各种材料,应按照材料的具体用途,分别记入有关的成本类账户和费用类账户。按领用材料的实际成本,借记"生产成本""制造费用""管理费用""销售费用"等账户,贷记"原材料"等账户。

【例3-23】丰华公司生产A、B两种产品,2023年6月份耗用材料情况,如表3-8所示。

表3-8 材料费用汇总分配表

单位:元

项目	原材料	辅助材料	外购半成品	修理备件	合计
生产产品耗用	290 000	68 750	51 000		409 750
其中:A产品	97 500	20 000	16 750		134 250
B产品	192 500	48 750	34 250		275 500
车间耗用	12 250	20 750		7 000	40 000
合计	302 250	89 500	51 000	7 000	449 750

分析:该经济业务的发生,引起企业资产要素和费用要素均发生变化。一方面使企业的原材料减少449 750元,另一方面使企业的生产费用增加449 750元。生产费用增加,应按其用途分别归集,用于A产品和B产品生产的,作为直接费用,分别记入"生产成本——A产品"和"生产成本——B产品"账户的借方,车间发生的一般消耗性材料,属于间接费用,应记入"制造费用"账户的借方,原材料的减少应记入"原材料"账户的贷方。该项经济业务的会计分录如下。

```
借:生产成本——A产品         134 250
        ——B产品         275 500
    制造费用               40 000
  贷:原材料                        449 750
```

【例3-24】2023年6月5日,经营管理部门领用丁材料,价值5 000元。其中,用于行政管理部门的2 100元,用于销售部门的2 900元。

分析:该经济业务的发生,一方面使企业的管理费用增加2 100元,销售费用增加2 900元;另一方面使企业的原材料减少5 000元。管理费用和销售费用的增加,应分别记入"管理费用"和"销售费用"账户的借方,原材料的减少应记入"原材料"账户的贷方。会计分录如下。

```
借:管理费用               2 100
    销售费用               2 900
  贷:原材料                        5 000
```

2. 职工薪酬费用的核算

职工薪酬是企业为获得职工提供的服务而给予的各种形式的报酬及相关支出,包括职工工资、奖金、津贴和补贴、职工福利费、社会保险费、住房公积金等。由于职工薪酬一般是先计算提取后实际发放或支付,所以企业应在职工为其提供服务的会计期末(月末),将应付未付的职工薪酬确认为一项负债,同时应根据职工提供服务的受益对象将应付职工薪酬总额进行分配后记入有关成本费用账户。生产工人的薪酬记入"生产成本"账户;车间管理人员的薪酬记入"制造费用"账户;企业管理人员的薪酬记入"管理费用"账户;销售人员的薪酬记入"销售费用"账户。为核算和监督职工薪酬的提取、发放或支付、使用情况,企业应设置"应付职工薪酬"账户。

【例 3-25】 2023 年 6 月 10 日,丰华公司开出现金支票从银行提取现金 140 000 元,准备发放工资。

分析:该经济业务的发生,引起企业资产要素项目间的增减变化。一方面使企业的库存现金增加 140 000 元,应记入"库存现金"账户的借方;另一方面使企业的银行存款减少 140 000 元,应记入"银行存款"账户的贷方。会计分录如下。

借:库存现金　　　　　140 000
　　贷:银行存款　　　　　　140 000

【例 3-26】 2023 年 6 月 10 日,丰华公司以现金 140 000 元支付职工工资。

分析:该项经济业务的发生,引起企业资产要素和负债要素发生变化。一方面使企业的应付职工薪酬减少 140 000 元,应记入"应付职工薪酬"账户的借方;另一方面使企业的现金也减少 140 000 元,应记入"库存现金"账户的贷方。会计分录如下。

借:应付职工薪酬　　　　140 000
　　贷:库存现金　　　　　　140 000

【例 3-27】 2023 年丰华公司 6 月份工资及福利费分配情况,如表 3-9 所示。

表 3-9　工资及福利费汇总分配表

单位:元

项目	应付职工工资	提取的职工福利费	合计
	(1)	(2)=(1)×14%	(3)=(1)+(2)
生产工人工资	100 000	14 000	114 000
其中:A 产品	60 000	8 400	68 400
B 产品	40 000	5 600	45 600
车间管理人员工资	40 000	5 600	45 600
合计	140 000	19 600	159 600

分析:该经济业务的发生,引起企业负债要素和费用要素发生变化。一方面,企业的应付职工工资增加 140 000 元,应付福利费增加 19 600 元;另一方面,企业的生产费用增

加了159 600元。应付工资和应付福利费的增加应记入"应付职工薪酬"账户的贷方；产品生产工人的工资及福利费应记入"生产成本"账户的借方；车间管理人员的工资及福利费应记入"制造费用"账户。会计分录如下。

```
借：生产成本——A产品           68 400
         ——B产品           45 600
    制造费用                 45 600
    贷：应付职工薪酬——工资       140 000
                ——职工福利    19 600
```

3. 制造费用的核算

制造费用是企业生产车间为产品的生产而发生的各项间接生产费用。各项间接生产费用在发生时，先归集在"制造费用"账户的借方，月末在所有受益产品之间采用合理的方法进行分配后，再转入各产品的"生产成本"账户。因此，制造费用的核算方法是先归集、后分配。

在材料费用和直接人工费用的核算中，均已涉及制造费用的核算。不过，制造费用除材料费用和职工薪酬费用外，还包括诸如固定资产折旧、办公费、水电费、劳动保护费等其他费用。下面举例说明其他有关制造费用的核算。

【例3-28】2023年6月30日，丰华公司计提本月车间使用厂房、机器设备等固定资产的折旧费8 400元。

分析：由于本例所计提的固定资产折旧是车间使用的固定资产，属于应计入当期产品生产成本的间接费用。所以，该项经济业务的发生将引起企业资产要素和费用要素发生变化。一方面，累计折旧增加8 400元，也就是固定资产价值因折旧减少8 400元，应记入"累计折旧"账户的贷方；另一方面，企业的间接生产费用增加8 400元，应记入"制造费用"账户的借方。会计分录如下。

```
借：制造费用         8 400
    贷：累计折旧      8 400
```

【例3-29】2023年6月30日，丰华公司以银行存款3 000元支付车间办公费。

分析：该项经济业务的发生，将引起企业资产要素和费用要素发生增减变化。一方面，企业的生产费用增加3 000元，应记入"制造费用"账户的借方；另一方面，企业的银行存款减少3 000元，应记入"银行存款"账户的贷方。会计分录如下。

```
借：制造费用         3 000
    贷：银行存款      3 000
```

【例3-30】2023年6月30日，丰华公司计提车间租入固定资产租金1 200元。

分析：由于该项固定资产为车间使用，因此该项租金费用应计入当期的产品生产成本。该经济业务的发生，将引起企业费用要素和负债要素发生变化。一方面，企业的生产费用增加1 200元，应记入"制造费用"账户的借方；另一方面，企业计提费用也使负债增加1 200元，应记入"其他应付款"账户的贷方。会计分录如下。

借：制造费用　　　　　　　　1 200
　　贷：其他应付款　　　　　　　　1 200

【例3-31】2023年6月30日，丰华公司以银行存款支付生产车间的水电费1 800元。

分析：因该项水电费用发生在生产车间，所以应计入当期的生产成本。该经济业务的发生，引起企业资产要素和费用要素发生变化。一方面，企业的生产费用增加1 800元，应记入"制造费用"账户的借方；另一方面，企业的银行存款减少1 800元，应记入"银行存款"账户的贷方。会计分录如下。

借：制造费用　　　　　　　　1 800
　　贷：银行存款　　　　　　　　　1 800

4. 制造费用的分配与结转

在归集完本月的全部制造费用后，月末应将所有的制造费用结转到生产成本明细账，以计算本期完工产品的生产成本。如果某车间只生产一种产品，则归集的制造费用可直接转入该产品的生产成本明细账中；若生产两种或两种以上的产品，则要将归集的制造费用采用一定的分配标准(常用的分配标准有生产工时、机器工时、生产工人工资等)分配并结转到不同产品的生产成本明细账中。其计算公式为

制造费用分配率＝本月的制造费用总额÷各种产品的分配标准之和

某种产品应分配的制造费用＝该种产品的分配标准×制造费用分配率

【例3-32】假定某公司生产C、D两种产品，C产品耗用的生产工时为6 500小时，D产品耗用的生产工时为5 500小时，本月发生的制造费用总额为12 000元。

分析：制造费用的分配过程如下。

制造费用分配率＝12 000÷(6 500+5 500)＝1(元/小时)

C产品应负担的制造费用＝6 500×1＝6 500(元)

D产品应负担的制造费用＝5 500×1＝5 500(元)

计算出C、D产品应负担的制造费用后，应将其从"制造费用"账户结转至C、D产品的生产成本明细账中，其会计分录如下。

借：生产成本——C产品　　　　6 500
　　　　　　——D产品　　　　5 500
　　贷：制造费用　　　　　　　　12 000

5. 完工产品成本的结转

产品成本的结转业务是指产品生产过程结束、产品完工并入库，将完工入库产品的生产成本从"生产成本"明细账结转至"库存商品"明细账的过程。下面以前述丰华公司2020年6月份的经济业务为例，说明产品生产成本的计算与结转过程。

【例 3-33】 丰华公司将 2023 年 6 月份发生的制造费用全部记入制造费用明细账，如表 3-10 所示。该公司本月的制造费用按生产工人工资(资料见例 3-27)比例进行分配。

表 3-10 制造费用明细账

2023年		凭证号	摘要	借方								贷方	借或贷	余额
月	日			材料费	工资费	福利费	折旧费	办公费	租赁费	水电费	其他	合计			
6	30		材料费分配表(见表3-8)	40 000								40 000		借	40 000
6	30		工资及福利费分配表(见表3-9)		40 000	5 600						45 600		借	85 600
6	30		计提折旧费				8 400					8 400		借	94 000
6	30		支付车间办公费					3 000				3 000		借	97 000
6	30		计提租金						1 200			1 200		借	98 200
6	30		支付车间水电费							1 800		1 800		借	100 000
6	30		本月费用合计	40 000	40 000	5 600	8 400	3 000	1 200	1 800		100 000		借	100 000
6	30		分配转出										100 000	平	0

(1) 分配本月发生的制造费用。

费用分配率=100 000÷(60 000+40 000)=1

A 产品应负担的制造费用＝A 产品生产工人工资×费用分配率＝60 000×1＝60 000(元)

B 产品应负担的制造费用＝B 产品生产工人工资×费用分配率＝40 000×1＝40 000(元)

(2) 编制制造费用分配表，如表 3-11 所示。

表 3-11 制造费用分配表

单位：元

受益对象	工资总额	费用分配率	金额
A 产品	60 000		60 000
B 产品	40 000		40 000
合 计	100 000	1	100 000

将 A、B 产品应负担的制造费用计算确定后，应将制造费用全部转入产品生产成本。因此，该项经济业务的发生，引起企业费用要素项目间的增减变化。一方面，产品生产成本增加 100 000 元；另一方面，制造费用减少 100 000 元。产品生产成本增加，应记入"生产成本"账户的借方；制造费用的减少，应记入"制造费用"账户的贷方。会计分录如下。

借：生产成本——A 产品　　60 000
　　　　　　——B 产品　　40 000
　贷：制造费用　　　　　　　　　100 000

在制造费用分配之前，企业已根据有关原始凭证编制了记账凭证，将生产经营过程中发生的各项直接费用记入生产成本明细账。制造费用分配之后，企业也应根据制造费用分配表及时编制记账凭证,将各产品和劳务应负担的制造费用记入生产成本明细账。至此,生产成本明细账归集出本月各产品的总生产成本(包括完工产品和在产品),然后采用一定的方法将其在完工产品和在产品之间分配,即可计算出本月完工产品的成本和月末在产品成本。

【例3-34】2023年6月30日,丰华公司将本月发生的材料费用、职工薪酬费用和分配的制造费用全部记入A、B产品生产成本明细账。各产品生产成本明细账,如表3-12和表3-13所示。

表3-12 生产成本明细账(A产品)

产品名称:A产品

2023年		凭证号	摘要	借方(成本项目)				贷方	借或贷	余额
月	日			直接材料	工资及福利费	制造费用	合计			
6	30		领用材料	134 250			134 250		借	134 250
6	30		生产工人工资		60 000		60 000		借	194 250
6	30		生产工人福利费		8 400		8 400		借	202 650
6	30		分配制造费用			60 000	60 000		借	262 650
6	30		本月生产费用合计	134 250	68 400	60 000	262 650		借	262 650
6	30		本月结转					262 650	平	0

表3-13 生产成本明细账(B产品)

产品名称:B产品

2023年		凭证号	摘要	借方(成本项目)				贷方	借或贷	余额
月	日			直接材料	工资及福利费	制造费用	合计			
6	30		领用材料	275 500			275 500		借	275 500
6	30		生产工人工资		40 000		40 000		借	315 500
6	30		生产工人福利费		5 600		5 600		借	321 100
6	30		分配制造费用			40 000	40 000		借	361 100
6	30		本月生产费用合计	275 500	45 600	40 000	361 100		借	361 100

【例3-35】丰华公司2023年6月份生产的A产品1 000件全部完工,并已验收入库,B产品均未完工。该公司根据A产品生产成本明细账和A产品成本计算单(见表3-14)结转A产品的生产成本。会计分录如下。

  借:库存商品——A产品   262 650
    贷:生产成本——A产品   262 650

表 3-14 产品成本计算单

产品名称：A 产品 (单位：元)

成本项目	本月生产费用合计	总成本	单位成本
直接材料	134 250	134 250	134.25
工资及福利费	68 400	68 400	68.40
制造费用	60 000	60 000	60.00
合计	262 650	262 650	262.65

二、期间费用的核算

(一) 销售费用

期间费用的核算

1. 销售费用的内容及其账户设置

销售费用是指企业在销售商品、提供劳务的过程中发生的各项费用，包括保险费、商品维修费、运输费、装卸费、包装费、保管费、展览费和广告费，以及为销售本企业商品而专设的销售机构(含销售网点、售后服务网点等)的职工薪酬、业务费、折旧费等经营费用。企业当期发生的销售费用，应直接计入当期损益，并在利润表中列示。

为核算企业在销售商品过程中发生的各项费用，企业应设置"销售费用"账户。该账户属于损益类账户，其借方登记企业在销售商品过程中发生的各项销售费用，贷方登记期末转入"本年利润"账户借方的销售费用总额，结转后本账户无余额。该账户应按费用项目设置明细账户，进行明细分类核算。其账户的结构如下。

借方	销售费用	贷方
发生的销售费用 (销售费用增加)		期末转入"本年利润"的 销售费用额

2. 销售费用的核算

企业发生销售费用时，应按实际发生额，借记"销售费用"账户，贷记"库存现金""银行存款""应付职工薪酬"等账户。

【例 3-36】2023 年 6 月 10 日，丰华公司销售部门领用甲材料一批，实际成本为 2 150 元。

分析：该项经济业务的发生，引起企业费用要素和资产要素发生变化。一方面，企业的销售费用增加 2 150 元，应记入"销售费用"账户的借方；另一方面，企业的原材料减少 2 150 元，应记入"原材料"账户的贷方。会计分录如下。

借：销售费用——材料费　　　　　　2 150
　　贷：原材料——甲材料　　　　　　　　2 150

【例3-37】2023年6月15日，以银行存款支付广告费5 000元和应由本公司的销售机构负担的水电费2 640元。

分析：该经济业务的发生，引起企业费用要素和资产要素发生变化。一方面，企业销售费用增加7 640元，应记入"销售费用"账户的借方；另一方面，企业的银行存款减少7 640元，应记入"银行存款"账户的贷方。会计分录如下。

借：销售费用——广告费　　　　　　　5 000
　　　　　　——水电费　　　　　　　2 640
　　贷：银行存款　　　　　　　　　　7 640

【例3-38】2023年6月20日，以现金支付公司销售机构业务人员差旅费800元。

分析：该经济业务的发生，引起企业费用要素和资产要素发生变化。一方面，企业的销售费用增加800元，应记入"销售费用"账户的借方；另一方面，企业的现金资产减少800元，应记入"库存现金"账户的贷方。会计分录如下。

借：销售费用——差旅费　　　　　　　800
　　贷：库存现金　　　　　　　　　　800

【例3-39】2023年6月30日，分配本月发放的职工工资，并计算应付的福利费。当月企业销售人员工资为8 000元，应付福利费为1 120元。

分析：该经济业务的发生，引起企业费用要素和负债要素发生变化。一方面，企业的销售费用增加9 120(8 000+1 120)元，应记入"销售费用"账户的借方；另一方面，企业的应付工资增加8 000元，应付福利费增加1 120元，应分别记入"应付职工薪酬"账户的贷方。会计分录如下。

借：销售费用——工资　　　　　　　　8 000
　　　　　　——职工福利　　　　　　1 120
　　贷：应付职工薪酬——工资　　　　8 000
　　　　　　　　　　——职工福利　　1 120

【例3-40】2023年6月30日，计提本月公司销售部门使用的固定资产折旧费2 000元。

分析：计提固定资产折旧业务的发生，将引起企业费用要素和资产要素发生变化。一方面，企业的销售费用增加2 000元，应记入"销售费用"账户的借方；另一方面，企业的固定资产价值因折旧减少2 000元，也就是企业的累计折旧增加2 000元，应记入"累计折旧"账户的贷方。会计分录如下。

借：销售费用——折旧费　　　　　　　2 000
　　贷：累计折旧　　　　　　　　　　2 000

丰华公司将本月发生的所有销售费用记入"销售费用明细账",如表3-15所示。

表3-15 销售费用明细账

2023年		凭证号	摘要	借方						贷方	借或贷	余额
月	日			材料费	工资费	福利费	折旧费	广告费	其他	合计			
6	5		领用材料	2 900						2 900		借	2 900
6	10		领用材料	2 150						2 150		借	5 050
6	15		支付广告费、水电费					5 000	2 640	7 640		借	12 690
6	20		支付差旅费						800	800		借	13 490
6	30		分配工资、福利费		8 000	1 120				9 120		借	22 610
6	30		计提折旧费				2 000			2 000		借	24 610
6	30		本月费用合计	5 050	8 000	1 120	2 000	5 000	3 440	24 610		借	24 610
6	30		本月结转								24 610	平	0

(二) 管理费用

1. 管理费用的内容及其账户设置

管理费用是指企业为组织和管理生产经营所发生的各项费用,包括企业董事会和行政管理部门在企业的经营管理中发生的,或由企业统一负担的公司经费(包括行政管理部门职工工资、修理费、物料消耗、低值易耗品摊销、办公费和差旅费等)、工会经费、待业保险费、劳动保险费、董事会费、聘请中介机构费、咨询费(含顾问费)、诉讼费、业务招待费、技术转让费、研究费、排污费等。

为了核算企业组织在管理生产经营中所发生的管理费用,应设置"管理费用"账户。该账户属于损益类账户,借方登记发生的各项管理费用,贷方登记期末转入"本年利润"账户借方的管理费用总额,结转后本账户无余额。该账户按费用项目设置明细账户,进行明细分类核算。其账户的结构如下。

借方	管理费用	贷方
发生的管理费用		期末转入"本年利润"的管理费用

2. 管理费用的核算

当企业发生管理费用时,应按实际发生额,借记"管理费用"账户,贷记"库存现金""银行存款""应付职工薪酬""累计折旧"等账户。

【例3-41】2023年6月5日,丰华公司行政管理部门以现金450元购买办公用品。

分析:该经济业务的发生,使企业的资产要素和费用要素发生变化。一方面,企业的管理费用增加450元,应记入"管理费用"账户的借方;另一方面,企业的库存现金减少450元,应记入"库存现金"账户的贷方。会计分录如下。

借：管理费用——公司经费　　　　　　　450
　　贷：库存现金　　　　　　　　　　　　　450

【例3-42】2023年6月15日，以银行存款支付应由公司行政管理部门负担的水电费840元。

分析：该经济业务的发生，使企业的资产要素和费用要素发生变化。一方面，企业管理费用增加840元，应记入"管理费用"账户的借方；另一方面，企业银行存款减少840元，应记入"银行存款"账户的贷方。会计分录如下。

借：管理费用——水电费　　　　　　　840
　　贷：银行存款　　　　　　　　　　　　　840

【例3-43】2023年6月20日，以银行存款支付法律顾问费1 200元，业务招待费4 800元。

分析：该经济业务的发生，一方面，企业的管理费用增加6 000元，应记入"管理费用"账户的借方；另一方面，企业的银行存款减少6 000元，应记入"银行存款"账户的贷方。会计分录如下。

借：管理费用——咨询费　　　　　　1 200
　　　　　　——业务招待费　　　　　4 800
　　贷：银行存款　　　　　　　　　　　　6 000

【例3-44】2023年6月30日，分配本月发放的职工工资，并计算应付职工福利费。公司行政管理人员工资为18 000元，应付福利费为2 520元。

分析：该经济业务的发生，使企业的费用要素和负债要素发生变化。一方面，企业的管理费用增加20 520元，应记入"管理费用"账户的借方；另一方面，企业的应付工资增加18 000元，应付福利费增加2 520元，应记入"应付职工薪酬"账户的贷方。会计分录如下。

借：管理费用——工资费　　　　　　18 000
　　　　　　——职工福利　　　　　　2 520
　　贷：应付职工薪酬——工资　　　　　　18 000
　　　　　　　　　　——职工福利　　　　2 520

【例3-45】2023年6月30日，公司行政管理部门计提固定资产折旧费2 400元。

分析：该经济业务的发生，使企业的费用要素和资产要素发生变化。一方面，企业的管理费用增加2 400元，应记入"管理费用"账户的借方；另一方面，企业的累计折旧增加2 400元，也就是固定资产价值因折旧减少2 400元，应记入"累计折旧"账户的贷方。会计分录如下。

借：管理费用——折旧费　　　　　　2 400
　　贷：累计折旧　　　　　　　　　　　　2 400

【例3-46】 2023年6月30日，公司以银行存款支付诉讼费4 500元。

分析：该经济业务的发生，使企业的费用要素和资产要素发生变化。一方面，企业的管理费用增加4 500元，应记入"管理费用"账户的借方；另一方面，企业的银行存款减少4 500元，应记入"银行存款"账户的贷方。会计分录如下。

借：管理费用——诉讼费　　　　　　　　4 500
　　贷：银行存款　　　　　　　　　　　　　　4 500

丰华公司将本月发生的管理费用全部记入"管理费用明细账"，如表3-16所示。

表3-16　管理费用明细账

2023年		凭证号	摘要	借方								贷方	借或贷	余额
月	日			材料费	公司经费	咨询费	业务招待费	工资费	福利费	折旧费	诉讼费	合计			
6	5		材料费	2 100								2 100		借	2 100
6	5		购买办公用品		450							450		借	2 550
6	15		支付水电费		840							840		借	3 390
6	20		支付法律顾问费			1 200						1 200		借	4 590
6	20		支付业务招待费				4 800					4 800		借	9 390
6	30		分配工资、福利费					18 000	2 520			20 520		借	29 910
6	30		计提折旧费							2 400		2 400		借	32 310
6	30		支付诉讼费								4 500	4 500		借	36 810
6	30		本月费用合计	2 100	1 290	1 200	4 800	18 000	2 520	2 400	4 500	36 810		借	36 810
6	30		本月结转										36 810	平	0

(三) 财务费用

1. 财务费用的内容及其账户设置

财务费用是指企业为筹集生产经营所需资金等而发生的各项费用，包括利息支出（减利息收入)、汇兑支出(减汇兑收益)，以及相关的手续费等。

为核算企业发生的财务费用，企业应设置"财务费用"账户。该账户属于损益类账户，借方登记企业发生的财务费用，贷方登记企业发生的应冲减财务费用的利息收入、汇兑收益，以及期末转入"本年利润"账户借方的财务费用总额，结转后该账户期末无余额。该账户按费用项目设置明细账户，进行明细分类核算。其账户的结构如下。

借方	财务费用	贷方
发生的费用： 利息支出 手续费 汇兑损失		利息收入 汇兑收益 期末转入"本年利润"的 财务费用

2. 财务费用的核算

企业发生财务费用时，应借记"财务费用"账户，贷记"应付利息""银行存款"等账户。发生的应冲减财务费用的利息收入、汇总收益时，应借记"银行存款"等账户，贷记"财务费用"账户。

【例3-47】丰华公司2023年6月20日，以银行存款支付本季度的短期借款利息3 500元，已知4月份和5月份各计提1 000元。

分析：该经济业务的发生，引起企业费用要素、资产要素和负债要素均发生变化。一方面，企业的财务费用增加1 500(3 500-1 000×2)元，应记入"财务费用"账户的借方；同时，企业的负债减少2 000元，应记入"应付利息"账户的借方，企业的银行存款减少3 500元，应记入"银行存款"账户的贷方。会计分录如下。

借：财务费用　　　　　　　1 500
　　应付利息　　　　　　　2 000
　　贷：银行存款　　　　　　　3 500

【例3-48】2023年6月22日，收到银行转来的结息通知，银行结付企业存款利息875元，并转为企业的银行存款。

分析：该经济业务的发生，使企业的资产要素和费用要素发生变化。一方面，企业的银行存款增加875元，应记入"银行存款"账户的借方；另一方面，企业的利息收入增加875元，按现行会计制度的规定，应冲减企业的财务费用，所以，应贷记"财务费用"账户。会计分录如下。

借：银行存款　　　　　　　875
　　贷：财务费用　　　　　　　875

【例3-49】2023年6月25日，以银行存款支付银行转账结算手续费150元。

分析：该经济业务的发生，使企业的费用要素和资产要素发生变化。一方面，企业的财务费用增加150元，应记入"财务费用"账户的借方；另一方面，企业的银行存款减少

150元,应记入"银行存款"账户的贷方。会计分录如下。

借:财务费用　　　　　　　150
　　贷:银行存款　　　　　　　150

【例3-50】2023年6月30日,计提企业本月的长期借款利息7 500元。该项长期借款分期付息,到期还本,用于企业生产线的购建,该生产线已于上月正式投产使用。

分析:该项经济业务的发生,使企业的费用要素和负债要素发生变化。一方面,企业的财务费用增加7 500元,应记入"财务费用"账户的借方;另一方面,企业的应付利息增加7 500元,应记入"应付利息"账户的贷方。会计分录如下。

借:财务费用　　　　　　7 500
　　贷:应付利息　　　　　　7 500

丰华公司将本月发生的财务费用全部记入"财务费用明细账",如表3-17所示。

表3-17　财务费用明细账

2023年		凭证号	摘要	借方				贷方			借或贷	余额
月	日			利息支出	汇兑损益	手续费	合计	利息收入	本月结转	合计		
6	20		付借款利息	1 500			1 500				借	1 500
6	22		收存款利息					875		875	借	625
6	25		付银行手续费			150	150				借	775
6	30		付借款利息	7 500			7 500				借	8 275
6	30		付借款利息	375			375				借	8 650
6	30		本月费用合计	9 375		150	9 525	875		875	借	8 650
6	30		本月结转						8 650		平	0

任务小结

生产费用即企业为制造一定种类和一定数量的产品所支付的各项费用的总和。生产费用按其计入产品成本的方式不同,可以分为直接费用和间接费用。一般将能够直接计入产品成本的生产费用,称为直接费用,包括直接材料、直接人工、其他直接支出,如生产产品所耗费的材料、生产工人工资等;将先归集、后分配计入产品成本的生产费用,称为间接费用,也叫制造费用,如生产车间管理人员工资、固定资产折旧等。这些费用构成产品的生产成本。

期间费用是指本期发生、不能直接或间接计入产品成本、直接计入当期损益的各项费用,包括管理费用、销售费用和财务费用三项。

任务实施

第一步：计算制造费用分配率。
制造费用分配率＝制造费用总额÷甲、乙产品工资之和＝4 500÷(5 000+4 000)=0.5。
第二步：计算甲、乙产品应负担的制造费用。
甲产品应负担的制造费用＝5 000×0.5=2 500(元)
乙产品应负担的制造费用＝4 000×0.5=2 000(元)
第三步：计算甲、乙产品完工总成本和单位成本。
完工产品成本＝本期在产品成本＋本月发生的生产费用－期末在产品成本
甲产品完工总成本＝10 000+(35 000+5 000+2 500)－12 000=40 500(元)
甲产品的单位成本＝40 500÷300=135(元)
乙产品完工总成本＝31 200+4 000+2 000=37 200(元)
乙产品的单位成本＝37 200÷200=186(元)

职业能力考核

职业判断能力测验

一、单项选择题

1. 为产品生产而领用材料的实际成本，应记入(　　)账户的借方。
   A. "生产成本"　　　　　　　　　　B. "制造费用"
   C. "管理费用"　　　　　　　　　　D. "销售费用"
2. 生产车间发生的直接费用，应记入(　　)账户。
   A. "生产成本"　　　　　　　　　　B. "制造费用"
   C. "管理费用"　　　　　　　　　　D. "销售费用"
3. 下面各选项中与几个成本对象有关的费用是(　　)。
   A. 直接费用　　　　　　　　　　　B. 间接费用
   C. 期间费用　　　　　　　　　　　D. 成本费用
4. 在产品生产过程中发生的费用，其中直接与各成本对象有关的是(　　)。
   A. 直接费用　　　　　　　　　　　B. 制造费用
   C. 间接费用　　　　　　　　　　　D. 成本费用
5. 应计入产品成本的费用中，不能分清应由何种产品负担的费用应(　　)。
   A. 作为管理费用处理
   B. 直接计入当期损益
   C. 直接计入产品成本
   D. 作为制造费用处理，期末再通过分配计入产品成本

二、多项选择题

1. 材料发出的核算，可能涉及(　　)账户。
   A. "原材料"　　　　　　　　　　　B. "物资采购"

C. "生产成本" D. "制造费用"

2. 工资分配核算时，可能涉及( )账户。
   A. "生产成本" B. "管理费用"
   C. "应付职工薪酬" D. "制造费用"

3. 制造费用分配方法主要有( )。
   A. 按生产工人工资分配 B. 按生产工时分配
   C. 按机器工时分配 D. 按生产工人的福利费分配

4. 企业核算期间费用的账户有( )。
   A. "制造费用" B. "财务费用"
   C. "销售费用" D. "管理费用"

5. 在结转损益时，下列账户中应将余额转入"本年利润"账户的是( )。
   A. 制造费用 B. 销售费用
   C. 管理费用 D. 财务费用

三、判断题

1. 企业生产部门领用的存货，应按该存货的实际成本记入相应的生产成本账户。（ ）
2. 企业经营管理部门领用的存货，应按该存货的实际成本记入相应的期间费用账户。（ ）
3. "生产成本"账户的期末借方余额，表现为期末在产品的实际成本。（ ）
4. 期末应将"制造费用"账户所归集的制造费用分配计入有关的成本计算对象，因此该账户期末一律无余额。（ ）
5. 各期间费用账户在期末结转后均无余额。（ ）

职业实践能力训练

丰华公司生产 A、B 两种产品。A 产品 2023 年 2 月初生产成本余额为 5 510 元，其中直接材料 2 250 元，直接人工 2 760 元，制造费用 500 元；B 产品没有期初在产品。2023 年 2 月，公司发生下列经济业务。

(1) 购入原材料一批，货款 26 000 元、运杂费 1 500 元，增值税专用发票上注明的增值税税额为 3 380 元，所有款项均以银行存款支付，材料已验收入库。

(2) 领用材料投入生产，价值 21 000 元。其中，用于生产 A 产品 16 000 元，用于生产 B 产品 5 000 元。

(3) 计算分配职工工资。其中，生产 A 产品的工人工资 46 000 元，生产 B 产品的工人工资 24 000 元，车间管理人员工资 10 000 元，行政管理人员工资 20 000 元。

(4) 从银行提取现金 100 000 元，备发工资。

(5) 以现金支付本月工资 100 000 元。

(6) 计提本月应负担的短期借款利息 400 元。

(7) 以银行存款支付管理部门负担的企业财产保险费 580 元。

(8) 计提固定资产折旧 4 000 元。其中，生产车间计提折旧 2 600 元，行政管理部门计提折旧 1 400 元。

(9) 结转本月发生的制造费用(按 A、B 产品生产工人工资比例分配)。

(10) 本月 500 件 A 产品全部完工，B 产品全部未完工。

要求：根据上述资料编制有关会计分录并计算完工 A 产品的生产成本(总成本、单位成本)，将结果登记到"A 产品生产成本明细账"中(见表 3-18)。

表 3-18 A 产品生产成本明细账

单位：元

摘要	直接材料	直接人工	制造费用	合计
月初在产品成本				
本月生产费用				
合计				
完工产品总成本				
单位成本				

学习评价

根据本任务的教学内容，通过职业判断能力测验和职业实践能力训练等方式对本任务相关内容的学习效果进行检查，实施评价，填写任务学习评价表(见表 3-19)。

表 3-19 生产业务的核算任务学习评价表

考核内容标准	实施评价		
	自我评价	同学互评	教师评价
正确编制生产业务的会计分录(20 分)			
准确归集与分配制造费用(40 分)			
正确计算生产成本(40 分)			

思政专栏

客观公正，不偏不倚

背景与情境：某商场出纳员在报销差旅费时，对于同样是领导批准、主管会计审核无误的差旅费报销单，对和自己关系不错的人是随来随报，但对和自己有矛盾、私人关系较为疏远的人则以账面无款、库存无现金、整理账务等理由无故拖欠。

思考：出纳员在报销差旅费时，是否遵守了会计人员职业道德规范？如果你是出纳员，对此问题应该如何处理？

分析提示：客观公正原则要求会计人员态度端正，依法办事，实事求是，不偏不倚，保持应有的独立性。出纳员对持有领导批准、主管会计审核无误的差旅费报销单的人员应一视同仁，不应因关系的远近而有所不同。这名出纳员没有遵守会计人员职业道德规范，违背了客观公正的会计职业道德规范要求。

拓展学习

产品生产成本的计算方法

产品生产成本的计算应在生产成本明细账中进行，产品成本项目包括直接材料、直接人工、其他直接费用和间接费用。

完工产品生产成本=期初在产品成本+本期发生的生产费用-期末在产品成本

本期发生的生产费用=材料费用+人工费用+其他直接费用+制造费用

任务四 销售及利润形成和分配业务的核算

任务导入

丰华公司 2023 年 12 月份发生下列交易事项。

(1) 5 日，销售给长城公司 A 产品 450 件，每件售价 260 元，合计 117 000 元；B 产品 260 件，每件售价 265 元，合计 68 900 元。货款总额 185 900 元，增值税税额 24 167 元，款项已收到并存入银行存款账户。

(2) 8 日，以银行存款支付广告费 2 000 元。

(3) 8 日，按照合同规定，预收正大公司购买 B 产品的价款 25 000 元，已存入银行。

(4) 18 日，销售给正大公司 B 产品 400 件，每件售价 265 元，合计 106 000 元，增值税税额 13 780 元，价款本月 8 日已预收。

(5) 19 日，以银行存款支付汇兑手续费 500 元。

(6) 20 日，销售给长城公司 A 产品 100 件，每件售价 260 元，合计 26 000 元，增值税税额 3 380 元，价款尚未收到。

(7) 25 日，收到长城公司所欠货款 30 420 元，存入银行。

(8) 25 日，销售给正大公司甲材料 3 000 千克，每千克售价 18 元，合计 54 000 元，增值税税额 7 020 元，款已收到存入银行，并结转材料成本 40 000 元。

(9) 27 日，以银行存款 1 000 元支付产品销售包装费。

(10) 31 日，结转本月已销产品的制造成本。其中，A 产品每件 171.70 元，B 产品每件 198.80 元。

(11) 31 日，以银行存款 1 050 元捐赠某社会公益性福利部门。

(12) 31 日，按规定计提应交城市维护建设税 2 309.79 元，教育费附加 989.91 元。

(13) 31 日，经批准将确实无法支付某单位的应付货款 5 800 元转作营业外收入。

(14) 31 日，企业对外投资，被投资单位宣告分派本年现金股利，其中本企业应得 28 000 元，存入银行。

(15) 31 日，将本月主营业务收入 317 900 元，其他业务收入 54 000 元，投资收益 28 000 元，营业外收入 5 800 元，结转"本年利润"账户。

(16) 31 日，将本月主营业务成本 225 643 元，税金及附加 3 299.70 元，销售费用 3 000

元，管理费用 21 070 元，财务费用 4 500 元，其他业务成本 40 000 元，营业外支出 1 050 元，转入"本年利润"账户。

(17) 31 日，计算结转本月应交所得税 26 784.33 元(税率 25%)，假设无纳税调整。

(18) 31 日，将所得税转入"本年利润"账户。

(19) 31 日，公司全年实现净利润 1 000 000 元，按规定 10%的比例提取盈余公积。

(20) 31 日，向投资者分配现金股利 200 000 元。

要求：根据资料运用借贷记账法编制上述交易、事项的会计分录。

知识与技能

销售过程是制造企业生产经营过程的最后阶段。在销售过程中，企业一方面获得各种收入，另一方面要发生各种费用，同时按税法规定的税率计算缴纳各种税金和按规定支付有关费用。企业取得的收入，扣除发生的费用及增值税以外的税金及附加，补偿已销产品成本后的余额，再加上利得，减去损失，即为企业的利润或亏损。若企业实现了利润，还要按规定计算缴纳所得税，确定企业实现的净利润，同时还要按有关协议、规定进行利润分配。因此，确认和记录实现的收入、计算和结转已销产品的成本、支付销售费用、计算税金及附加、确定利润和亏损、进行利润分配，构成了销售及利润形成和分配业务核算的主要内容。

一、销售业务的核算

（一）销售业务核算设置的账户

为核算企业在日常活动中所取得的各项收入，企业应设置以下账户。

1. "主营业务收入"账户

"主营业务收入"账户用于核算企业在销售商品、提供劳务及让渡资产使用权等日常活动中所产生的收入。该账户属于损益类账户，贷方登记企业本期实现的主营业务收入；借方登记销售退回冲减的主营业务收入及期末转入"本年利润"账户贷方的主营业务收入总额；结转后本账户无余额。该账户按产品的类别设置明细账户，进行明细分类核算。其账户结构如下。

借方	主营业务收入	贷方
销售退回等 期末转入"本年利润"的净收入		实现的主营业务收入(增加)

2. "应收账款"账户

"应收账款"账户核算企业因销售商品、提供劳务等，应向购货单位或接受劳务单位收取的款项。该账户属于资产类账户，借方登记企业发生应收账款的实际应收金额；贷方登记企业应收账款的实际收回金额；期末借方余额反映企业尚未收回的应收账款。该账户按购货单位或接受劳务的单位设置明细账户，进行明细核算。其账户的结构如下。

借方	应收账款	贷方
发生的应收账款 (增加)	收回的应收账款 (减少)	
期末余额： 尚未收回的应收账款	期末余额： 预收款	

3. "应收票据"账户

"应收票据"账户用于核算企业因销售产品、提供劳务等而收到的商业汇票，包括银行承兑汇票和商业承兑汇票。该账户属于资产类账户，借方登记企业收到已开出、承兑的商业汇票的面值；贷方登记企业到期收回的应收票据的面值；期末余额在借方，反映企业尚未收回的商业汇票。其账户的结构如下。

借方	应收票据	贷方
本期收到的商业汇票 (增加)	到期收回(或提前贴现)的票据 (减少)	
期末余额： 尚未收回的票据款		

4. "预收账款"账户

"预收账款"账户用于核算企业按照合同规定预先向购货单位收取的款项。该账户属于负债类账户，贷方登记企业根据合同向购货单位预收的款项，以及购货单位补付的款项；借方登记销售实现的收入和应交的增值税销项税额，以及企业退回的购货单位多付的款项；期末余额在贷方，反映企业向购货单位预收的款项；期末余额在借方，则反映企业应向购货单位补收的款项。该账户按购货单位设置明细账户，进行明细核算。其账户的结构如下。

借方	预收账款	贷方
预收货款的减少	预收货款的增加	
期末余额： 购货单位应补付的款项	期末余额： 预收款的结余	

注意：对于预收账款业务不多的企业，可以不单独设置"预收账款"账户，而将预收的款项直接记入"应收账款"账户。

(二) 销售过程主要经济业务的核算

1. 产品销售收入的核算

企业销售产品，应按实际收到或应收的价款入账，即企业应按实际收到或应收的价款，借记"银行存款""应收账款""应收票据"等账户；按实现的收入，贷记"主营业务收入"账户；按增值税专用发票上注明的增值税税额，贷记"应交税费——应交增值税(销项税额)"账户。

企业若采用预收货款方式销售产品，则应在收到购货单位预付的货款时，按实收货款，借记"银行存款"账户，贷记"预收账款"账户。待企业交付商品时，才能确认收入，即按企业应收的价款，借记"预收账款"账户；按实现的收入，贷记"主营业务收入"账户；按增值税专用发票上注明的增值税税额，贷记"应交税费——应交增值税(销项税额)"账户。

【例3-51】2023年6月1日，丰华公司向北方公司销售A产品50件，每件售价800元，合计40 000元，增值税销项税额为5 200元。产品已经发出，收到全部货款，并存入银行。

分析：该项经济业务的发生，使企业的收入要素、资产要素和负债要素发生变化。一方面，企业的银行存款增加45 200元，应记入"银行存款"账户的借方；另一方面，企业的销售收入增加40 000元，应记入"主营业务收入"账户的贷方。同时，企业增值税销项税额也增加5 200元，应记入"应交税费——应交增值税(销项税额)"账户的贷方。会计分录如下。

借：银行存款　　　　　　　　　　　　　　45 200
　　贷：主营业务收入　　　　　　　　　　　　40 000
　　　　应交税费——应交增值税(销项税额)　　5 200

【例3-52】2023年6月5日，丰华公司收到南方公司预付A产品的货款40 000元，并存入银行。

分析：该项经济业务的发生，引起了企业资产要素和负债要素发生变化。一方面，企业的银行存款增加40 000元，应记入"银行存款"账户的借方；另一方面，企业的预收账款增加40 000元，预收账款属于企业的负债，因此，应记入"预收账款"账户的贷方。会计分录如下。

借：银行存款　　　　　　　　　　　　　　40 000
　　贷：预收账款——南方公司　　　　　　　　40 000

【例3-53】2023年6月20日，丰华公司向南方公司发出A产品50件，每件售价800元，收入货款40 000元，增值税销项税额5 200元。南方公司已预付40 000元，不足余款尚未收到。

分析：该项经济业务的发生，使企业的收入要素、资产要素和负债要素均发生变化。一方面，企业的销售收入增加40 000元，应贷记"主营业务收入"账户，企业的增值税销项税额增加5 200元，应贷记"应交税费——应交增值税(销项税额)"账户；另一方面，企业的预收账款减少45 200元，应借记"预收账款"账户。会计分录如下。

借：预收账款　　　　　　　　　　　　　　45 200
　　贷：主营业务收入　　　　　　　　　　　　40 000
　　　　应交税费——应交增值税(销项税额)　　5 200

如果丰华公司于本月末还未收到南方公司的这笔欠款，则"预收账款"账户本月末应为借方余额5 200元，反映为该公司的应收账款。

【例3-54】2023年6月15日，丰华公司向北方公司销售A产品100件，每件售价800元，收入货款80 000元，增值税销项税额为10 400元，产品已经发出，同时收到北方公司开出并承兑的商业汇票一张，面值为 90 400 元。

分析：该项经济业务的发生，使企业的收入要素、资产要素和负债要素均发生变化。一方面，企业的销售收入增加 80 000 元，企业的增值税销项税额增加 10 400 元，应分别贷记"主营业务收入"和"应交税费——应交增值税(销项税额)"账户；另一方面，企业应收的商业汇票增加 90 400 元，应记入"应收票据"账户的借方。会计分录如下。

借：应收票据　　　　　　　　　　　　　　90 400
　　贷：主营业务收入　　　　　　　　　　80 000
　　　　应交税费——应交增值税(销项税额)　10 400

《企业会计准则——基本准则》规定，企业应当在确认产品销售收入、劳务收入等时，将已销售产品、已提供劳务的成本等计入当期损益。也就是说，当销售业务发生，确认销售收入以后，应及时计算和结转已销产品的实际成本，并通过"主营业务成本"账户核算。

"主营业务成本"账户核算企业因销售产品等日常活动而发生的实际成本。该账户属于损益类账户，借方登记企业已销产品的实际成本；贷方登记期末转入"本年利润"账户借方的主营业务成本总额；结转后该账户无余额。该账户按主营业务的种类设置明细账户，进行明细核算。其账户的结构如下。

借方	主营业务成本	贷方
已销产品的实际成本		期末转入"本年利润"的主营业务成本

当企业计算并结转已销产品的实际成本时，借记"主营业务成本"账户，贷记"库存商品"等账户。

【例 3-55】经计算，丰华公司本月已销 A 产品的生产成本为 52 530(200×262.65)元。

分析：该项经济业务的发生，使企业的主营业务成本增加 52 530 元，企业的库存商品减少 52 530 元。会计分录如下。

借：主营业务成本　　52 530
　　贷：库存商品　　　52 530

2. 其他业务收入的核算

企业在销售过程中，除了获得主营业务收入外，还会获得其他业务收入，如销售材料、代购代销、包装物出租等所取得的收入。为核算其他业务收入，应设置"其他业务收入"账户。该账户用于核算企业除主营业务收入以外的其他销售或其他业务的收入。该账户属于损益类账户，贷方登记企业本期其他业务发生的、按收入确认原则应确认为本期的各项收入；借方登记期末转入"本年利润"账户贷方的其他业务收入总额；结转后该账户无余额。该账户按其他业务的种类，如"销售材料""代购代销""包装物出租"等，设置明细账户，进行明细核算。

企业取得其他业务收入时，按应确认的收入，贷记"其他业务收入"账户；按增值税专用发票上注明的增值税税额,贷记"应交税费——应交增值税(销项税额)"账户;按实际收到或应收的金额,借记"银行存款""应收账款"等账户。

【例3-56】 丰华公司于2023年6月25日销售本公司外购的乙材料一批,价值20 000元,增值税销项税额为2 600元,货款已全部收回,并存入银行。

分析:该项销售业务系企业的其他业务,其发生使企业的银行存款增加22 600元,应借记"银行存款"账户;增值税销项税额增加2 600元,应贷记"应交税费——应交增值税(销项税额)"账户;其他业务收入增加20 000元,应贷记"其他业务收入"账户。会计分录如下。

借:银行存款　　　　　　　　　　　　　　22 600
　　贷:其他业务收入　　　　　　　　　　　　20 000
　　　　应交税费——应交增值税(销项税额)　　2 600

同样的,当企业确认了其他业务收入以后,应及时计算和结转已销材料等的实际成本即其他业务成本。其他业务成本,是指企业除主营业务成本以外的其他销售或其他业务所发生的支出,包括销售材料、让渡资产使用权等而发生的相关成本、费用等。为核算企业其他经营活动所发生的支出,企业应设置"其他业务成本"账户。该账户属于损益类账户,借方登记企业其他业务收入的实际成本,以及企业发生的其他业务支出;贷方登记企业期末转入"本年利润"账户借方的其他业务成本总额;结转后该账户无余额。该账户按其他业务成本的种类设置明细账户,进行明细核算。

【例3-57】 2023年6月30日,丰华公司结转12月25日销售乙材料的实际成本为1 800元。

分析:该项经济业务的发生,使企业的其他业务成本增加1 800元,应记入"其他业务成本"账户的借方,同时,企业的原材料减少1 800元,应记入"原材料"账户的贷方。会计分录如下。

借:其他业务成本　　　　　　　　　　　　1 800
　　贷:原材料——乙材料　　　　　　　　　　1 800

企业在销售活动过程中,除发生增值税外,还会负担其他一些税金及附加,包括消费税、城市维护建设税、资源税、土地增值税和教育费附加等。为核算企业在日常活动中应负担的税金及附加,企业应设置"税金及附加"账户。该账户属于损益类账户,借方登记企业经营活动发生的相关税费;贷方登记期末转入"本年利润"账户借方的数额;结转后该账户无余额。其账户的结构如下。

借方	税金及附加	贷方
企业经营活动发生的相关税费		期末转入"本年利润"的税金及附加额

当企业按规定计算出应由主营业务和其他业务负担的税金及附加时,借记"税金及附加"账户,贷记"应交税费"等账户。

【例3-58】2023年6月30日，丰华公司计算本月应交的城市维护建设税为20 000元。

分析：该项经济业务的发生，使企业的税金及附加增加20 000元，应记入"税金及附加"账户的借方；同时，企业应交的城市维护建设税增加20 000元，应记入"应交税费——应交城市维护建设税"账户的贷方。会计分录如下。

借：税金及附加　　　　　　　　　　　　20 000
　　贷：应交税费——应交城市维护建设税　　　　20 000

企业在销售活动过程中，经常会发生销售费用，如广告费、展览费、运输费、保险费等，以及为销售本企业商品而专设的销售机构发生的各项费用。企业发生销售费用时，应按实际发生额借记"销售费用"账户，贷记"库存现金""银行存款"等账户。

【例3-59】2023年6月30日，以银行存款支付A产品的广告费2 000元。

分析：该项经济业务的发生，使企业的销售费用增加2 000元，应记入"销售费用"账户的借方；同时，企业的银行存款减少2 000元，应记入"银行存款"账户的贷方。会计分录如下。

借：销售费用　　　　　　2 000
　　贷：银行存款　　　　　　2 000

【例3-60】2023年6月30日，以现金支付销售部门业务费500元。

分析：该项经济业务的发生，使企业的销售费用增加500元，应记入"销售费用"账户的借方；同时，企业的库存现金减少500元，应记入"库存现金"账户的贷方。会计分录如下。

借：销售费用　　　　　　500
　　贷：库存现金　　　　　　500

二、利润形成业务的核算

（一）利润及其形成

利润形成的核算

利润是指企业在一定会计期间的经营成果。利润包括收入减去费用后的净额，以及直接计入当期利润的利得和损失等。直接计入当期利润的利得和损失指应当计入当期损益、会导致所有者权益发生增减变化的、与所有者投入资本或向所有者分配利润无关的利得或者损失，如投资收益、营业外收入、营业外支出等。企业的利润包括营业利润、利润总额和净利润。

1. 营业利润

营业利润是指企业在一定时期内从事日常的生产经营活动取得的利润，是企业利润的主要来源。计算公式为

营业利润=营业收入-营业成本-税金及附加-销售费用
　　　　-管理费用-财务费用±投资收益

其中，营业收入等于主营业务收入加其他业务收入；营业成本等于主营业务成本加其他业务成本。

2. 利润总额

企业的营业利润加上营业外收入减去营业外支出，即为企业的利润总额。计算公式为

$$利润总额=营业利润+营业外收入-营业外支出$$

其中，营业外收入是指企业发生的与其生产经营活动无直接关系的各项收入，主要包括债务重组利得、与企业日常活动无关的政府补助、盘盈利得、捐赠利得等；营业外支出是指企业发生的与其生产经营活动无直接关系的各项支出，主要包括债务重组损失、公益性捐赠支出、非常损失、盘亏损失、非流动资产毁损报废损失等。企业的营业外收入与营业外支出的差额，通常称为营业外收支净额。

3. 净利润

净利润是指利润总额减去所得税费用后的金额。企业赚取利润后，应根据企业会计制度和税法有关规定，计算应计入当期损益的所得税费用。企业的利润总额减去所得税费用后的净额，即为企业的净利润。

(二) 利润形成的核算

1. 利润总额形成的核算

从以上利润形成的计算公式可以看出，为核算企业的利润总额，除应正确核算企业取得的各项收入和发生的各项税费外，还应核算投资收益和营业外收支等。

为核算企业取得的投资收益或发生的投资损失，企业应设置"投资收益"账户。该账户属于损益类账户，借方登记企业确认的投资损失，以及期末转入"本年利润"账户贷方的投资净收益金额；贷方登记企业确认的投资收益，以及期末转入"本年利润"账户借方的投资净损失金额；期末结转后无余额。该账户按投资种类设置明细账户，进行明细核算。其账户结构如下。

借方	投资收益	贷方
发生的投资损失 期末转入"本年利润"的 投资净收益		实现的投资收益 期末转入"本年利润"的 投资净损失

由于投资收益的核算涉及交易性金融资产、长期股权投资、持有至到期投资、可供出售金融资产的核算，核算内容较为复杂，在此不进行详细介绍。下面仅举一例说明投资收益的核算原理。

【例3-61】2023年6月15日，丰华公司将本公司持有的交易性金融资产以115 000元的价格售出，该交易性金融资产的取得成本为100 000元，取得的款项存入银行。

分析：该项经济业务的发生，使企业的银行存款增加115 000元，应记入"银行存款"账户的借方；企业交易性金融资产减少100 000元，应记入"交易性金融资产"账户的贷方。另外，该业务的发生，使企业取得收益15 000元，应记入"投资收益"账户的贷方。会计分录如下。

```
借：银行存款              115 000
    贷：交易性金融资产          100 000
        投资收益               15 000
```

为核算企业发生的与其生产经营活动无直接关系的各项收支，企业应分别设置"营业外收入"和"营业外支出"账户。

"营业外收入"账户属于损益类账户，用于核算企业发生的与其生产经营活动无直接关系的各项收入。该账户的贷方登记企业实际发生的营业外收入；借方登记期末转入"本年利润"账户贷方的数额；期末结转后无余额。该账户按收入的项目设置明细账户，进行明细核算。其账户的结构如下。

借方	营业外收入	贷方
期末转入"本年利润"的营业外收入		实际发生的营业外收入（增加）

"营业外支出"账户属于损益类账户，用于核算企业发生的与其生产经营活动无直接关系的各项支出。该账户的借方登记企业实际发生的营业外支出；贷方登记期末转入"本年利润"账户借方的数额；期末结转后无余额。该账户按支出的项目设置明细账户，进行明细核算。其账户的结构如下。

借方	营业外支出	贷方
实际发生的营业外支出（增加）		期末转入"本年利润"的营业外支出

【例3-62】2023年6月30日，丰华公司清理长期无法支付的应付账款一笔，账面价值为3 000元，经批准转作企业的营业外收入。

分析：该项经济业务的发生，使企业应付账款的账面价值减少3 000元，应记入"应付账款"账户的借方。同时，企业的营业外收入增加3 000元，应记入"营业外收入"账户的贷方。会计分录如下。

```
借：应付账款              3 000
    贷：营业外收入             3 000
```

【例3-63】2023年6月26日，丰华公司经批准向希望工程捐赠现金，开出3 000元的现金支票一张。

分析：该项经济业务的发生，一方面使企业的银行存款减少3 000元，应贷记"银行存款"账户；另一方面使企业的营业外支出增加3 000元，应借记"营业外支出"账户。会计分录如下。

```
借：营业外支出            3 000
    贷：银行存款              3 000
```

为核算企业实现的利润(或发生的亏损),企业应设置"本年利润"账户。该账户属于所有者权益类账户,贷方登记期末由各收入类账户转入的当期实现或取得的各种收入或收益,以及年末结转的本年度发生的净亏损;借方登记期末由各成本费用类账户转入的各种费用、支出,以及年末结转的本年度实现的净利润。年度终了结转后,该账户无余额。因此,企业将当期发生的各项收入和费用全部登记入账后,于期末结出各损益类账户的贷方余额或借方余额,然后将所有收入类账户的贷方余额转入"本年利润"账户的贷方;将所有成本费用类账户的借方余额转入"本年利润"账户的借方;期末结转后各损益类账户无余额。此时"本年利润"账户若为贷方余额,即为企业当期实现的利润总额;若为借方余额,则反映为企业当期发生的亏损总额。"本年利润"账户的结构如下。

借方	本年利润	贷方
期末转入的各项支出:		期末转入的各项收入:
主营业务成本		主营业务收入
税金及附加		其他业务收入
其他业务成本		营业外收入
管理费用		投资收益(净收益)
财务费用		
销售费用		
投资收益(净损失)		
营业外支出		
所得税费用		
期末余额:累计亏损		期末余额:累计净利润

会计期末(月末或年末)结转各项收入时,借记"主营业务收入""其他业务收入""投资收益""营业外收入"等科目,贷记"本年利润"科目;结转各项支出时,借记"本年利润"科目,贷记"主营业务成本""税金及附加""其他业务成本""管理费用""财务费用""销售费用""营业外支出""所得税费用"等科目。如果"投资收益"科目反映的为投资损失,则应进行相反的结转。

【例3-64】丰华公司2023年6月份所有收入账户和成本费用账户余额,如表3-20所示。

表3-20 收入、成本费用账户余额表

单位:元

账户名称	借方	贷方
主营业务收入		160 000
其他业务收入		20 000
投资收益		15 000
营业外收入		3 000
营业外支出	3 000	
主营业务成本	52 530	
税金及附加	20 000	
其他业务成本	1 800	

(续表)

账户名称	借方	贷方
销售费用	27 110	
管理费用	36 810	
财务费用	8 650	

根据上述资料可做以下账务处理。

将各项收入转入"本年利润"账户的贷方，会计分录如下。

借：主营业务收入　　　　160 000
　　其他业务收入　　　　 20 000
　　投资收益　　　　　　 15 000
　　营业外收入　　　　　　3 000
　　贷：本年利润　　　　198 000

将各项费用支出转入"本年利润"账户的借方，会计分录如下。

借：本年利润　　　　　　149 900
　　贷：主营业务成本　　 52 530
　　　　税金及附加　　　 20 000
　　　　其他业务成本　　　1 800
　　　　销售费用　　　　 27 110
　　　　管理费用　　　　 36 810
　　　　财务费用　　　　　8 650
　　　　营业外支出　　　　3 000

结转后，即将本期发生的全部收入与全部费用支出都汇集于"本年利润"账户，将该账户的贷方发生额与借方发生额相比较，可计算确定丰华公司6月份实现的利润总额为48 100元。

2. 净利润形成的核算

按照税法规定，企业取得的生产经营所得和其他所得应缴纳企业所得税。因此，企业实现利润后应按税法规定计算缴纳企业所得税。企业实际缴纳的或者按企业会计制度规定计算的应从本期损益中扣除的所得税，即为所得税费用。为核算该项费用，企业应设置"所得税费用"账户。该账户属于损益类账户，用于核算企业确认的应当从当期利润总额中扣除的所得税费用。其借方登记本期应计入损益的应交所得税；贷方登记企业于期末转入"本年利润"账户借方的金额；期末结转后无余额。

企业应于期末(月末、季末或年末)计算出应从利润总额中减去的所得税费用，借记"所得税费用"账户，贷记"应交税费——应交所得税"账户。实际交纳所得税时，按实际交纳金额，借记"应交税费——应交所得税"账户，贷记"银行存款"账户。年度终了，企业将"所得税费用"账户的借方余额转入"本年利润"账户借方时，借记"本年利润"账户，贷记"所得税费用"账户。企业将当期的所得税费用转入"本年利润"账户后，"本年利润"账户的贷方余额，即为当期实现的净利润。

【例 3-65】承前例，丰华公司 2023 年 6 月份实现利润总额为 48 100 元，假定该公司本月未发生纳税调整事项，适用的所得税税率为 25%。计算本月应纳所得税为 12 025 (48 100×25%)元。

分析：该项经济业务的发生，使企业的所得税费用增加 12 025 元，应记入"所得税费用"账户的借方；同时，企业的应交所得税增加 12 025 元，应记入"应交税费——应交所得税"账户的贷方。会计分录如下。

借：所得税费用　　　　　　　　　　　12 025
　　贷：应交税费——应交所得税　　　　　　12 025

【例 3-66】2023 年 6 月 30 日，将本月发生的所得税费用 12 025 元转入"本年利润"账户。会计分录如下。

借：本年利润　　　　　　　　　　　　12 025
　　贷：所得税费用　　　　　　　　　　　12 025

结转当期的所得税费用后，该公司 6 月份"本年利润"账户的贷方余额为 36 075(48 100－12 025)元，即为该公司 6 月份实现的净利润。净利润额形成过程的核算如图 3-2 所示。

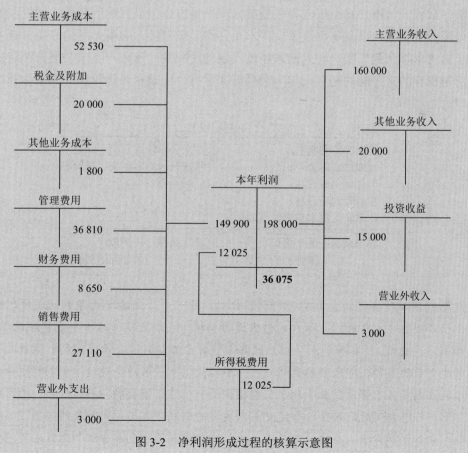

图 3-2　净利润形成过程的核算示意图

三、利润分配业务的核算

(一) 利润分配的顺序

企业实现的净利润,除非国家另有规定,一般按以下顺序进行分配: 利润分配的核算
(1) 按当年实现的净利润的10%提取法定盈余公积金。
(2) 根据股东大会的决定从当年实现的净利润中提取任意盈余公积金。
(3) 向投资者分配利润或股利。

企业当年实现的净利润加上年初的未分配利润,形成可供投资者分配的利润;可供分配的利润,经过上述分配后,为企业的未分配利润;未分配利润可留待以后年度进行分配。

(二) 利润分配核算设置的账户

为核算企业的利润分配,应设置以下账户:

1. "利润分配"账户

"利润分配"账户用来核算企业利润的分配(或亏损弥补)和历年利润分配(或亏损弥补)后的积存余额。该账户属于所有者权益类账户,借方登记已分配的利润,如提取的盈余公积、分配的股利等,以及年度终了由"本年利润"账户转入的本年度的亏损;贷方登记年度终了由"本年利润"账户转入的本年度实现的净利润;本账户年末余额若在贷方,反映企业历年积存的未分配的利润;年末余额若在借方,反映企业历年积存的未弥补的亏损。其账户的结构如下。

借方	利润分配	贷方
已分配的利润额: 提取法定盈余公积 应付优先股股利 应付普通股股利 年末转入的本年度发生的亏损	盈余公积转入 年末转入的本年度实现的净利润	
期末余额:历年累计 未弥补的亏损	期末余额:历年累计 未分配的利润	

注意:企业对实现的净利润进行利润分配,意味着企业实现的净利润这项所有者权益的减少,本应在"本年利润"账户的借方进行登记,表示直接冲减本年已实现的净利润额。但是如果这样处理,"本年利润"账户的期末贷方余额就只能表示实现的利润额减去已分配的利润额之后的差额,即未分配利润额,而不能提供本年累计实现的净利润额这项指标。而累计净利润指标又恰恰是企业管理上需要提供的一个非常重要的指标。因此,为了使"本年利润"账户能够真实地反映企业一定时期内实现的净利润数据,同时又能够通过其他账户提供企业未分配利润数据,在会计核算中,我们专门设置了"利润分配"账户,用以提供企业已分配的利润额。这样就可以根据需要,将"本年利润"账户的贷方余额即累计净利润与"利润分配"账户的借方余额即累计已分配的利润额相抵减,以求得未分配利润这项管理上所需要的指标。因而,对于"利润分配"账户,一定要结合"本年利润"账户加以深刻理解。

为反映企业的利润分配过程,企业在"利润分配"账户下设置"提取法定盈余公积""提取任意盈余公积""应付现金股利或利润""未分配利润"等明细账户,年度终了,企业应将本年度实现的净利润从"本年利润"账户的借方转入"利润分配——未分配利润"账户的贷方,或将本年度发生的亏损从"本年利润"账户的贷方转入"利润分配——未分配利润"账户的借方。此外,企业还将"利润分配"账户的其他明细账户的余额分别转入"利润分配——未分配利润"账户借方或贷方。结转后除"未分配利润"明细账户外,其他明细账户应无余额。至此,"未分配利润"明细账户的余额即为企业历年积存的未分配利润(或未弥补的亏损)。

2. "盈余公积"账户

"盈余公积"账户用来核算企业从净利润中提取的盈余公积及其使用情况。该账户属于所有者权益类账户,贷方登记企业从净利润中提取的盈余公积;借方登记盈余公积的使用,如企业以盈余公积分配现金股利和利润、用盈余公积分配股票股利或转增资本等;期末余额在贷方,反映企业盈余公积金余额。其账户结构如下。

借方	盈余公积	贷方
实际使用的盈余公积金(减少)	年末提取的盈余公积金(增加)	
	期末余额: 结余的盈余公积金	

3. "应付股利"账户

"应付股利"账户用来核算企业经董事会或股东大会,或类似机构决议确定分配的现金股利或利润。该账户属于负债类账户,贷方登记企业根据通过的利润分配方案确定的应支付的现金股利或利润;借方登记实际支付的现金股利或利润;期末贷方余额反映企业尚未支付的现金股利或利润。其账户的结构如下。

借方	应付股利	贷方
实际支付的现金股利或利润	应支付的现金股利或利润	
	期末余额: 尚未支付的现金股利或利润	

(三) 利润分配的核算

1. 净利润转入利润分配

年度终了,企业应将当年实现的净利润或亏损,转入"利润分配——未分配利润"账户。结转净利润时,按实现的净利润额,借记"本年利润"账户,贷记"利润分配——未分配利润"账户;结转亏损时,则按实际产生的亏损额,借记"利润分配——未分配利润"账户,贷记"本年利润"账户。

【例3-67】丰华公司年终确认本年实现净利润3 000 000元,将其转入利润分配。

分析:将本年实现的净利润3 000 000元从"本年利润"账户结转至"利润分配——未分配利润"账户。其会计分录如下。

借:本年利润　　　　　　　　　　　　　　3 000 000
　　贷:利润分配——未分配利润　　　　　　　　3 000 000

2. 提取盈余公积

企业按规定提取盈余公积时,应按提取的金额,借记"利润分配——提取法定盈余公积""利润分配——提取任意盈余公积"账户,贷记"盈余公积——法定盈余公积""盈余公积——任意盈余公积"账户。

【例3-68】接上例,根据有关规定和协议,丰华公司分别按净利润的10%和5%提取法定盈余公积和任意盈余公积。

分析:该项经济业务的发生,使企业的所有者权益要素项目间发生增减变化。即企业的法定盈余公积增加300 000元,任意盈余公积增加150 000元,均记入"盈余公积"账户的贷方;同时,企业的利润分配额增加,也就是净利润减少450 000元,应记入"利润分配——提取法定盈余公积""利润分配——提取任意盈余公积"账户的借方。会计分录如下。

借:利润分配——提取法定盈余公积　　　　300 000
　　　　　　——提取任意盈余公积　　　　150 000
　　贷:盈余公积——法定盈余公积　　　　　　300 000
　　　　　　　——任意盈余公积　　　　　　150 000

3. 向投资者分配股利或利润

企业根据利润分配方案向投资者分配股利或利润时,应按实际分配的现金股利或利润金额,借记"利润分配——应付现金股利或利润"账户,贷记"应付股利"账户。

【例3-69】12月31日,丰华公司决定,向投资者分配利润1 000 000元。

分析:该项经济业务的发生,使企业的所有者权益要素和负债要素发生变化。企业应向投资者支付的利润增加1 000 000元,应记入"应付股利"账户的贷方;同时,企业的利润分配额增加1 000 000元,应记入"利润分配——应付现金股利或利润"账户的借方。会计分录如下。

借:利润分配——应付现金股利或利润　　　1 000 000
　　贷:应付股利　　　　　　　　　　　　　　1 000 000

年末,企业还需将"利润分配"账户除未分配利润以外的其他明细账户的余额转入"利润分配——未分配利润"账户。账务处理主要为:借记"利润分配——未分配利润"账户,贷记"利润分配——提取法定盈余公积""利润分配——提取任意盈余公积""利润分配——应付现金股利或利润"等账户。

【例3-70】12月31日，将"利润分配"账户的其他明细账户的余额转入"利润分配——未分配利润"账户。会计分录如下。

借：利润分配——未分配利润　　　　　1 450 000
　　贷：利润分配——提取法定盈余公积　　300 000
　　　　　　　　——提取任意盈余公积　　150 000
　　　　　　　　——应付现金股利或利润　1 000 000

假定丰华公司本年度期初"利润分配——未分配利润"账户为贷方余额1 500 000元，则本年度结转未分配利润后，该账户的贷方余额为3 050 000(1 500 000+3 000 000-1 450 000)元，反映为该公司本年末累计的未分配利润的余额。

任务小结

企业销售产品，应按实际收到或应收的价款入账，即企业应按实际收到或应收的价款，借记"银行存款""应收账款""应收票据"等账户；按实现的收入，贷记"主营业务收入"账户；按增值税专用发票上注明的增值税税额，贷记"应交税费——应交增值税(销项税额)"账户。当企业计算并结转已销产品的实际成本时，借记"主营业务成本"账户，贷记"库存商品"等账户。

企业取得其他业务收入时，按应确认的收入，贷记"其他业务收入"账户；按增值税专用发票上注明的增值税税额，贷记"应交税费——应交增值税(销项税额)"账户；按实际收到或应收的金额，借记"银行存款""应收账款"等账户。同样，当企业确认了其他业务收入后，应及时计算和结转已销材料等的实际成本。

会计期末(月末或年末)结转各项收入时，借记"主营业务收入""其他业务收入""投资收益""营业外收入"等科目，贷记"本年利润"科目；结转各项支出时，借记"本年利润"科目，贷记"主营业务成本""税金及附加""其他业务成本""管理费用""财务费用""销售费用""营业外支出""所得税费用"等科目。

任务实施

根据资料运用借贷记账法编制的会计分录如下。

(1) 借：银行存款　　　　　　　　　　　　210 067
　　　贷：主营业务收入　　　　　　　　　185 900
　　　　　应交税费——应交增值税(销项税额)　24 167
(2) 借：销售费用　　　　　　　　　　　　2 000
　　　贷：银行存款　　　　　　　　　　　2 000
(3) 借：银行存款　　　　　　　　　　　　25 000
　　　贷：预收账款　　　　　　　　　　　25 000

(4) 借：预收账款 119 780
　　　贷：主营业务收入 106 000
　　　　　应交税费——应交增值税(销项税额) 13 780
(5) 借：财务费用 500
　　　贷：银行存款 500
(6) 借：应收账款 29 380
　　　贷：主营业务收入 26 000
　　　　　应交税费——应交增值税(销项税额) 3 380
(7) 借：银行存款 30 420
　　　贷：应收账款 30 420
(8) 借：银行存款 61 020
　　　贷：其他业务收入 54 000
　　　　　应交税费——应交增值税(销项税额) 7 020
　　借：其他业务成本 40 000
　　　贷：库存商品——甲材料 40 000
(9) 借：销售费用 1 000
　　　贷：银行存款 1 000
(10) 借：主营业务成本——A产品 94 435
　　　　　　　　　　——B产品 131 208
　　　贷：库存商品——A产品 94 435
　　　　　　　　——B产品 131 208
(11) 借：营业外支出 1 050
　　　贷：银行存款 1 050
(12) 借：税金及附加 3 299.70
　　　贷：应交税费——应交城市维护建设税 2 309.79
　　　　　　　　　——应交教育费附加 989.91
(13) 借：应付账款 5 800
　　　贷：营业外收入 5 800
(14) 借：银行存款 28 000
　　　贷：投资收益 28 000
(15) 借：主营业务收入 317 900
　　　　其他业务收入 54 000
　　　　投资收益 28 000
　　　　营业外收入 5 800
　　　贷：本年利润 405 700
(16) 借：本年利润 298 562.70
　　　贷：主营业务成本 225 643.00
　　　　　税金及附加 3 299.70

销售费用		3 000.00
管理费用		21 070.00
财务费用		4 500.00
其他业务成本		40 000.00
营业外支出		1 050.00

(17) 借：所得税费用　　　　　　　　　　26 784.33
　　　贷：应交税费——应交所得税　　　　　　26 784.33
(18) 借：本年利润　　　　　　　　　　　26 784.33
　　　贷：所得税费用　　　　　　　　　　　　26 784.33
(19) 借：利润分配——提取法定盈余公积　1 000 000
　　　贷：盈余公积——法定盈余公积　　　　1 000 000
(20) 借：利润分配——应付现金股利　　　200 000
　　　贷：应付股利　　　　　　　　　　　　200 000

职业能力考核

职业判断能力测验

一、单项选择题

1. 年末结转后，"利润分配"账户各明细账中有余额的是(　　)。
   A. 提取法定盈余公积　　　　　B. 提取任意盈余公积
   C. 应付现金股利或利润　　　　D. 未分配利润
2. 年末结账后，"利润分配"账户的贷方余额表示(　　)。
   A. 本年实现的利润总额　　　　B. 本年实现的净利润额
   C. 应付现金股利或利润　　　　D. 未分配利润
3. 在结转损益时，下列账户中不应将余额转入"本年利润"账户的是(　　)。
   A. 主营业务收入　　　　　　　B. 营业外收入
   C. 制造费用　　　　　　　　　D. 财务费用
4. 下列费用中属于期间费用的是(　　)。
   A. 直接材料费用　　　　　　　B. 制造费用
   C. 银行手续费　　　　　　　　D. 直接人工费用
5. 企业接受外商捐赠机器设备应记入的贷方账户是(　　)。
   A. 实收资本　　　　　　　　　B. 资本公积
   C. 营业外收入　　　　　　　　D. 投资收益

二、多项选择题

1. 企业的利润包括(　　)。
   A. 营业利润　　　　　　　　　B. 利润总额
   C. 净利润　　　　　　　　　　D. 未分配利润

2. 在结转损益时，下列账户中应将余额转入"本年利润"账户的是(   )。
   A. 主营业务收入　　　　　　　　　B. 营业外收入
   C. 制造费用　　　　　　　　　　　D. 财务费用
3. 年末结转后，"利润分配"账户各明细账中没有余额的是(   )。
   A. 提取法定盈余公积　　　　　　　B. 提取任意盈余公积
   C. 应付现金股利或利润　　　　　　D. 未分配利润
4. 下列通过"税金及附加"账户核算的税金有(   )。
   A. 增值税　　　　　　　　　　　　B. 所得税
   C. 教育费附加　　　　　　　　　　D. 城市维护建设税
5. 向投资者分配利润时，会引起(   )要素发生增减变化。
   A. 资产　　　　　　　　　　　　　B. 负债
   C. 所有者权益　　　　　　　　　　D. 待处理财产损溢

三、判断题

1. 企业的利润总额是指企业的营业利润，加投资收益，加营业外收入，减营业外支出，减所得税后的金额。　　　　　　　　　　　　　　　　　　　　　　　(   )
2. 年末结转后，"利润分配"账户各明细账均无余额。　　　　　　　　(   )
3. 企业按规定计算应交所得税时，应借记"利润分配"账户，贷记"应交税费"账户。
   　　　　　　　　　　　　　　　　　　　　　　　　　　　　　　　(   )
4. 企业实现的营业利润，减去所得税后即为净利润，它是企业的净收益。(   )
5. 财务成果是企业生产经营活动的最终成果，即利润或亏损。　　　　(   )

职业实践能力训练

丰华公司 2023 年 12 月份有关经济业务如下。

(1) 销售 A 产品 1 000 千克，当即收到货款 90 000 元和增值税税款 11 700 元；销售 B 产品 200 千克，货款 10 000 元和增值税税款 1 300 元，收到已承兑的商业汇票。

(2) 以银行存款支付本月产品展销场地使用费 3 000 元。

(3) 结转已销产品的生产成本，A 产品单位生产成本为每千克 60 元，B 产品单位生产成本为每千克 30 元。

(4) 以银行存款向希望工程捐款 5 000 元。

(5) 以银行存款支付短期借款利息 2 400 元，其中已计提 1 500 元。

(6) 11 月末部分总账账户余额，如表 3-21 所示。

表 3-21　总账账户余额表(部分)

单位：元

会计科目	借方	贷方
主营业务收入		8 000 000
其他业务收入		150 000
投资收益		200 000
营业外收入		4 000

(续表)

会计科目	借方	贷方
主营业务成本	6 000 000	
税金及附加	15 000	
其他业务成本	120 000	
销售费用	180 000	
管理费用	400 000	
财务费用	58 000	
营业外支出	80 000	

要求：根据资料编制以下业务的会计分录。
(1) 计算并结转本年利润总额。
(2) 按利润总额的25%计算企业应缴的企业所得税并结转所得税。
(3) 按净利润的10%计提法定盈余公积。
(4) 按净利润的20%向投资者分配利润。
(5) 年末结转企业的未分配利润。

学习评价

根据本任务的教学内容，通过职业判断能力测验和职业实践能力训练等方式对本任务相关内容的学习效果进行检查，实施评价，填写任务学习评价表(见表3-22)。

表 3-22　销售及利润形成和分配业务的核算任务学习评价表

考核内容标准	实施评价		
	自我评价	同学互评	教师评价
正确核算收入(20分)			
正确核算利润的形成(20分)			
正确计算所得税，结转方法准确(20分)			
熟练掌握净利润分配的核算(20分)			
正确进行利润分配明细账的结转(20分)			

思政专栏

坚持准则，提高会计人员依法理财的能力

背景与情境：某公司是一家大型国有企业。2002年12月，公司总经理针对公司效益下滑、面临亏损的情况，电话请示正在外地出差的董事长。董事长指示把财务会计报告做得"漂亮"一些，总经理把这项工作交给公司总会计师，要求按董事长意见办理。总会计师按公司领导意图，对当年度的财务会计报告进行了技术处理，虚拟了若干笔无交易的销售收入，从而使公司报表由亏变盈。经诚信会计师事务所审计后，公司财务会计报告对外报出。2003年4月，在《会计法》执行情况检查中，当地财政部门发现该公司存在重大会

计造假行为，依据《会计法》及相关法律、法规、制度，拟对该公司董事长、总经理、总会计师等相关人员进行行政处罚，并分别下达了行政处罚告知书。公司相关人员接到行政处罚告知书后，均要求举行听证会。在听证会上，有关当事人做了如下陈述。

公司董事长称："我前一段时间出差在外，对公司情况不太了解，虽然在财务会计报告上签名并盖章，但只是履行会计手续，我不能负任何责任。具体情况可由公司总经理予以说明。"

公司总经理称："我是搞技术出身的，主要抓公司的生产经营，对会计我是门外汉，我虽在财务会计报告上签名并盖章，那也只是履行程序而已。以前也是这样做的，我不应承担责任。有关财务会计报告情况应由公司总会计师解释。"

公司总会计师称："公司对外报出的财务会计报告是经过诚信会计师事务所审计的，他们出具了无保留意见的审计报告。诚信会计师事务所应对本公司财务会计报告的真实性、完整性负责，承担由此带来的一切责任。"

思考： 案例中涉事人员的做法是否符合会计职业道德？应该承担什么责任？

分析提示： 此案中，涉事人员的做法不符合会计职业道德。总会计师面对董事长等人的授意，并没有坚持准则，而是听从安排，进行会计造假，事后推卸责任。按照《会计法》的规定，单位负责人应对本单位财务会计报告的真实性、完整性负责，该公司董事长、总经理及总会计师都应为编造假账承担相应的法律责任。

拓展学习

存货发出成本的计算方法

按现行制度规定，企业应当根据各类存货的实物流转方式、存货的性质，合理地确定发出存货的计价方法，从而正确确定当期发出存货和结存存货的成本。《企业会计准则第1号——存货》规定，企业应当采用先进先出法、加权平均法或者个别计价法确定发出存货的实际成本。例如，某企业甲产品月初结存100件，单位成本6元，本月第一批购进100件，单位成本7元，第二批购进100件，单位成本8元，本月对外销售180件。

采用全月一次加权平均法计算，其公式为

加权平均单位成本=(期初结存成本+本月入库成本)÷(期初库存数量+本月入库数量)
=(600+700+800)÷(100+100+100)=7(元/件)

本月销售甲产品成本=7×180=1 260(元)

采用先进先出法计算，本月销售甲产品的成本=6×100+7×80=1 160(元)。

项目四　填制与审核会计凭证

学习目标

知识目标
1. 了解原始凭证的概念、作用和种类。
2. 熟悉原始凭证的基本内容。
3. 掌握原始凭证的填制方法和审核内容。
4. 了解记账凭证的种类。
5. 熟悉记账凭证的基本内容。
6. 掌握记账凭证的填制方法和审核内容。

能力目标
1. 能了解企业日常经济活动所涉及的原始凭证种类。
2. 会识别原始凭证所反映的经济内容。
3. 会填制和审核日常经济活动所涉及的原始凭证。
4. 能理解记账凭证的功能。
5. 会分析记账凭证的内容。
6. 会填制和审核记账凭证。

素质目标
1. 书写规范，书写用笔、颜色、位置及货币符号运用规范。
2. 印鉴保管、使用规范。
3. 业务操作规范，填制凭证要严格按照《会计基础工作规范》操作。
4. 秉持严谨细致的工作作风，审核凭证应检查核对两遍以上；凭证保管仔细，无丢失遗漏。
5. 运用所学会计凭证的理论和实务知识研究相关案例，提高分析问题与处理问题的能力。
6. 结合会计凭证的教学内容，依照会计"职业道德与伦理"的行业规范和标准，分析会计行为的善恶，提高职业道德素质。

项目引入

　　企业每天都要发生大量的经济业务，如销售商品、购买材料、发放工资等。这些经济业务的发生在实际工作中不是我们用语言来叙述的，而是需要用证据来证明的，那么如何能够证明和记录这些经济业务的发生呢？在会计工作中是通过填制和取得的会计凭证来实现的。例如,企业本月用支票交了 25 000 元的广告费,如何证明呢?交款时取得的发票和转账支票的存根就可以证明;某日,你去商场为单位买了 50 包打印纸,支付了 1 000 元的现金,商场开给你的发票证明了这项经济业务的发生;员工出差,从单位借款 2 000 元,需要填写一张借款单,写清借款人所在的部门、借款事由、借款金额,经有关领导签字后就可到财务部门领钱,借款单就是这项业务发生的证明。支票、发票和借款单等都是相关经济业务发生的证明,在会计上称为会计凭证,是会计记账的依据。

由此可见,会计凭证是记录经济业务,明确经济责任,并作为记账依据的一种具有法律效力的书面证明。

由于不同性质会计主体的经济业务不同,使用的会计凭证也不同,即使是同一会计主体,不同的经济业务,其使用的会计凭证也不一样。为了了解各种不同的会计凭证,以便在日常会计核算中正确使用会计凭证,充分发挥会计凭证应有的作用,必须对会计凭证按照一定的标志进行分类。会计凭证一般按照填制的程序和用途不同,分为原始凭证和记账凭证。填写原始凭证、编制记账凭证是会计的基本业务技能。

项目导学

会计凭证是记录经济业务事项发生或完成情况的书面证明,也是登记账簿的依据。填制与审核会计凭证是会计的核算方法之一。填制原始凭证、编制记账凭证是会计人员的重要基本技能之一,也是会计工作的起点和最初环节,任何单位在处理任何经济业务时,都必须由执行和完成该项经济业务的有关人员从外单位取得或自行填制有关会计凭证,以书面形式记录和证明所发生的经济业务的性质、内容、数量和金额等,并在凭证上签名或盖章,对经济业务的合法性、真实性、完整性负责。本项目将学习原始凭证的填制与审核、记账凭证的填制与审核。本项目的具体任务如下。

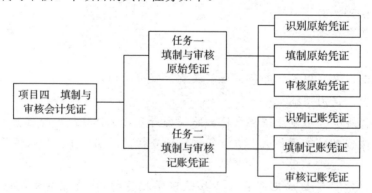

任务一　填制与审核原始凭证

任务导入

1. 以下是记录丰华公司 2023 年 6 月发生的两笔经济业务所涉及的原始凭证,如表 4-1、表 4-2 所示。

表 4-1　××省商品销售单

2023 年 6 月 5 日　　　　　　　　　142010623501

客户名称：丰华公司　　　　　　　　　　№02036895

品名及规格	单位	数量	单价	金额						
				万	千	百	十	元	角	分
订书机	个	3	20.00				6	0	0	0
A4 打印纸	包	10	50.00		5	0	0	0	0	0
		现金收讫								
金额(大写)伍佰陆拾元零角零分			¥ 560.00							

复核人：张燕　　　收款人：李丽　　　开票人：王芳　　　单位盖章：

第二联：报销凭证

表 4-2　领料单

领料部门：生产车间　　　2023 年 6 月 6 日　　　第 12 号　　单位：元

材料编号	材料名称	材料类别	规格	单位	请领数量	实发数量	实际成本	
							单价	金额
1012	乙材料			千克	600	600	18	10 800
1015	丙材料			千克	3 000	3 000	10	30 000
合计								¥40 800.00
用途	生产 A 产品	领料部门			发料部门			
		负责人	领料人		核准人	发料人		

第三联：财务记账

要求：请根据以上资料，分析原始凭证属于哪种类别？该公司发生了哪些经济业务？请指出各项业务所涉及的时间、具体事项及其涉及的金额。

2. 丰华公司 2023 年 6 月 5 日从宏发有限责任公司购入一批材料，价值 30 120 元，丰华公司开户行为工行钟家村支行，账号为 6222565509880012345678901，银行预留印鉴为该公司财务专用章和法人代表张华的名章。转账支票的格式，如图 4-1 所示。

中国工商银行	中国工商银行　转账支票	20302029
转账支票存根		0010111
20302029	出票日期(大写)　年　月　日	付款行名称：
0010111	收款人：	出票人账号：
附加信息	人民币(大写)　　　亿 千 百 十 万 千 百 十 元 角 分	
出票日期：年 月 日	用途_____	
收款人：	上列款项请从	密码_____
金　额：	我账户内支付	行号_____
用　途：		
单位主管　　会计	出票人签章　　　复核　　　记账	

（付款期限自出票之日起十天）

图 4-1　转账支票

要求：请根据上述资料填写转账支票。

3. 2023 年，丰华公司有关原始凭证填制背景资料如下。

(1) 仓库收到原材料，保管员填制收料单，如表 4-3 所示。

表 4-3　收料单

收料部门：　　　　　　　　　　　年　月　日　　　　　　　　　　编号：第 5 号

种类	材料编号	材料名称	规格	单位	数量	单价	成本总额
原材料	1002	棉纱		件	1 000	200.00	200 000.00
原材料	1012	棉布		批	150	1 000.00	150 000.00
备注							

负责人：　　　　　　记账：　　　　　　验收：　　　　　　填单：

第三联：财务记账

(2) 从宏发有限责任公司购入棉纱 500 件，取得增值税专用发票，如图 4-2 所示。

××增值税专用发票

№ 03244343　4100232130
4100232139　　　　　　　　　　　　　　　02490221

此联不做报销、扣税凭证使用　　开票日期：　年 6 月 22 日

购货方	名　　称：丰华公司	密码区
	纳税人识别号：39789425897060100G	
	地　址、电　话：中山区长江路 2 号	
	开户行及账号：农行长江支行 0200048509200507357	

货物或应税劳务、服务名称	规格型号	单位	数量	单价	金额	税率	税额
棉纱		件	500	200.00	100 000.00	13%	13 000.00
合　　计					¥100 000.00		

价税合计(大写)	☒ 壹拾壹万叁仟元	(小写)¥113 000.00

销货方	名　　称：宏发有限责任公司	备注
	纳税人识别号：11238673887376700G	
	地　址、电　话：沈阳市和平区十四纬路 1 号	
	开户行及账号：	

收款人：　　　　复核：　　　　开票人：　　　　销售方：(章)

第一联：记账联　销货方记账凭证

图 4-2　××增值税专用发票

要求：请对上述原始凭证进行审核，指出存在的问题和处理措施。

知识与技能

一、识别原始凭证

(一) 原始凭证的概念

原始凭证是经济业务发生或完成时由经办人员取得或填制的,用以记录或证明经济业务的发生或完成情况,明确经济责任的书面证明文件。原始凭证是编制记账凭证的依据,是进行会计核算的原始资料。

(二) 原始凭证的分类

在实际工作中,由于企业的经济业务多种多样,原始凭证有着不同的种类。

1. 外来原始凭证和自制原始凭证

原始凭证按照来源不同,可分为外来原始凭证和自制原始凭证。

(1) 外来原始凭证。外来原始凭证是在经济业务发生或完成时,由经办人员从其他单位或个人直接取得的。例如,购买商品物资时从外单位取得的发货单和增值税专用发票,如表 4-4、图 4-3 所示。

表 4-4　发货单

购买单位:
结算方式:　　　　　　　　　年　月　日　　　　　　　　　编号:

品名规格	单位	数量	单价	金额

会计:　　　　　　　　复核:　　　　　　　　制单:

××增值税专用发票

№ 48267543
4100232130
02490221

4100232139

此联不做报销、扣税凭证使用　　　开票日期:2023 年 7 月 20 日

购货方	名　　　称:星海百货公司 纳税人识别号:397894258970601000G 地　址、电　话:大连市中山区联合路 10 号　0411-12345678 开户行及账号:工行开发区支行　0200048509200507357	密码区					
货物或应税劳务、服务名称	规格型号	单位	数量	单价	金额	税率	税额
甲产品 合计		件	5000	20.00	100 000.00 ¥100 000.00	13%	13 000.00 ¥13 000.00
价税合计(大写)		☒ 壹拾壹万叁仟元				(小写)¥113 000.00	
销货方	名　　　称:辽宁顺达有限公司 纳税人识别号:11238673887376700G 地　址、电　话:沈阳市皇姑区怒江街 11 号　024-87654321 开户行及账号:农行皇姑区支行　0200048509200507388	备注					

收款人:　　　　　　复核:　　　　　　开票人:　　　　　　销售方:(章)

第一联:记账联　销货方记账凭证

图 4-3　××增值税专用发票

(2) 自制原始凭证。自制原始凭证指由本单位内部经办业务的部门和人员,在执行或完成某项经济业务时填制的、仅供本单位内部使用的原始凭证。例如,出差人员填写的借款单,如表 4-5 所示。

表 4-5 借款单

2023 年 6 月 10 日

借款人	黎明	部门	采购部	职务	业务员
借款事由(用途)	到大连洽谈业务预借差旅费				
现金借款金额	(大写)贰仟元整			￥2 000.00	
借用转账支票			张 号码		
部门主管意见			同意		
领 导 审 批					

财务主管:××× 会计:××× 出纳:××× 借款人:黎明

2. 一次原始凭证、累计原始凭证和汇总原始凭证

原始凭证按照填制方法不同,可分为一次原始凭证、累计原始凭证和汇总原始凭证。

(1) 一次原始凭证。一次原始凭证是指在一张凭证上只反映一项经济业务或反映若干项同类经济业务,凭证填制手续是一次完成的各种原始凭证。例如,收料单、领料单等都是一次原始凭证,如表 4-6、表 4-7 所示。

表 4-6 收料单

供货单位:广州南方化工公司　　　　　　　　　　　　　　　　　　凭证编号:040
发票号码:0045　　　　　　　　2023 年 6 月 12 日　　　　　　　收料仓库:1 号

材料名称	材料规格	材料编号	计量单位	数量		价格	
				应收	实收	单价	金额
甲材料		12	千克	5	5	70	350.00
备注:						合计	￥350.00

仓库负责人:×××　　记账:×××　　仓库保管:×××　　收料:×××

表 4-7 领料单

领料部门:基本生产车间　　　　　　　　　　　　　　　　　　　　凭证编号:010
用　　途:生产 A 产品　　　　　　2023 年 6 月 15 日　　　　　　收料仓库:2 号

材料名称	材料规格	材料编号	计量单位	数量		价格	
				请领	实领	单价	金额
棉纱		5	千克	40	40	6	240.00
备注:						合计	￥240.00

发料:×××　　记账:×××　　审批:×××　　领料:×××

(2) 累计原始凭证。累计原始凭证指在一定时期内,在一张凭证上连续多次地记录发生的若干同类型经济业务的原始凭证。凭证的填制手续随着经济业务的发生在一张凭证上连续记载,直到期末才能完成。例如,限额领料单就是一种常见的累计原始凭证,如表4-8所示。

表4-8 限额领料单

2023年6月

领料单位:××车间
产品名称:××产品 发料单位:1号库
计划产量:200台　　单位消耗定额:0.5千克/台　　料单编号:021

材料编号	材料名称	规格	计量单位	计划单价	领料限额	全月实用	
						数量	金额
1505	紫铜棒	30mm	kg	25.00	100	95	2 375.00
领料日期	请领数量	实发数量	领料人签章	发料人签章	限额结余		
5月5日	20	20	李利	张红	80		
5月10日	30	30	李利	张红	50		
5月15日	15	15	李利	张红	35		
5月20日	20	20	李利	张红	15		
5月25日	10	10	李利	张红	5		
合计	95	95					

供应部门负责人:×××　　　生产部门负责人:×××　　　仓库保管:×××

(3) 汇总原始凭证。汇总原始凭证亦称原始凭证汇总表,是指对一定时期内反映相同经济业务内容的若干张原始凭证,经过汇总而重新编制的一种原始凭证。例如,月末根据月份内所有领料单编制的发料凭证汇总表就是一种汇总原始凭证,如表4-9所示。

表4-9 发料凭证汇总表

2023年6月5日

会计科目		领料部门	原材料	燃料	合计
生产成本	基本生产车间	一车间	3 000	500	3 500
		二车间	2 000	600	2 600
		小计	5 000	1 100	6 100
	辅助生产车间	供电车间	500	200	700
		锅炉车间	400	100	500
		小计	900	300	1 200
制造费用		一车间	800	300	1 100
		二车间	600	200	800
		小计	1 400	500	1 900
合计			7 300	1 900	9 200

会计主管:×××　　　复核:×××　　　制表:×××

3. 通用原始凭证和专用原始凭证

原始凭证按照格式、使用范围不同，可分为通用原始凭证和专用原始凭证。

(1) 通用原始凭证。通用原始凭证指由有关部门统一印制、在一定范围内使用的具有统一格式和使用方法的原始凭证。例如，由中国人民银行统一制定的现金支票、转账支票等，如图4-4、图4-5所示。

中国××银行
现金支票存根
20402026
0010134

附加信息

出票日期：2023年1月12日

收款人：	光明公司
金　额：	¥300 000.00
用　途：	备发工资

单位主管　会计

中国××银行　现金支票　20402026 0010134

出票日期(大写) 贰零贰叁年 零壹月 壹拾贰日　付款行名称：绿林支行
收款人：光明公司　出票人账号：23123456789123423456127

付款期限自出票之日起十天

人民币(大写)	亿	千	百	十	万	千	百	十	元	角	分
叁拾万元整			¥	3	0	0	0	0	0	0	0

用途 备发工资
上列款项请从
我账户内支付
密码
行号

出票人签章　复核　记账

图4-4　现金支票

中国××银行
转账支票存根
20402027
0010135

附加信息

出票日期：2023年10月8日

收款人：	成林公司
金　额：	¥113 000.00
用　途：	购材料

单位主管　会计

中国××银行　转账支票　20402027 0010135

出票日期(大写) 贰零贰叁年 零壹拾月 零捌日　付款行名称：黄河支行
收款人：成林公司　出票人账号：23432156789123423456129

付款期限自出票之日起十天

人民币(大写)	亿	千	百	十	万	千	百	十	元	角	分
壹拾壹万叁仟元整			¥	1	1	3	0	0	0	0	0

用途 购材料
上列款项请从
我账户内支付
密码
行号

出票人签章　复核　记账

图4-5　转账支票

(2) 专用原始凭证。专用原始凭证是指一些单位内部，根据本单位管理要求设计的具有特定内容、格式和专门用途的原始凭证。例如，借款单、收款收据(见图4-6)、差旅费报销单等。

收款收据   2023 年 6 月 13 日

今收到   王力

交来   退回预借多余款

金额人民币(大写)   柒佰陆拾元整

¥760.00

收款人(签章)_____

主管：×××　　　　　　会计：×××　　　　　　出纳：×××

图 4-6   收款收据

原始凭证的各种分类是相互交叉、相互依存的关系，同一原始凭证按照不同的分类依据可能属于不同的种类。例如，借款单按照来源属于自制原始凭证，按照填制方法属于一次原始凭证，按照格式属于专用原始凭证。

(三) 原始凭证的基本内容

由于企业的经济业务比较复杂，原始凭证记录的内容也多种多样，但是无论哪一种原始凭证，都必须说明有关经济业务的发生和完成情况，都必须明确有关经办人员和单位的经济责任。因此，各种原始凭证尽管格式不同，项目不一样，但都应该具备一些共同的基本内容。这些基本内容也称为原始凭证所具备的要素，具体如下。

(1) 原始凭证名称。

(2) 原始凭证填制的日期和编号。

(3) 填制原始凭证的单位名称或接受原始凭证的单位名称。

(4) 经济业务的内容(包括业务内容、数量、单价、金额等)。

(5) 有关经办人员签名或盖章等。

上述项目是一般的原始凭证都应具备的基本内容。在会计实际工作中，由于经济业务的多样性，以及企业经营管理方面的需要，有些原始凭证，除了应具备上述各项基本内容外，还需要列入一些补充内容。例如，有的原始凭证需要注明与该笔经济业务有关的合同号码、结算方式、币别、汇率等，以便更加完整地反映经济业务。

二、填制原始凭证

原始凭证是编制记账凭证的依据，是会计核算最基础的原始资料。要保证会计核算工作的质量，必须首先保证原始凭证的质量。因此，正确填制原始凭证显得尤为重要。由于原始凭证的具体内容、格式、来源都不一样，其填制的要求也就有一定的区别。从总体上看，按照《会计法》和《会计基础工作规范》的规定，原始凭证的填制应符合下列要求。

(一) 原始凭证填制的基本要求

1. 记录真实

每一项经济业务发生或完成时，都要立即填制原始凭证，不得随意拖延，事后补制。

原始凭证所填列的经济业务内容和数字必须真实可靠，符合国家有关政策、法令、法规、制度的要求，符合经济业务的实际情况，不得弄虚作假，更不能伪造凭证。

2. 内容完整

原始凭证所要求填列的项目必须逐项填列齐全，不得遗漏和省略。尤其需要注意的是，凭证的日期要按照经济业务发生的实际日期填写；交易内容要完整，不能简化；品名或用途要填写明确，不许含糊不清；有关单位和人员的签章必须齐全。

3. 手续完备

单位自制的原始凭证必须有经办单位负责人及其指定人员的签名或盖章；对外开出的原始凭证，必须加盖本单位的有关印章；从外单位取得的原始凭证，必须盖有填制单位的公章；从个人取得的原始凭证，必须有填制人员的签名或盖章，以明确经济责任，确保凭证的合法性、真实性。

（二）原始凭证填制的书写要求

原始凭证要按照规定的要求填写，文字简练，字迹清楚，不得使用未经国家公布的简化汉字，大小写金额相符且填写规范。

1. 文字的书写要求

(1) 文字要用蓝黑墨水或碳素墨水的钢笔填写(填写支票时必须使用碳素笔)，不得使用铅笔、圆珠笔(用复写纸复写的除外)。

(2) 文字要清楚，易于辨认，要用正楷或行书体书写。

(3) 文字要紧靠左竖线书写，文字和左竖线之间不得留有空白部分。

(4) 文字不能顶格书写，一般应占行高的 1/2 或 2/3。

2. 数字的书写要求

(1) 阿拉伯数字应当一个一个地写，不得连笔写。

(2) 数字应紧靠凭证或账表行格底线书写，字体约占行高 1/2。

(3) 阿拉伯金额数字前面应当书写货币币种符号，如人民币符号"¥"、美元符号"$"。币种符号与阿拉伯金额数字之间不得留有空白。阿拉伯数字前写有币种符号的，数字后面不再写货币单位。

(4) 以元为单位的阿拉伯数字，除表示单价外，一律填写到角分为止；无角分的，角位和分位写"00"，或符号"——"；有角无分的，分位应当写"0"，不得用符号"——"代替。

(5) 字体要各自成形，大小匀称，排列整齐，书写应向左方倾斜50°左右。

(6) "0""6""8""9"在书写时圆圈部分应封口，写"6"时比一般数字高出行高的1/4，写"7""9"时比一般数字矮1/4。

(7) 除"4""5"以外，其他数字应一笔写成。

(8) 汉字大写数字金额，如零、壹、贰、叁、肆、伍、陆、柒、捌、玖、拾、佰、仟、万、亿等，一律用正楷或者行书体书写。不得用 0、一、二、三、四、五、六、七、八、

九、十等简化字代替,不得任意自造简化字。

(9) 汉字大写金额数字到元或者角为止的,在"元"或者"角"字之后应当写"整"字或者"正"字,大写金额数字有分的,"分"字后面不写"整"或者"正"字。

(10) 大写金额数字前应冠以货币名称,且货币名称与大写数字之间不得留有空白。

(11) 有关"0"字的用法具体如下。

- 阿拉伯数字中间有"0"时,汉字大写金额要写"零"字。例如,¥407.83,汉字大写应为"人民币肆佰零柒元捌角叁分"。
- 阿拉伯数字金额中间连续有几个"0"时,汉字大写金额中可以只写一个"零"字。例如,¥5 006.27,汉字大写应为"人民币伍仟零陆元贰角柒分"。
- 阿拉伯金额数字万位或元位是"0",或者数字中间连续有几个"0"、元位也是"0"但千位和角位不是"0"时,汉字大写金额可以只写一个"零"字,也可以不写"零"。例如,¥43 280.16,汉字大写为"人民币肆万叁仟贰佰捌拾元壹角陆分",也可以写为"人民币肆万叁仟贰佰捌拾元零壹角陆分";又如,¥5 806 123.00,汉字大写为"人民币伍佰捌拾万陆仟壹佰贰拾叁元整",也可以写为"人民币伍佰捌拾万零陆仟壹佰贰拾叁元整"。
- 阿拉伯金额数字角位是"0"、分位不是"0"时,汉字大写金额"元"后面应写"零"字。例如,¥312.01,汉字大写应为"人民币叁佰壹拾贰元零壹分"。

(12) 有关"壹"字的用法。汉字大写要求每笔金额必须由数字和数位组成,"壹"字代表数字,在书写时不能遗漏。例如¥19.00,汉字大写应为"人民币壹拾玖元整"。

3. 有关日期大写的写法

在填写年时,直接将每个数字大写即可;在填写月、日时,月为1、2和10月的,日为1至9日和10、20、30日的,大写应在其前加"零"字;日为11至19日的,大写应在其前加"壹"字。如2023年2月19日,大写应为"贰零贰叁年零贰月壹拾玖日"。

4. 原始凭证填制的修改要求

原始凭证填写有错误,应该采用正确的方法予以更正,不得随意涂改、刮擦、挖补。如果原始凭证金额有错误,应当由出具单位重新开具,不得在原始凭证上更正。

原始凭证要顺序或分类编号,在填制时按照编号的次序使用,不得跳号。如果原始凭证已预先印定编号,在写错作废时,应加盖"作废"戳记,妥善保管,不得撕毁。

(三) 原始凭证的填制方法

由于各种凭证的内容和格式依据经济业务的要求而千差万别,原始凭证的填制方法和依据也不同。一般来讲,自制原始凭证,一部分是根据经济业务的执行和完成的实际情况直接填制的,如根据实际领用的材料名称和数量填制领料单等;另一部分是根据账簿记录对某项经济业务加以归类、整理而重新编制的。例如,月末计算产品成本时,根据"制造费用"账户本月借方发生额,填制"制造费用分配表",将本月发生的制造费用,按照一定的分配标准,摊配到有关产品成本中去。另外,自制的汇总原始凭证是根据若干张反映同类经济业务的原始凭证定期汇总填列的。外来原始凭证是由其他单位或个人在办理经济业务时根据发生的经济业务填制的。

三、审核原始凭证

对会计人员来说，原始凭证必须经过严格、认真的审核，才能作为记账的依据。这是保证会计记录真实、正确，充分发挥会计监督作用的重要环节。原始凭证审核一般包括形式审核和实质审核两方面。

（一）形式审核

形式审核是指对原始凭证的外表进行的审核，看原始凭证的填写是否完整，所记载的各项目是否正确，各项目的填写是否符合要求。

（二）实质审核

实质审核包括如下内容。

一是审核原始凭证所反映的经济业务是否符合国家有关规定，有无违反财经制度和财经纪律的情况，即合法性审核。

二是审核原始凭证所代表的经济业务是否真实，包括凭证日期是否真实，业务内容是否真实，数据是否真实，等等。或者说，原始凭证本身是真实的还是虚假的。这种审核一般只能凭借审核人的经验判断，特殊情况下，如出现违纪行为时，还可以向对方单位询证以确定原始凭证的真实性。

三是对原始凭证所记录的经济业务进行审核，要审核其是否符合企业生产经营活动的需要，是否符合有关计划和预算，即合理性的审核。

▌任务小结

原始凭证是指经济业务发生或完成时由经办人员取得或填制的，用以记录或证明经济业务的发生或完成情况，明确经济责任，并作为记账直接依据的书面证明文件。实际工作中，由于企业的经济业务多种多样，原始凭证有着不同的种类。

由于原始凭证的具体内容、格式、来源都不一样，其填制的要求也就有一定的区别。从总体上看，应符合《会计法》和《会计基础工作规范》的规定，包括原始凭证填制的基本要求、填写的书写要求等。

原始凭证审核一般包括形式审核和实质审核两方面。

▌任务实施

1. 表 4-1 属于外来原始凭证、一次原始凭证。它记录的是 2023 年 6 月 5 日丰华公司购买订书机和打印纸共 560 元，以现金支付。

表 4-2 属于自制原始凭证、一次原始凭证。它记录的是 2023 年 6 月 6 日车间为生产 A 产品领用材料共 40 800 元，其中，乙材料 10 800 元，丙材料 30 000 元。

2. 根据资料填写有关转账支票，如图4-7所示。

中国工商银行 转账支票存根 20302029 0110111	中国工商银行　　转账支票　　20302029 　　　　　　　　　　　　　　　　　　0110111
附加信息 _____ _____ 出票日期：2023年6月5日 收款人：宏发有限责任公司 金　额：¥30 120.00 用　途：货款 单位主管　　会计	出票日期(大写) 贰零贰叁年 零陆月 零伍日　付款行名称：中国工商银行钟家村支行 收款人：宏发有限责任公司　　　　　　　出票人账号：6225650988012345678901 人民币(大写) 叁万零壹佰贰拾元整　　亿千百十万千百十元角分 　　　　　　　　　　　　　　　　　　　　　¥3 0 1 2 0 0 0 用途　货款 上列款项请从　　　　　　　　　　密码_____ 我账户内支付　　　　　　　　　　行号_____ 出票人签章　　　　　　复核　　　　　　记账

图 4-7 转账支票

3. 该原始凭证(见表4-3)存在如下问题：原始凭证填制不完整，如日期、金额、收料部门等均未填写；原始凭证手续不完备，有关人员未签章或盖章。

该原始凭证处理措施如下：应退回给有关经办人员，由有关人员将其补充完整或重新开具，并签章或盖章后再办理正式会计手续。

该原始凭证(见图4-2)存在的问题如下：原始凭证填制不完整，如日期、金额、销货单位开户行及账号等均未填写；原始凭证手续不完备，有关人员未签章或盖章，发票专用章未盖；原始凭证填写不规范，金额大写未写"零""整"，小写未写明角分；原始凭证取得不完整，未取得发票抵扣联和实物验收证明。

该原始凭证处理措施如下：应退回给有关经办人员，由有关人员将其补充完整或重新开具，并签章或盖章，取得发票抵扣联和实物验收证明后再办理正式会计手续。

职业能力考核

职业判断能力测验

一、单项选择题

1. 将会计凭证分为原始凭证和记账凭证的依据是(　　)。
   A. 填制时间　　　　　　　　　　B. 取得来源
   C. 填制的程序和用途　　　　　　D. 反映的经济内容

2. 每项经济业务发生或完成时取得或填制的凭证是(　　)。
   A. 原始凭证　　　　　　　　　　B. 记账凭证
   C. 收款凭证　　　　　　　　　　D. 付款凭证

3. 原始凭证按(　　)的不同，可以分为一次原始凭证、累计原始凭证和汇总原始凭证。

A. 取得途径　　　　　　　　　　B. 具体格式
C. 经办人员　　　　　　　　　　D. 填制方法

4. 原始凭证金额有错误，应当采用(　　)。
A. 红字更正法更正　　　　　　　B. 划线更正法更正
C. 蓝字更正法更正　　　　　　　D. 由出具单位重开

5. 外来原始凭证一般都是(　　)。
A. 一次原始凭证　　　　　　　　B. 累计原始凭证
C. 汇总原始凭证　　　　　　　　D. 记账凭证

二、多项选择题

1. 原始凭证按其填制方法不同，可分为(　　)。
A. 一次原始凭证　　　　　　　　B. 累计原始凭证
C. 外来原始凭证　　　　　　　　D. 汇总原始凭证

2. 原始凭证的内容包括(　　)。
A. 凭证的名称、日期、编号
B. 接受单位或个人名称
C. 业务内容及其数量、单价和金额
D. 填制单位及有关人员签名或者盖章

3. 原始凭证的编制必须符合(　　)等基本要求。
A. 记录真实　　　　　　　　　　B. 内容完整
C. 书写清楚　　　　　　　　　　D. 手续完备

4. 以下各项中，属于原始凭证的有(　　)。
A. 收料单　　　　　　　　　　　B. 经济合同
C. 领料单　　　　　　　　　　　D. 外单位开具的收款收据

5. 下列原始凭证属于自制原始凭证的有(　　)。
A. 收料单　　　　　　　　　　　B. 领料单
C. 工资结算单　　　　　　　　　D. 转账支票

三、判断题

1. 会计凭证按其经济业务的内容不同，可分为原始凭证和记账凭证两大类。(　　)
2. 凡不能证明经济业务发生或完成的各种单证，不能作为原始凭证据记账。(　　)
3. 原始凭证必要时可以涂改、挖补。(　　)
4. 一次原始凭证是只记录一项经济业务或同时记录若干项同类经济业务，并在经济业务发生后一次填制完毕的原始凭证，如发料凭证汇总表等。(　　)
5. 自制原始凭证必须有经办单位负责人或其指定人员的签名或盖章，对外开出的原始凭证，必须加盖本单位公章。(　　)

职业实践能力训练

1. 2023年2月1日，丰华公司开出一张1 000元的现金支票，从银行提取现金以备零用(其他资料：丰华公司开户银行为中国工商银行长江支行，账号为4051234567896222565509B，法人为张红)。

要求：根据资料填写现金支票。现金支票，如图4-8所示。

中国工商银行 现金支票存根 20302028 0010138	中国工商银行　　现金支票　　20302028　0010138 出票日期(大写)　　　年　　月　　日　　付款行名称： 收款人：　　　　　　　　　　　　　　出票人账号：
附加信息_____ _____ 出票日期：　年 月 日 收款人： 金　额： 用　途： 单位主管　　会计	付款期限自出票之日起十天 人民币(大写)　　　　　　亿千百十万千百十元角分 用途_____ 上列款项请从　　　　　　密码_____ 我账户内支付　　　　　　行号_____ 出票人签章　　　　　复核　　　　记账

图4-8　现金支票

2. 2023年6月10日，丰华公司从宏达公司购进原材料一批，货款9 580元，以转账支票支付(其他资料：丰华公司开户银行为中国建设银行黄河支行，账号为10005678912362225655098，法人为王力)。

要求：根据资料填写转账支票。转账支票，如图4-9所示。

中国建设银行 转账支票存根 20302030 0010129	中国建设银行　　转账支票　　20302030　0010129 出票日期(大写)　　　年　　月　　日　　付款行名称： 收款人：　　　　　　　　　　　　　　出票人账号：
附加信息_____ _____ 出票日期：　年 月 日 收款人： 金　额： 用　途： 单位主管　　会计	付款期限自出票之日起十天 人民币(大写) 叁拾万元整　亿千百十万千百十元角分 用途__备发工资__ 上列款项请从　　　　　　密码_____ 我账户内支付　　　　　　行号_____ 出票人签章　　　　　复核　　　　记账

图4-9　转账支票

学习评价

根据本任务的教学内容，通过职业判断能力测验和职业实践能力训练等方式对本任务相关内容的学习效果进行检查，实施评价，填写任务学习评价表(见表 4-10)。

表 4-10　填制与审核原始凭证任务学习评价表

考核内容标准	实施评价		
	自我评价	同学互评	教师评价
正确识别原始凭证(30 分)			
正确填制原始凭证(40 分)			
正确审核原始凭证(30 分)			

思政专栏

会计凭证造假与会计职业道德

背景与情境： 审计机关在对某股份有限公司某年度财务情况进行审计时，发现有如下行为。

行为一： 作为一般纳税人公司在未发生存货购入业务的情况下，从其他企业买入空白增值税专用发票，并在发票上注明购入商品，买价为 2 000 万元，增值税税额为 260 万元。财务部门以该发票为依据，编制购入商品的记账凭证，纳税申报时作为增值税进项税额抵扣税款。

行为二： 会计人员有充分证据证明，以上行为属公司总经理强令会计人员所为。

行为三： 公司销售商品开出发票时，"发票联"内容真实，但"记账联"和"存根联"的金额比真实金额小。会计根据"记账联"编制记账凭证，并已经登记入账。该行为导致少记销售收入 900 万元，少记增值税税额 117 万元。

思考： 上述三种行为分别属于什么行为？应该如何处理？

分析提示： 行为一属于伪造会计凭证的行为；行为二属于单位责任人强令会计人员伪造会计凭证的行为；行为三属于变造会计凭证的行为。

该公司的负责人对以上造成会计工作和会计资料不真实的情况承担行政责任，构成犯罪的应追究刑事责任。同时，应该更正不真实的会计凭证和会计账簿，规范会计行为。对负有责任的会计机构负责人、会计人员，应该追究行政责任，构成犯罪的还应追究刑事责任。

拓展学习

会计凭证的意义

填制和审核会计凭证是会计核算的基本方法之一，也是会计核算工作的起点和基础。正确填制和严格审核会计凭证，对完成会计工作任务，实现会计的职能具有重要意义。

1. 记录经济业务，提供记账依据

任何单位的任何一项经济业务发生后，首先必须由有关部门和人员及时填制或取得会计凭证，如实地反映经济业务发生或完成的时间、经济业务的内容和数量，并且要经过严格审核才能作为记账的依据。由于各单位发生每一项经济业务都必须通过会计凭证予以真实的反映，从而使会计凭证成为记录各单位经济业务活动的原始资料，并为各单位进行经济活动分析和会计检查奠定了基础。

2. 明确经济责任，强化内部控制

由于经济业务发生后，都需要填制和取得会计凭证，有关人员也要根据各自的分工在会计凭证上签名或盖章，这样可以促使经办部门和人员提高责任感，在其职责范围内严格按制度办事，各负其责，发现问题便于检查、分清责任，从而能够加强岗位责任制。

3. 监督经济活动，控制经济运行

会计凭证记录和反映了经济业务的发生和完成情况等具体内容，通过对会计凭证的严格审核，可以检查每一笔经济业务是否真实、正确、合法、合理。由于会计凭证是经济业务的真实写照，不论企业发生了什么样的经济业务都在凭证上进行了记载。因此，通过对会计凭证的审核，还可以检查每笔经济业务是否执行了计划和预算，是否符合有关政策、法令、制度的规定，有无铺张浪费和违法乱纪行为，充分发挥会计的监督作用。

任务二　填制与审核记账凭证

填制与审核
记账凭证

任务导入

1. 以下是丰华公司正在使用的三种记账凭证(见表4-11、表4-12、表4-13)，请找出这三种记账凭证的不同之处。

表 4-11　收款凭证

借方科目：　　　　　　　　　　　年　月　日　　　　　　　　　收字第　号

摘要	贷方科目		金额										记账符号
	总账科目	明细科目	千	百	十	万	千	百	十	元	角	分	
合计													

会计主管：　　　　　记账：　　　　　出纳：　　　　　复核：

表 4-12　付款凭证

贷方科目：　　　　　　　　　　　年　月　日　　　　　　　　　付字第　号

摘要	借方科目		金额										记账符号
	总账科目	明细科目	千	百	十	万	千	百	十	元	角	分	
合计													

会计主管：　　　　　记账：　　　　　出纳：　　　　　复核：

表 4-13 转账凭证

年　月　日　　　　　　　　　　　　　　　　　　　　　　　　转字第　　号

摘要	会计科目		借方金额									贷方金额									记账符号
	总账科目	明细科目	十	万	千	百	十	元	角	分	十	万	千	百	十	元	角	分		
合计																				

会计主管：　　　　　记账：　　　　　出纳：　　　　　复核：　　　　　制单：

2. 丰华公司 2023 年 6 月份发生经济业务如下。

5 日，收回大连机械厂前欠货款 79 000 元存入银行。

12 日，以银行存款归还向银行借入的流动资金借款 150 000 元。

20 日，生产车间生产产品领用甲材料 32 000 元。

如果该公司采用专用记账凭证，凭证编号已经使用到 15 号，请根据上述资料填制记账凭证。

3. 丰华公司 2023 年 6 月 20 日购入原材料的记账凭证，如表 4-14 所示。请对其进行审核，并指出存在的问题和处理措施。

表 4-14 记账凭证

年　月　日　　　　　　　　　　　　　　　　　　　　　　　　字第　　号

摘要	会计科目		借方金额									贷方金额									记账符号	附单据　　张
	总账科目	明细科目	十	万	千	百	十	元	角	分	十	万	千	百	十	元	角	分			
购买原材料	原材料	甲材料		3	0	0	0	0	0	0											
	应交税费	应交增值税			3	9	0	0	0	0											
	银行存款	工行存款										3	3	9	0	0	0	0			
合计			¥	3	3	9	0	0	0	0	¥	3	3	9	0	0	0	0			

会计主管：　　　　　记账：　　　　　出纳：　　　　　复核：　　　　　制单：王青

知识与技能

一、识别记账凭证

（一）记账凭证的概念

原始凭证告诉我们发生了什么经济业务，会计分录告诉我们一项经济业务发生后，应该到哪些账户中去记录，记录的方向是什么，记录的金额是多少。其实会计分录是会计人员对原始凭证中记录的经济业务进行分析并根据借贷记账法的记账原理编制而成的，有了会计分录我们就可以记账。那么会计分录写在哪呢？我们不能随便用一张纸来写，在实际工作中，它是写在一些具有固定的规范格式的表格中，如表 4-15～表 4-18 所示。在会计上将这些具有固定的规范格式的表格称为记账凭证。记账凭证是会计凭证的一种，它是记账的直接依据。

由此可见，记账凭证是本企业的会计人员根据审核无误的原始凭证，按照经济业务的内容加以归类、整理，并据以确定账户名称、记账方向和金额(确定会计分录)后所填制的作为登账直接依据的一种会计凭证。

(二) 记账凭证的分类

1. 专用记账凭证和通用记账凭证

记账凭证按其记录经济业务的内容不同，可分为专用记账凭证和通用记账凭证。

1) 专用记账凭证

专用记账凭证是指分类反映经济业务的记账凭证，按其反映的经济业务内容分为收款凭证、付款凭证和转账凭证。

(1) 收款凭证。收款凭证是用来记录货币资金收入业务的记账凭证，如表 4-15 所示。由于货币资金收入业务包括现金收入业务和银行存款收入业务，所以收款凭证又分为现金收款凭证和银行存款收款凭证。根据现金收入业务的原始凭证编制的收款凭证，称为现金收款凭证；根据银行存款收入业务的原始凭证编制的收款凭证，称为银行存款收款凭证。收款凭证的借方科目是主科目，分别为库存现金科目和银行存款科目。

表 4-15 收款凭证

借方科目：银行存款　　　　　　××××年××月××日　　　　　　收字第×号

摘要	贷方科目		金额									记账符号
	总账科目	明细科目	千	百	十	万	千	百	十	元	角	分	
收回乙公司前欠货款	应收账款	乙公司			1	5	0	0	0	0	0	
合计金额			¥		1	5	0	0	0	0	0	

会计主管：　　　　　记账：　　　　　稽核：　　　　　制单：　　　　　出纳：

(2) 付款凭证。付款凭证是用来记录货币资金付出业务的记账凭证，如表 4-16 所示。由于货币资金付出业务包括现金付出业务和银行存款付出业务，所以付款凭证又分为现金付款凭证和银行存款付款凭证。根据现金付款业务的原始凭证编制的付款凭证，称为现金付款凭证；根据银行存款付款业务的原始凭证编制的付款凭证，称为银行存款付款凭证。付款凭证的贷方科目为主科目，分别为库存现金科目和银行存款科目。

表 4-16 付款凭证

贷方科目：库存现金　　　　　　　　　　××××年××月××日　　　　　　　　　　付字第×号

摘要	借方科目		金额									记账符号
	总账科目	明细科目	千	百	十	万	千	百	十	元	角	分
用现金购办公用品	管理费用	办公费					3	0	0	0	0	
		合计金额					¥	3	0	0	0	0	

会计主管：　　　　　记账：　　　　　稽核：　　　　　制单：　　　　　出纳：

(3) 转账凭证。转账凭证是用来记录非货币资金收付的其他业务的记账凭证，如表4-17、表4-18所示。凡是不涉及现金收付和银行存款收付的其他业务，都称为转账业务，应据此编制转账凭证。

表 4-17 转账凭证(一)

　　　　　　　　　　　　　　　　　××××年××月××日　　　　　　　　　　转字第×号

摘要	借方		贷方		金额								记账符号
	总账科目	明细科目	总账科目	明细科目	十	万	千	百	十	元	角	分	
生产领材料	生产成本	A	原材料	甲		1	0	0	0	0	0		
			合计			¥	1	0	0	0	0	0	

会计主管：　　　　　记账：　　　　　审核：　　　　　制单：

表 4-18 转账凭证(二)

　　　　　　　　　　　　　　　　　××××年××月××日　　　　　　　　　　转字第×号

摘要	会计科目		借方金额								贷方金额								记账符号
	总账科目	明细科目	十	万	千	百	十	元	角	分	十	万	千	百	十	元	角	分	
生产领材料	生产成本	A		1	0	0	0	0	0										
	原材料	甲										1	0	0	0	0	0		
	合计			¥	1	0	0	0	0	0		¥	1	0	0	0	0	0	

会计主管：　　　　　记账：　　　　　审核：　　　　　制单：

2) 通用记账凭证

通用记账凭证是指用来反映所有经济业务的记账凭证(见表4-19、表4-20)，为各类经济业务所共同使用。实际工作中，经济业务简单或收付款业务不多的单位，可使用这种通用格式的记账凭证。

表 4-19　通用记账凭证(一)

××××年××月××日　　　　　　　　　　　　　　　　　凭证编号：××

摘要	借方		贷方		金额								记账符号
	总账科目	明细科目	总账科目	明细科目	十	万	千	百	十	元	角	分	
用存款还欠款	应付账款		银行存款			2	0	0	0	0	0	0	
合计					¥	2	0	0	0	0	0	0	

会计主管：　　　　　　　　记账：　　　　　　　　审核：　　　　　　　　制单：

表 4-20　通用记账凭证(二)

××××年××月××日　　　　　　　　　　　　　　　　　凭证编号：××

摘要	会计科目		借方金额								贷方金额								记账符号
	总账科目	明细科目	十	万	千	百	十	元	角	分	十	万	千	百	十	元	角	分	
用存款还欠款	应付账款			2	0	0	0	0	0	0									
	银行存款											2	0	0	0	0	0	0	
合计			¥	2	0	0	0	0	0	0	¥	2	0	0	0	0	0	0	

会计主管：　　　　　　　　记账：　　　　　　　　审核：　　　　　　　　制单：

2. 单式记账凭证和复式记账凭证

记账凭证按其编制的方式不同，可分为单式记账凭证和复式记账凭证。

1) 单式记账凭证

单式记账凭证是指每一张记账凭证只填列经济业务所涉及的一个会计科目及其发生额的记账凭证(见表 4-21、表 4-22)。填列借方科目的称为借项记账凭证，填列贷方科目的称为贷项记账凭证。某项经济业务涉及几个会计科目，就编制几张单式记账凭证。单式记账凭证反映内容单一，便于分工记账，便于按会计科目汇总，但一张凭证不能反映每一笔经济业务的全貌，不便于检验会计记录的正确性。

表 4-21　借项记账凭证

对方科目：银行存款　　　　　××××年××月××日　　　　　　　　　编号：1-1/2

摘要	一级科目	二级或明细科目	金额	记账
从银行提现金	库存现金			

会计主管：　　　　记账：　　　　稽核：　　　　出纳：　　　　制单：

表 4-22 贷项记账凭证

对方科目：库存现金　　　　　××××年××月××日　　　　　编号：1-2/2

摘要	一级科目	二级或明细科目	金额	记账
从银行提现金	银行存款			

会计主管：　　　记账：　　　稽核：　　　出纳：　　　制单：

2) 复式记账凭证

复式记账凭证是将每一笔经济业务所涉及的全部会计科目及其发生额均在同一张记账凭证中反映的一种记账凭证。它是实际工作中应用最普遍的记账凭证。上述收款凭证、付款凭证和转账凭证，以及通用记账凭证均为复式记账凭证。复式记账凭证全面反映了经济业务的账户对应关系，有利于检查会计记录的正确性，但不便于会计岗位上的分工记账。

3. 汇总记账凭证和非汇总记账凭证

记账凭证还可以按其是否经过汇总，分为汇总记账凭证和非汇总记账凭证。

1) 汇总记账凭证

汇总记账凭证是根据许多同类的单一记账凭证定期加以汇总而重新编制的记账凭证，目的是简化登记总分类账的手续。汇总记账凭证又可按其反映经济业务的内容分为汇总收款凭证、汇总付款凭证、汇总转账凭证和记账凭证汇总表(科目汇总表)。

(1) 汇总收款凭证。汇总收款凭证是按照"库存现金"或"银行存款"的借方科目设置，定期(每5天或10天等)按相应的贷方科目汇总填列。汇总收款凭证填制的依据是专用记账凭证中的收款凭证，其格式如表4-23所示。

(2) 汇总付款凭证。汇总付款凭证是按照"库存现金"或"银行存款"的贷方科目设置，定期(每5天或10天等)按相应的借方科目汇总填列。汇总付款凭证填制的依据是专用记账凭证中的付款凭证，其格式如表4-24、表4-25所示。

(3) 汇总转账凭证。汇总转账凭证是根据专用记账凭证中的转账凭证填制的，按转账凭证的贷方科目设置,定期(每5天或10天等)按相应的借方科目汇总填列,其格式如表4-26所示。为了便于编制汇总转账凭证，在日常编制转账凭证时，不宜编制多借多贷的会计分录。这是因为汇总转账凭证是按照贷方科目设置的，多借多贷的会计分录容易使汇总工作出现差错。

下面举例说明汇总记账凭证的编制方法。

【例4-1】假设丰华公司2023年4月编制的记账凭证(记账凭证以会计分录代替)如下。

```
4月1日    借：银行存款                                339 000
              贷：主营业务收入                              300 000
                  应交税费——应交增值税(销项税额)            39 000
4月3日    借：银行存款                                 32 000
              贷：应收账款                                   32 000
```

4月6日	借：银行存款	10 000	
	贷：库存现金		10 000
4月8日	借：管理费用	2 000	
	贷：库存现金		2 000
4月9日	借：原材料	20 000	
	应交税费——应交增值税(进项税额)	2 600	
	贷：应付账款		22 600
4月10日	借：银行存款	113 000	
	贷：主营业务收入		100 000
	应交税费——应交增值税(销项税额)		13 000
4月14日	借：银行存款	17 000	
	贷：应收账款		17 000
4月18日	借：管理费用	4 000	
	贷：库存现金		4 000
4月20日	借：原材料	80 000	
	应交税费——应交增值税(进项税额)	10 400	
	贷：应付账款		90 400
4月21日	借：在途物资	50 000	
	应交税费——应交增值税(进项税额)	6 500	
	贷：应付账款		56 500
4月23日	借：应付账款	22 600	
	贷：银行存款		22 600

根据上述记账凭证编制的汇总记账凭证，如表4-23至表4-26所示。

表4-23 汇总收款凭证

借方科目：银行存款　　　　　　　　2023年4月　　　　　　　　汇收 1　单位：元

贷方科目	金额			
	1—10日	11—20日	21—30日	合计
主营业务收入	400 000			400 000
应交税费	52 000			52 000
应收账款	32 000	17 000		49 000
合计	484 000	17 000		501 000

表4-24 汇总付款凭证(一)

贷方科目：库存现金　　　　　　　　2023年4月　　　　　　　　汇付 1　单位：元

借方科目	金额			
	1—10日	11—20日	21—30日	合计
银行存款	10 000			10 000
管理费用	2 000	4 000		6 000
合计	12 000	4 000		16 000

表 4-25 汇总付款凭证(二)

贷方科目：银行存款　　　　　　　　　2023 年 4 月　　　　　　　　　汇付 2 单位：元

借方科目	金额			
	1—10日	11—20日	21—30日	合计
应付账款			22 600	22 600
合计				22 600

表 4-26 汇总转账凭证

贷方科目：应付账款　　　　　　　　　2023 年 4 月　　　　　　　　　汇转 1 单位：元

借方科目	金额			
	1—10日	11—20日	21—30日	合计
原材料	20 000	80 000		100 000
应交税费	2 600	10 400	6 500	19 500
在途物资			50 000	50 000
合计	22 600	90 400	56 500	169 500

(4) 记账凭证汇总表(科目汇总表)。根据一定时期内的全部记账凭证，按照相同会计科目进行归类，定期(每 10 天或 15 天一次，或每月一次)分别汇总每一账户借方发生额合计与贷方发生额合计。会计实务中，一般通过 T 字账进行汇总，即编制科目汇总表的工作底稿，然后将每一账户发生额合计数填列在科目汇总表中，如表 4-27 所示。

下面举例说明科目汇总表的编制方法。

【例 4-2】根据丰华公司 2023 年 4 月的记账凭证编制科目汇总表。

分析：为了正确编制科目汇总表，应先根据记账凭证登记 T 字账，对每一账户发生额的合计数进行汇总，即编制科目汇总表的工作底稿。

银行存款		主营业务收入	
(1) 339 000	(11) 22 600		(1) 300 000
(2) 32 000			(6) 100 000
(3) 10 000			
(6) 113 000			
(7) 17 000			
511 000	22 600		400 000

应交税费		应收账款	
(5) 2 600	(1) 39 000	(2) 32 000	
(9) 10 400	(6) 13 000	(7) 17 000	
(10) 6 500			
19 500	52 000	49 000	

库存现金		管理费用	
(3) 10 000		(4) 2 000	
(4) 2 000		(8) 4 000	
(8) 4 000			
16 000		6 000	

原材料		应付账款	
(5) 20 000		(11) 22 600	(5) 22 600
(9) 80 000			(9) 90 400
			(10) 56 500
100 000		22 600	169 500

在途物资	
(10) 50 000	
50 000	

将每一账户发生额合计填列在科目汇总表上,最后计算出所有会计科目的借方发生额合计与贷方发生额合计。编制的科目汇总表,如表 4-27 所示。

表 4-27　科目汇总表

科汇 1　　单位:元

会计科目	借方	贷方
银行存款	511 000	22 600
主营业务收入		400 000
应交税费	19 500	52 000
应收账款		49 000
库存现金		16 000
管理费用	6 000	
原材料	100 000	
应付账款	22 600	169 500
在途物资	50 000	
合计	709 100	709 100

2) 非汇总记账凭证

非汇总记账凭证是根据原始凭证编制,只反映某项经济业务会计分录的记账凭证。前面介绍的收款凭证、付款凭证、转账凭证和通用记账凭证,均是非汇总记账凭证。

(三) 记账凭证的基本内容

与原始凭证一样，记账凭证种类繁多、格式不一，但各种记账凭证的作用都在于对原始凭证进行整理，编制会计分录，为记账提供依据。因此，不论哪一种记账凭证，都必须具备以下基本内容或要素。

(1) 记账凭证的名称，如"收款凭证""付款凭证""转账凭证"。
(2) 填制记账凭证的日期。
(3) 记账凭证的编号。
(4) 经济业务的内容摘要。
(5) 经济业务所涉及的会计科目(包括一级科目、二级科目和明细科目)及其记账方向。
(6) 经济业务的金额。
(7) 记账标记。
(8) 所附原始凭证张数。
(9) 会计主管、记账、审核、出纳、制单等有关人员签章。

二、填制记账凭证

(一) 记账凭证的填制依据

填制记账凭证是会计核算工作的重要环节。总的来说，记账凭证应当根据经过审核无误的原始凭证及有关资料填制。具体来说，记账凭证可以根据每一张原始凭证单独地填制，也可以根据反映同类经济业务的若干张原始凭证汇总填制，或者直接根据汇总原始凭证填制。另外，用于调整、结账和更正错误的记账凭证可以根据有关账簿记录填制。

(二) 记账凭证的填制方法

这里仅介绍专用记账凭证和通用记账凭证的填制方法。

1. 专用记账凭证的填制方法

(1) 收款凭证的填制方法。收款凭证是根据有关现金和银行存款收入业务的原始凭证填制的。在收款凭证左上方固定设置"借方科目"，它只能填列"库存现金"或"银行存款"科目。在凭证内所反映的"贷方科目"栏，应填入与收入现金或银行存款相对应的一级科目和二级科目或明细科目，其金额数就是"库存现金"或"银行存款"科目借方金额合计数。收款凭证的具体填制方法，如表 4-15 所示。

(2) 付款凭证的填制方法。付款凭证是根据有关现金和银行存款付款业务的原始凭证填制的。在付款凭证左上方固定设置"贷方科目"，它只能填列"库存现金"或"银行存款"科目。在凭证内所反映的"借方科目"栏，应填入与支出现金或银行存款相对应的一级科目和二级科目或明细科目，其金额数就是"库存现金"或"银行存款"科目贷方金额合计数。付款凭证的具体填制方法，如表 4-16 所示。

对于现金和银行存款之间相互转化的业务，如将现金存入银行，或从银行存款中提取现金，这两笔业务的特点是每一种业务的发生都既涉及收款又涉及付款，如果同时编制收款凭证和付款凭证,并按两张凭证分别记入库存现金和银行存款账户,就会造成重复记账。因此,为避免重复记账,在实际工作中,对现金和银行存款之间相互转化的业务,统一规定只填制一张付款凭证,而不填制收款凭证。

(3) 转账凭证的填制方法。转账凭证是根据转账业务的原始凭证填制的。转账凭证中一级科目和二级科目或明细科目应分别填列应借、应贷的会计科目;发生的金额应填在相应的金额栏内,借、贷方金额栏合计数应相等。转账凭证的具体填制方法,如表4-17、表4-18所示。

2. 通用记账凭证的填制方法

通用记账凭证的填制方法与转账凭证相同。其填制的依据是经审核无误的原始凭证或汇总原始凭证。通用记账凭证的具体填制方法,如表4-19、表4-20所示。

(三) 记账凭证填制的要求

(1) 内容完整,即记账凭证中应该包括的内容都要具备。应该注意的是:以自制的原始凭证或者原始凭证汇总表代替记账凭证使用的,也必须具备记账凭证所应有的内容。

(2) 正确编制会计分录并保证借贷平衡。必须根据国家统一会计制度的规定和经济业务的内容,正确使用会计科目和编制会计分录,记账凭证借方和贷方的金额必须相等,合计数必须计算正确。

(3) 除结账和更正错误的记账凭证外,记账凭证必须附有原始凭证并注明所附原始凭证的张数。所附原始凭证张数的计算,一般以原始凭证的自然张数为准。与记账凭证中的经济业务记账有关的每一张证据,都应当作为记账凭证的附件。如果记账凭证中附有原始凭证汇总表,则应该把所附的原始凭证和原始凭证汇总表的张数一起计入附件的张数之内。报销差旅费的零散票券,可以粘贴在一张纸上,作为一张原始凭证。一张原始凭证如涉及几张记账凭证,可以将该原始凭证附在一张主要的记账凭证后面,在其他记账凭证上注明该主要记账凭证的编号或者附上该原始凭证的复印件。

(4) 连续编号,即记账凭证应当连续编号。这有利于分清会计事项处理的先后顺序,便于记账凭证与会计账簿之间的核对,确保记账凭证的完整。记账凭证编号的方法有多种,可以按现金收付、银行存款收付和转账业务三类分别编号,也可以按现金收入、现金支出、银行存款收入、银行存款支出和转账五类进行编号,或者将转账业务按照具体内容再分成几类编号。各单位应当根据本单位业务繁简程度、人员多寡和分工情况来选择便于记账、查账、内部稽核、简单严密的编号方法。无论采用哪种编号方法,都应该按月顺序编号,即每月都从1号编起,顺序编至月末。一笔经济业务需要填制两张或者两张以上记账凭证的,可以采用分数编号法编号,如某会计事项属于本月第2号经济业务,涉及的会计科目需要填制3张记账凭证,就可以编成2 1/3、2 2/3、2 3/3号凭证。

(5) 填制记账凭证时如果发生错误,应当重新填制。已经登记入账的记账凭证在当年内发现错误的,可以用红字注销法进行更正。在会计科目应用上没有错误,只是金额错误的情况下,也可以按正确数字同错误数字之间的差额,另编一张调整记账凭证。发现以前年度的记账凭证有错误时,应当用蓝字填制一张更正的记账凭证。

(6) 记账凭证填制完经济业务事项后，如有空行，应当在金额栏自最后一笔金额数字下的空行处至合计数上的空行处划线注销。

三、审核记账凭证

正确编制记账凭证，是正确记账的前提。为了保证记账凭证的正确性，记账凭证编制后，必须有专人对其进行严格的审核。记账凭证审核的主要内容如下。

(1) 记账凭证是否附有原始凭证；所附原始凭证的内容是否与记账凭证的内容相符。

(2) 根据原始凭证反映的经济内容所做的应借应贷会计科目的对应关系是否正确，借贷金额是否相等。

(3) 记账凭证格式中规定项目是否都已填列齐全，有关人员是否都已签名或盖章等。

在会计实务中，要重视记账凭证的填制和审核，如果记账凭证出现错误，会影响会计信息的质量。经审核发现记账凭证有错误，或者不符合要求，应查清原因，要求填制人员重新填写，或按照规定的方法更正，只有经过审核无误的记账凭证，才能据以记账。

任务小结

记账凭证是本企业的会计人员根据审核无误的原始凭证，按照经济业务的内容加以归类、整理，并据以确定账户名称、记账方向和金额(确定会计分录)后所填制的作为登账依据的会计凭证。

记账凭证按其记录的经济业务的内容不同，可分为专用记账凭证和通用记账凭；按其编制的方式不同，可分为单式记账凭证和复式记账凭证；按其是否经过汇总，可分为汇总记账凭证和非汇总记账凭证。

任务实施

1. 该资料中三种凭证的不同之处如下。

(1) 从格式上看，收款凭证的借方科目和付款凭证的贷方科目单独在凭证栏外的左上角列示，收款凭证的贷方科目和付款凭证的借方科目在凭证栏内列示，而转账凭证的借贷方科目都在凭证栏内列示。收款凭证栏内只列示贷方金额，付款凭证栏内只列示借方金额，转账凭证栏内列示借、贷方金额。

(2) 从用途来看，收款凭证和付款凭证是专门用来登记库存现金和银行存款收付款业务的记账凭证，而转账凭证是专门用来登记库存现金和银行存款收付业务以外的转账业务的记账凭证。

2. 根据资料填写的记账凭证(见表 4-28～表 4-30)。

表 4-28　收款凭证

借方科目：银行存款　　　　　2023 年 6 月 5 日　　　　　　　收字第 16 号

摘要	贷方科目		金额										记账符号
	总账科目	明细科目	千	百	十	万	千	百	十	元	角	分	
收回前欠货款	应收账款	大连机械厂				7	9	0	0	0	0	0	
合计			¥			7	9	0	0	0	0	0	

会计主管：张玲　　　记账：　　　　　出纳：王华　　　　　复核：张玲

表 4-29　付款凭证

贷方科目：银行存款　　　　　2023 年 6 月 12 日　　　　　　付字第 17 号

摘要	借方科目		金额										记账符号
	总账科目	明细科目	千	百	十	万	千	百	十	元	角	分	
以存款偿还借款	短期借款					1	5	0	0	0	0	0	
合计			¥			1	5	0	0	0	0	0	

会计主管：张玲　　　记账：　　　　　出纳：王华　　　　　复核：张玲

表 4-30　转账凭证

2023 年 6 月 20 日　　　　　　转字第 18 号

摘要	会计科目		借方金额									贷方金额									记账符号
	总账科目	明细科目	十	万	千	百	十	元	角	分		十	万	千	百	十	元	角	分		
生产领用材料	生产成本			3	2	0	0	0	0	0											
	原材料	甲材料											3	2	0	0	0	0	0		
合计			¥	3	2	0	0	0	0	0		¥	3	2	0	0	0	0	0		

会计主管：张玲　　记账：　　出纳：　　复核：张玲　　制单：王华

3. 该资料中所填制的记账凭证存在的问题主要是内容填写不全，如日期、附件张数、有关人员签字等。正确的处理方法是退回给有关经办人员，由有关人员将其补充完整，并签字盖章后再办理正式的会计手续。

职业能力考核

职业判断能力测验

一、单项选择题

1. 从银行提取现金，一般应填制的记账凭证是( )。
   A. 现金收款凭证
   B. 银行存款付款凭证
   C. 分别填制银行存款付款凭证和现金收款凭证
   D. 转账凭证

2. 记账凭证与所附原始凭证的金额( )。
   A. 可能相等
   B. 可能不相等
   C. 必须相等
   D. 必须不相等

3. 原始凭证与记账凭证的相同点是( )。
   A. 反映经济业务的内容相同
   B. 编制的时间相同
   C. 所起的作用相同
   D. 经济责任的当事人相同

4. 将记账凭证分为收款凭证、付款凭证和转账凭证的依据是( )。
   A. 凭证的来源
   B. 凭证填制的手续
   C. 凭证所反映的经济业务内容是否与货币资金收付有关
   D. 所包括的会计科目是否单一

5. 下列科目可能是收款凭证借方科目的是( )。
   A. 材料采购
   B. 应收账款
   C. 银行存款
   D. 其他应收款

二、多项选择题

1. 专用记账凭证按其所记录的经济业务是否与货币资金收付有关分为( )。
   A. 通用记账凭证
   B. 收款凭证
   C. 付款凭证
   D. 转账凭证

2. 下列凭证中，属于复式记账凭证的有( )。
   A. 单科目凭证
   B. 收款凭证
   C. 付款凭证
   D. 转账凭证

3. 涉及现金与银行存款之间收付款业务时，可以编制的记账凭证有( )。
   A. 银行存款收款凭证
   B. 银行存款付款凭证
   C. 现金收款凭证
   D. 现金付款凭证

4. 收款凭证左上角的借方科目中可以填制的会计科目有( )。
   A. 库存现金
   B. 应收账款
   C. 其他应收款
   D. 银行存款

5. 付款凭证左上角的贷方科目中可以填制的会计科目有( )。
   A. 库存现金　　　　　　　　　B. 应收账款
   C. 银行存款　　　　　　　　　D. 实收资本

三、判断题

1. 将记账凭证分为收款凭证、付款凭证和转账凭证的依据是填制凭证的手续和凭证的来源。　　　　　　　　　　　　　　　　　　　　　　　　　　　　　　( )
2. 记账凭证只能根据审核无误的原始凭证填制。　　　　　　　　　　　　( )
3. 除结账和更正错误的记账凭证可以不附原始凭证外，其他记账凭证必须附有原始凭证，并注明原始凭证的张数。　　　　　　　　　　　　　　　　　　　　　　( )
4. 收付款的记账凭证可以不由出纳人员签名或盖章。　　　　　　　　　　( )
5. 收款凭证是银行存款收入业务使用的凭证。　　　　　　　　　　　　　( )

职业实践能力训练

丰华公司2023年6月份发生如下经济业务。
(1) 6月9日，收回A公司所欠购货款30 000元。
(2) 6月10日，出纳员从银行提取现金5 000元。
(3) 6月15日，购买原材料20 000元，增值税税额2 600元，材料已验收入库，全部款项用银行存款支付。
要求：根据资料编制相应的记账凭证(记账凭证用会计分录代替)。

学习评价

根据本任务的教学内容，通过职业判断能力测验和职业实践能力训练等方式对本任务相关内容的学习效果进行检查，实施评价，填写任务学习评价表(见表4-31)。

表4-31　填制与审核记账凭证任务学习评价表

考核内容标准	实施评价		
	自我评价	同学互评	教师评价
正确识别记账凭证(30分)			
正确填制记账凭证(40分)			
正确审核记账凭证(30分)			

思政专栏

记账凭证——查账入口

背景与情境：某审计人员在抽查某企业会计凭证时发现，2023年11月16日第294号记账凭证反映的职工医药费报销业务，记账凭证上的金额是2 461元，所附原始凭证8份，经过加计，结果证明金额是1 462元。查账人员分析，可能的原因有两点：一是会计人员在汇总编制记账凭证时，误将1 462写成2 461，系1和2颠倒，属于工作疏忽造成的会计差错；二是会计人员故意进行的多汇总，以此贪污公款。

查账人员采取抽查法、审阅法和核对法，对记账凭证上所注明的制证人员与出纳人员(系同一人)张某所经办业务期间(2023年2月1日至2023年11月30日)的所有会计凭证及有关会计资料进行了查阅、核对与检查，发现记账凭证与原始凭证不符的有12笔，且都是现金付款业务，记账凭证上所记的金额大于所附原始凭证所记金额，不符金额合计42 100元，张某有故意以此手法进行贪污之嫌。后经审计人员调查询问有关人员，审阅、检查有关会计资料，同时对张某采取询问策略，证实了上述判断。

思考：张某的行为符合会计职业道德与会计伦理要求吗？

分析提示：本案例中张某采取的舞弊手法是会计人员利用所附原始凭证张数较多，审计人员多数情况下采用抽查方法进行检查的漏洞实行贪污。对上述问题，应当追究张某及有关人员的责任。同时，这一事件还暴露出该单位的内部管理混乱，没有建立良好的内部控制制度。

拓展学习

会计凭证的传递与保管

1. 会计凭证的传递

会计凭证的传递是指从原始凭证的填制或取得时开始，经过填制、稽核、记账，直到归档保管为止，在本单位内部有关职能部门和人员之间的传递路线、传递时间和处理程序。

各种会计凭证所记载的经济业务不同。因此，应当为各种会计凭证规定一个合理的传递程序，即一张会计凭证填制后应交到哪个部门、哪个岗位，由谁接办业务手续，应在多长时间内办理完毕等。如凭证有一式数联的，还应规定每一联传到哪几个部门、有什么用途等。这样既能够及时、真实地反映监督各项经济业务的发生和完成情况，为企业管理提供可靠的信息；又便于有关部门和个人分工协作，相互牵制，加强岗位责任制，实行会计监督。

正确组织会计凭证的传递，对于提高会计核算的及时性，正确组织经济活动，加强经济责任，实行会计监督，具有重要意义。

正确、合理地组织会计凭证的传递，应注意以下几点基本要求：

(1) 各单位应根据经济业务的特点、机构设置和人员分工情况，明确会计凭证填制的联数和传递程序，既要保证会计凭证经过必要的环节进行处理和审核，又要避免会计凭证在不必要的环节停留，使有关部门和人员及时了解情况，掌握资料并按规定手续进行工作。

(2) 会计凭证的传递时间，应考虑各部门和有关人员的工作内容和工作量在正常情况下的完成时间，明确规定各种凭证在各个会计环节上停留的最长时间，不能拖延和积压会计凭证，以免影响会计工作的正常秩序。一切会计凭证的传递和处理，都应在报告期内完成，不允许跨期，否则将影响会计核算的准确性和及时性。

(3) 会计凭证传递过程中的衔接手续，应该做到既完备、严密，又简便易行。凭证的收发、交接都应按一定的手续制度办理，以保证会计凭证的安全和完整。

(4) 会计凭证的传递程序、传递时间和衔接手续明确后，可制成凭证流转图，制定凭证传递程序，规定凭证传递的路线、环节，以及在各环节上的时间、处理内容及交接手续，使凭证传递工作有条不紊、迅速有效地进行。

2. 会计凭证的保管

会计凭证是记录经济业务、明确经济责任的证明文件，又是登记账簿的依据，所以，它是重要的经济档案和历史资料。任何企业在完成经济业务手续和记账之后，必须按规定建立立卷归档制度，形成会计档案资料，妥善保管，以便日后随时查阅。

会计凭证在记账后，应定期(每天、每旬或每月)进行分类管理，并将各种记账凭证按照编号顺序连同所附原始凭证折叠整齐，加具封面、封底装订成册，并在装订线上加贴封签。在封面上应写明单位名称、年、月份、凭证的起讫日期，记账凭证的种类、起讫号码，以及记账凭证和原始凭证的张数，并在封签处加盖会计主管的骑缝图章。如果采用单式记账凭证，在整理装订时，必须保持会计分录的完整，并按凭证号的顺序装订成册，不得按科目归类装订。

各种经济合同、保证金收据及涉外文件等重要的原始凭证，以及各种需要随时查阅和退回的单据，应另编目录，单独登记保管，并在有关记账凭证和原始凭证上相互注明日期和编号。如果某些记账凭证所附的原始凭证过多，可以单独装订保管，在封面注明所属记账凭证的日期、编号、种类，同时在有关的记账凭证上注明"附件另订"和原始凭证的名称和编号，以便查找。

会计人员必须做好会计凭证的保管工作，严格防止会计凭证错乱不全或丢失损坏。原始凭证不得外借，其他单位因特殊原因需要借阅原始凭证时，应持有单位正式介绍信，经会计主管人员或单位领导批准，必要时可以提供复印件。向外单位提供原始凭证附件时，应当专设登记簿登记，同时提供人员和收取人员要共同签名盖章。装订成册的会计凭证，应指定专人保管，年度终了要移交财务档案室登记归档。

从外单位取得的原始凭证如有遗失，应当取得原开出单位盖有公章的证明，并注明原来凭证的号码、金额和内容等，由经办单位会计机构负责人、会计主管人员和单位领导批准后，才能代作原始凭证。如果确实无法取得证明的，如火车票、轮船票、飞机票等凭证，由当事人写出详细情况，由经办单位会计机构负责人、会计主管人员和单位领导批准后，代作原始凭证。

会计凭证的保管期限和销毁手续，必须严格执行会计制度的有关规定。对一般的会计凭证应分别规定保管期限，对重要的会计凭证，如涉及外事和重要业务资料，必须长期保管。未满规定保管期的会计凭证，任何人不得随意销毁。对保管期满需要销毁的会计凭证，必须开列清单，经本单位领导审批，报上级主管部门批准后，才能销毁。

项目五 设置与登记会计账簿

学习目标

知识目标

1. 了解会计账簿的概念,掌握会计账簿的分类。
2. 熟悉各种账簿的格式及适用范围。
3. 了解日记账的格式及具体登记要求,掌握日记账的登记方法。
4. 了解总账的格式及具体登记要求,掌握总账的登记方法。
5. 了解各种明细账的格式及具体登记要求,掌握明细账的登记方法。
6. 掌握对账的内容及错账更正的具体方法和操作规则。
7. 了解结账的要求,掌握结账的方法。

能力目标

1. 能根据所给资料开设总账、现金日记账、银行存款日记账和明细分类账。
2. 能根据所给资料登记各有关账户的期初余额。
3. 能根据收款凭证、付款凭证序时登记现金日记账和银行存款日记账。
4. 能根据收款凭证、付款凭证和转账凭证逐笔登记总账。
5. 能根据原始凭证和收、付、转凭证逐笔登记各种明细账。
6. 能根据记账凭证编制科目汇总表并据以登记总账。
7. 能对已完成登记的各种账簿进行对账和结账。
8. 能查找错账,并能用划线更正法、补充登记法、红字更正法等错账更正方法更改错账。

素质目标

1. 书写规范,用笔、颜色、位置及货币符号运用规范。
2. 印鉴保管、使用规范。
3. 设置账簿严格按照《会计基础工作规范》操作。
4. 秉持严谨细致的工作作风,账簿保管仔细,无丢失遗漏。
5. 运用所学会计账簿的理论和实务知识研究相关案例,提高分析问题与处理问题的能力。
6. 结合会计账簿的教学内容,依照会计"职业道德与伦理"的行业规范或标准,分析会计行为的善恶,提高职业道德素质。

项目引入

各单位在发生经济业务之后,都必须取得或填制会计凭证,从而证明该项经济业务的发生、完成情况和明确经济责任,这是会计核算工作的起点。原始凭证是经济业务发生最原始的证明,记账凭证是用会计语言将发生的经济业务应记录的会计内容进行归类、整理和记录。但由于会计凭证数量繁多,格式不一,资料分散,每张凭证一般只能反映个别经济业务的内容。为了连续、系统、全面、综合地反映一个单位在一定时期内某一类和全部经济业务的增减变动情况,给经济管理提供完整而系统的会计核算资料,就需要把会计凭证所记载的大量分散的资料加以归类整理。账簿是积累、贮存经济活动情况的数据库,因此每个单位都必须设置账簿,将发生的经济业务连续、系统、全面、综合地记录和反映到有关的账簿中。

项目导学

会计账簿是由具有一定格式的账页组成,以经过审核无误的会计凭证为依据,对全部经济业务进行连续、系统、全面、综合地记录和核算的簿籍。设置与登记会计账簿是会计核算的专门方法之一,是会计核算的中心环节。通过账簿的设置和登记可以将会计凭证所反映的会计信息分类、汇总、全面、连续地反映出来,为编制会计报表、输出会计信息提供依据。本项目将学习会计账簿的概念、内容、分类,会计账簿的设置、启用与登记,对账与结账等内容。本项目的具体任务如下。

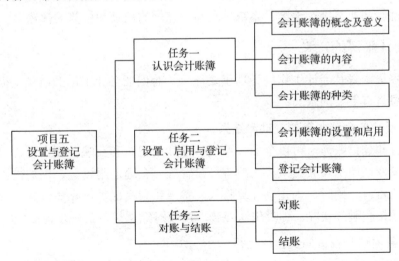

任务一 认识会计账簿

认识会计账簿

任务导入

2023年8月4日,江苏省射阳县人民法院依法审结了一起故意销毁会计账簿的案件。一审判处被告人许其斌有期徒刑1年6个月,缓刑2年,并处相应罚金。

2022年5月的一天，射阳县洋马镇港中村村民许其斌接到妻兄陈某送来的装有承包经营射阳县宏达棉花茧丝绸公司2018年至2022年期间的会计账簿。数日后，陈某与许其斌联系，称其涉税案件已暴露，若被抓获，要许其斌将会计账簿销毁。为帮助陈某逃避法律责任，许其斌遂将陈某送来的会计账簿全部销毁。

法院审理认为，被告人许其斌无视国家法律，为帮助他人逃避法律责任，故意销毁依法应该保存的会计账簿，情节严重，其行为已构成故意销毁会计账簿罪，据此依法做出上述判决。

（资料来源：一农民帮亲友逃避查处烧毁会计凭证受处罚[EB/OL]. (2008-08-04). https://www.chinacourt.org/article/detail/2008/08/id/316362.shtml，有删减）

问题：什么是会计账簿？它与会计凭证之间是什么关系？

知识与技能

一、会计账簿的概念及意义

（一）会计账簿的概念

会计账簿简称账簿，是指由具有一定格式的账页组成，以经过审核无误的会计凭证为依据，对全部经济业务进行连续、系统、全面、综合的记录和核算的簿籍。

（二）会计账簿的意义

设置和登记账簿是会计工作的一项重要环节，对保证会计工作的质量，提供真实、准确的会计信息具有重要的意义。

1. 全面反映各会计要素的变动和结果

通过设置和登记账簿，可以全面、系统、连续地记录和反映各项资产、负债、所有者权益的增、减变动情况及其结果，为改善经营管理、合理运用资金、保护投资者利益提供总括和明细的资料。同时，为正确计算收入、费用和利润提供可靠的依据，有利于企业单位考核经营成果和财务状况，促进依法经营，遵守财经法规，进一步提高经济效益。

2. 保护各项财产物资的安全和完整

通过设置和登记账簿，可以随时了解和掌握各项财产物资的增减变化，将有关账簿的账面结存数与实存数进行核对，监督检查账实是否相符。同时，借助账簿的记录，可以监督各项财产物资的保管情况，防止损失浪费，揭露贪污盗窃行为，保护财产安全完整。

3. 提供编制会计报表的信息和资料

通过设置和登记账簿，为定期编制财务会计报告提供系统的数据资料。账簿记录资料的质量高低，是企业、单位编制财务会计报告的重要保证，只有完整、系统、真实、可靠的会计资料才能成为财务会计报告的资料来源。同时，这些资料又可以作为企业、单位编制财务计划，进行财务分析的依据。

二、会计账簿的内容

由于各会计主体管理的要求不同,所设置的账簿不同,各种账簿所记录的经济业务也不同,其种类、格式多种多样,但各种账簿都应具备以下基本要素。

(1) 封面:标明记账单位和账簿的名称。

(2) 扉页:标明账簿的启用日期和截止日期、页数、册数;账簿启用和经管账簿人员一览表,会计主管人员签章及账户目录等。会计账簿扉页格式,如表 5-1 所示。

表 5-1　会计账簿扉页格式

单位名称				账簿页数			
账簿名称				账簿册数			
账簿编号				启用日期			
记账人员				会计主管			

经管人员		接管				移交			
职别	姓名	年	月	日	签章	年	月	日	签章

(3) 账页:它是账簿的主体,用于记载经济业务发生的时间和金额。账页的基本内容包括:账户名称(总分类账户、二级账户或明细账户);日期栏;凭证种类和号数栏;摘要栏(简要说明所记录经济业务的内容);金额栏(记录经济业务引起账户的发生额和余额增减变动的数额);总页次和分页次栏等。

三、会计账簿的种类

账簿的种类繁多,不同的账簿其用途、格式、内容和登记方法都不相同。为了便于更好地掌握账簿的使用方法,发挥账簿的作用,有必要了解账簿的分类。

(一) 序时账、分类账和备查账

会计账簿按用途不同,可划分为序时账、分类账和备查账。

1. 序时账

序时账又称日记账,是指按照经济业务发生和完成的时间先后顺序,逐日逐笔进行登记的账簿。序时账簿按记录内容的不同又分为两种:一种是将企业每天发生的所有经济业务,不论其性质如何,按时间先后顺序登记入账,称为普通日记账。普通日记账的格式,如表 5-2 所示。另一种是按经济业务的性质单独设置的账簿,它只把特定项目按经济业务发生或完成的先后顺序登记入账,反映其详细情况,是用来记录某一类经济业务的,称为特种日记账。在实际工作中,应用比较广泛的是特种日记账,如现金日记账和银行存款日记账,其格式如表 5-3、表 5-4 所示。

表 5-2 普通日记账

| 2023 年 | | 凭证号数 | 摘要 | 会计科目 | 金额 | | 过账 |
月	日				借方	贷方	
3	1	略	收回欠款	银行存款	20 000		
				应收账款		20 000	
	2		从银行提现金	库存现金	500		
				银行存款		500	
	3		采购材料	原材料	18 000		
				应付账款		18 000	

表 5-3 现金日记账

| 2023 年 | | 凭证 | | 摘要 | 对方科目 | 收入 | 付出 | 结余 |
月	日	种类	号数					
5	1			月初余额				800
	2	银付	1	提取现金备用	银行存款	200		1 000
	5	现付	1	王明预借差旅费	其他应收款		400	600
	10	现收	1	零星销售产品	主营业务收入	300		900
	15	现付	2	职工刘力报销医药费	应付职工薪酬		100	800
	20	现付	3	将现金送存银行	银行存款		300	500
	31			本月发生额及月末余额		500	800	500

表 5-4 银行存款日记账

| 2023 年 | | 凭证 | | 摘要 | 结算凭证 | | 对方科目 | 收入 | 付出 | 结余 |
月	日	种类	号数		种类	号数				
5	1			月初余额						60 000
	1	银付	1	付材料款			材料采购		10 000	50 000
	2	银付	2	提取现金	略	略	库存现金		200	49 800
	15	银收	1	销售产品			主营业务收入	30 000		79 800
	20	现付	1	现金送存银行			库存现金	300		80 100
	25	银付	3	支付水电费			管理费用		2 000	78 100
	31			本月发生额及月末余额				30 300	12 200	78 100

2. 分类账

分类账是指对全部经济业务按照总分类账户和明细分类账户进行分类登记的账簿。分类账簿按其反映内容的详细程度不同,可分为总分类账和明细分类账。

1) 总分类账

总分类账是指按照总分类账户分类登记经济业务的账簿。总分类账的格式一般较简单,应用较广的是设置"借方""贷方""余额"三栏式的订本账,格式如表5-5所示。

表 5-5　总分类账

账户名称：原材料

2023年		凭证		摘要	借方	贷方	借或贷	余额
月	日	种类	号数					
5	1			期初余额			借	14 000
	3	转	1	收入甲材料	8 000		借	22 000
	4	转	2	领用甲材料		5 000	借	17 000
	8	转	3	收入乙材料	4 000		借	21 000
	10	转	4	领用乙材料		6 000	借	15 000
				本期发生额及期末余额	12 000	11 000	借	15 000

2) 明细分类账

明细分类账是指按照明细分类账户分类登记经济业务详细情况的账簿,是总分类账的明细记录。它既可反映有关资产、负债、所有者权益、收入、费用、利润等的价值变动情况,又可反映资产等实物量的增减情况。明细账以货币为主要计量单位,同时辅之以实物量度计量。

明细分类账的格式,应根据所反映的经济业务的特点,以及实物管理的不同要求来设计,一般有三栏式、数量金额式、多栏式和横线登记式等多种形式。

(1) 三栏式明细分类账。这种明细账的格式与三栏式总账的格式相同,只设有"借方""贷方"和"余额"三个金额栏,不设数量栏。它主要适用于只需要进行金额核算的"应收账款""应付账款""短期借款""应交税费"等账户的明细分类核算。其格式如表5-6所示。

表 5-6　应付账款明细分类账

账户名称：××单位

2023年		凭证		摘要	借方	贷方	借或贷	余额
月	日	种类	号数					
5	1			期初余额			贷	3 000
	13	转	1	购料欠款		20 000	贷	23 000
	20	转	2	偿还货款	10 000		贷	13 000
	31			本期发生额及期末余额	10 000	20 000	贷	13 000

(2) 数量金额式明细分类账。这种明细账的格式是在"收入""支出""结存"三栏内,再分别设置"数量""单价""金额"等栏目。它主要适用于既需反映金额又需反映实物数量的财产物资账户,如"原材料""库存商品"等明细分类账。其格式如表5-7所示。

表 5-7　原材料明细分类账

类别：　　　　　　　　　　　　　　　　　　　　　　　　　　　材料编号：
品名或规格：　　　　　　　计量单位：　　　　　　　　　　　　储备定额：

2023年		凭证		摘要	收入			支出			结存		
月	日	种类	号数		数量	单价	金额	数量	单价	金额	数量	单价	金额
5	1	略	略	月初余额							50	150	7 500
	4			收入材料	20	150	3 000				70	150	10 500
	10			车间领用				30	150	4 500	40	150	6 000
				本期发生额及期末余额	20	150	3 000	30	150	4 500	40	150	6 000

(3) 多栏式明细分类账。这种明细账的格式是根据经济业务的特点和经营管理的需要，在一张账页内按某一总账科目的明细项目分设若干专栏，集中反映该类经济业务的详细资料。它适用于只记金额、不记数量，而且在管理上需要了解其构成内容的收入、费用、利润等账户，如"生产成本""制造费用""管理费用""主营业务收入""本年利润"等账户。其格式如表 5-8 所示。

在实际工作中，成本费用类明细账，可以只按借方发生额设置专栏，贷方发生额较少，可在借方有关栏内用红字登记，表示应从借方发生额中冲减。其格式如表 5-9 所示。

表 5-8　生产成本明细分类账

2023年		凭证		摘要	借方				贷方	借或贷	余额
月	日	种类	号数		直接材料	直接人工	制造费用	合计			
略	略	略	略	生产领料	50 000			50 000		借	50 000
				分配工资		44 000		44 000		借	94 000
				分配制造费用			30 000	30 000		借	124 000
				结转产品成本					124 000	平	0
				合计	50 000	44 000	30 000	124 000	124 000	平	0

表 5-9　管理费用明细分类账

2023年		凭证		摘要	借方						
月	日	种类	号数		办公费	工资	折旧费	差旅费	税金	……	合计
略	略	略	略	支付办公费	5 000						5 000
				分配工资		30 000					30 000
				计提折旧			600				600
				报销差旅费				2 500			2 500
				支付印花税					100		100
				结转管理费用	5 000	30 000	600	2 500	100		38 200

(4) 横线登记式明细账。它又称平行式明细账,是指将前后密切相关的经济业务登记在同一行上,以便检查每笔经济业务的发生和完成情况的账簿。该明细分类账适用于登记材料采购业务等。

3. 备查账

备查账簿又称为辅助账簿,是指对某些在序时账簿和分类账簿等主要账簿中不进行登记或者登记不够详细的经济业务事项进行补充登记的账簿。它可以为某些经济业务的内容提供必要的参考资料,但是它记录的信息不必编入会计报表中,所以也称表外记录,如应收票据备查簿、经营租入固定资产登记簿、受托加工材料登记簿等。备查账簿没有固定格式,可由各单位根据管理的需要自行进行设置与设计。

(二) 订本账簿、活页账簿和卡片账簿

账簿按外表形式不同,可划分为订本账簿、活页账簿和卡片账簿。

1. 订本账簿

订本账簿也叫订本账,是指在未启用前把一定数量的账页固定装订在一起,并进行连续编号的账簿。订本账可以避免账页散失或被抽换,比较安全。因此,一般适用于比较重要的账簿,如现金日记账、银行存款日记账和总分类账等。但这种账簿由于账页固定,不能根据需要增减账页,也不便于分工记账。

2. 活页账簿

活页账簿也叫活页账,是指年度内账页不固定装订成册,而是将所需零散账页存放在账夹中,可以随时取放的账簿。由于账页并不固定装订在一起,同一时间可以由若干会计人员分工记账,在年终使用完后,必须将其整理归类装订成册,按一定类别统一编号,妥善保管。一般明细账都采用活页账,但由于账页零散,容易造成散失和抽换,因此要加强平时的管理监督。

3. 卡片账簿

卡片账簿也叫卡片账,是将卡片作为账页,存放在卡片箱内保管的账簿。它实际上是一种活页账,除了具有一般活页账的优缺点外,不需要每年更换,可以跨年使用。在我国,各单位一般只对固定资产明细账采用卡片账形式,少数企业在材料核算过程中也使用卡片账形式。

(三) 三栏式账簿、多栏式账簿和数量金额式账簿

账簿按所使用的账页格式不同,可分为三栏式账簿、多栏式账簿、数量金额式账簿。

1. 三栏式账簿

三栏式账簿的账页一般采用"借方""贷方""余额"三栏作为基本结构,用以反映某项会计要素的增加、减少(转销)和结余的情况。三栏式账簿适用于只需要进行金额核算的经济业务,如总账及债权、债务等明细分类账适合采用这种格式的账簿。

2. 多栏式账簿

多栏式账簿的账页基本结构也采用"借方""贷方""余额"三栏,但是根据所反映的经济业务的特点和管理的要求,在"借方""贷方"栏下面分别设置若干专栏,以详细记录

具体经济业务的不同指标或项目。多栏式账簿适用于需要进行分项目具体反映的经济业务，如"管理费用""制造费用"等明细分类账适合采用这种格式。

3. 数量金额式账簿

数量金额式账簿的账页基本格式同样采用"借方""贷方""余额"三栏，但在每栏下面再分设"数量""单价""金额"三个小栏目，以具体反映这三者之间的关系。数量金额式账簿适用于既需要金额核算又需要数量核算的经济业务，如"原材料""库存商品"等明细分类账适合采用这种格式。

任务小结

会计账簿，简称账簿，是由具有一定格式的账页组成，以经过审核无误的会计凭证为依据，对全部经济业务进行全面、系统、连续的记录和核算的簿籍。

设置和登记账簿，能全面反映各会计要素的变动和结果，能保护各项财产物资的安全和完整，能为编制会计报表提供信息和资料。

由于各会计主体管理的要求不同，所设置的账簿也不同，各种账簿所记录的经济业务也不同，其种类、格式多种多样，但各种账簿都应具备封面、扉页和账页等要素。

账簿的种类繁多，按用途不同，可划分为序时账簿、分类账簿和备查账簿；按外表形式不同，可划分为订本账簿、活页账簿和卡片账簿；按所使用的账页格式不同，可划分为三栏式账簿、多栏式账簿、数量金额式账簿。

任务实施

会计凭证和会计账簿都是反映经济业务的会计资料，但二者的记录方式不同。每一张会计凭证只能就个别的业务进行反映，其记录是零星的、分散的。而会计账簿能把分散在会计凭证中大量的核算资料加以集中，为经营管理提供系统、完整的核算资料。

因此，会计凭证与会计账簿是会计核算中的两个重要环节，缺一不可。前者是会计核算的最初环节，后者是会计核算的中心环节，并为最终环节编制会计报表提供依据。

职业能力考核

职业判断能力测验

一、单项选择题

1. 登记账簿的依据是(　　)。
   A. 会计分录　　　　　　　　B. 会计凭证
   C. 经济合同　　　　　　　　D. 财务会计报告
2. 必须逐日逐笔登记的账簿有(　　)。
   A. 明细账　　　　　　　　　B. 总账
   C. 日记账　　　　　　　　　D. 备查账

3. 用来记录某一特定种类经济业务发生情况的序时账簿是(　　)。
   A. 普通日记账　　　　　　　　　　　B. 明细分类账
   C. 总分类账　　　　　　　　　　　　D. 特种日记账
4. 总分类账与序时账的外表形式应采用(　　)。
   A. 活页式　　　　　　　　　　　　　B. 订本式
   C. 卡片式　　　　　　　　　　　　　D. 任意外表形式均可
5. 反映债权、债务的明细分类账一般采用的格式是(　　)。
   A. 三栏式　　　　　　　　　　　　　B. 数量金额式
   C. 多栏式　　　　　　　　　　　　　D. 任意一种明细分类账格式

二、多项选择题

1. 任何会计主体都必须设置的账簿有(　　)。
   A. 序时账簿　　　　　　　　　　　　B. 辅助账簿
   C. 分类账簿　　　　　　　　　　　　D. 备查账簿
2. 下列应采用数量金额式账簿的有(　　)。
   A. 现金日记账　　　　　　　　　　　B. 应收账款明细分类账
   C. 原材料明细分类账　　　　　　　　D. 库存商品明细分类账
3. 下列应采用三栏式明细分类账的有(　　)。
   A. 应收账款　　　　　　　　　　　　B. 原材料
   C. 在途物资　　　　　　　　　　　　D. 预收账款
4. 下列应采用多栏式明细分类账的有(　　)。
   A. 生产成本　　　　　　　　　　　　B. 库存商品
   C. 本年利润　　　　　　　　　　　　D. 原材料
5. 数量金额式明细分类账的账页，分别设有"收入""发出"和"结余"的(　　)。
   A. 数量栏　　　　　　　　　　　　　B. 借方栏
   C. 贷方栏　　　　　　　　　　　　　D. 金额栏

三、判断题

1. 企业的序时账簿和分类账簿必须采用订本式账簿。　　　　　　　　　　(　　)
2. 使用订本账时，要为每一账户预留若干空白账页。　　　　　　　　　　(　　)
3. 数量金额式明细分类账适用于那些既需要进行金额核算，又要进行数量核算的账户。
　　　　　　　　　　　　　　　　　　　　　　　　　　　　　　　　　(　　)
4. 备查账一般没有固定的格式，由各单位根据管理需要设计相应的项目和内容。
　　　　　　　　　　　　　　　　　　　　　　　　　　　　　　　　　(　　)
5. 现金日记账和银行存款日记账所采用的账页格式由企业自行决定。　　　(　　)

职业实践能力训练

1. 为下列明细账户选择适合的账簿格式(在相应的栏内划"√")，如表5-10所示。

表 5-10　账簿格式

账户名称	三栏式账簿	多栏式账簿	数量金额式账簿
应付账款			
应收账款			
原材料			
库存商品			
生产成本			
制造费用			

2. 指出表 5-11 所示的账簿是订本账还是活页账，说明订本账和活页账的优缺点。

表 5-11　银行存款日记账

2023年		凭证		摘要	结算凭证		对方科目	收入	付出	结余
月	日	种类	号数		种类	号数				
5	1			月初余额						60 000
	1	银付	1	付材料款			材料采购		10 000	50 000
	2	银付	2	提取现金	略	略	库存现金		200	49 800
	15	银收	1	销售收入			主营业务收入	30 000		79 800
	20	现付	1	现金送存银行			库存现金	300		80 100
	25	银付	3	支付水电费			管理费用		2 000	78 100
	31			本月发生额及月末余额				30300	12 200	78 100

学习评价

根据本任务的教学内容，通过职业判断能力测验和职业实践能力训练等方式对相关内容的学习效果进行检查，实施评价，填写任务学习评价表(见表 5-12)。

表 5-12　认识会计账簿任务学习评价表

考核内容标准	实施评价		
	自我评价	同学互评	教师评价
正确描述会计账簿的内容(40 分)			
正确识别会计账簿的类别与格式(60 分)			

思政专栏

诚实守信　廉洁自律

背景与情境：小张是某电子公司的会计，因工作努力，钻研业务，积极提出合理化建议，多次被公司评为先进会计工作者。小张的男友在一家民营电子企业任总经理，在其男友的多次请求下，小张将在工作中接触到的公司新产品研发计划及相关资料复印件提供给其男友，给公司造成了一定的损失。公司认为小张不宜继续担任会计工作。

思考：小张的行为违反了会计职业道德的哪些要求？

分析提示：小张的行为违反了"诚实守信""廉洁自律"的会计职业道德要求。"诚实守信"是指会计人员应该执业谨慎，信誉至上，不为利益所诱惑，不弄虚作假，不泄露秘密。"廉洁自律"指会计人员应当公私分明，不贪不占，遵纪守法，尽职尽责。小张把在工作中接触到的公司新产品研发计划及相关会计资料复印件，提供给在民营电子企业任总经理的男友，这是因情感和利益诱惑等因素所致，违背了诚实守信、廉洁自律的会计职业道德要求。

拓展学习

账簿与账户的关系

账簿与账户有着密切的联系。账户是根据会计科目开设的，账户存在于账簿之中；账簿中的每一页就是账户的存在形式和载体，没有账簿，账户不能独立存在；账簿序时、分类地记载经济业务，是在账户中完成的。因此，账簿只是一个外在形式，账户才是其内在真实内容，两者间的关系是形式和内容的关系。

任务二 设置、启用与登记会计账簿

任务导入

丰华公司开户银行为：中国建设银行黄河市长江路支行，账号：25148876。该公司2023年7月31日库存现金余额为1 000元，银行存款余额为25万元。

设置、启用与登记会计账簿

2023年8月份丰华公司发生的库存现金、银行存款业务如下。

(1) 2日，开出现金支票提取现金3 000元备用。

(2) 3日，向东方公司转账65 000元，偿还前欠货款。

(3) 4日，收取出租包装物押金1 275元，开具现金收据。

(4) 5日，收到银行转来的收账通知，武汉华山公司承付货款9 500元。

(5) 6日，采购员赵海借支差旅费1 000元，以现金支付。

(6) 10日，赵海出差回来报销差旅费850元，交回多余现金150元。

(7) 11日，向个人出租房屋收取租金收入，收到现金3 000元(不考虑税金)。

(8) 12日，根据工资结算单上的实发工资，开具现金支票120 000元，提现备发工资。

(9) 12日，支付本月工资120 000元。

(10) 14日，向银行送存现金3 000元。

(11) 16日，收到银行利息清单，利息收入1 800元。

(12) 21日，收到银行转来的付款通知，支付水电费5 600元(应付账款)。

(13) 24 日，厂部购买消耗性办公用品一批 750 元，用现金支付。

(14) 28 日，购入原材料一批，增值税专用发票显示，货款 40 000 元，增值税税款 5 200 元，开出转账支票 45 200 元。材料验收入库。

(15) 28 日，银行转来收账通知，收到南方公司前欠货款 68 000 元。

(16) 30 日，销售产品一批，价款 80 000 元，增值税税款 10 400 元，收到转账支票已办理进账手续。

要求：根据 2023 年 8 月份经济业务编制记账凭证；根据记账凭证登记库存现金日记账、银行存款日记账。

知识与技能

一、会计账簿的设置和启用

(一) 会计账簿的设置

会计账簿的设置也称建账，是根据《会计法》和《会计基础工作规范》的规定，以及会计主体所处具体行业的要求和将来可能发生的经济业务情况，确定账簿种类、格式、内容及登记方法的活动。

1. 设置账簿的原则

会计账簿的设置、账簿格式的选择，一般应遵循下列原则。

(1) 统一性原则。各单位应当按照国家统一会计制度的规定和本单位的实际需要设置账簿。所设置的账簿应能全面反映本单位的各项经济事项，满足经营管理的需求，并为对外提供各种会计信息奠定基础。

(2) 科学性原则。会计账簿的设置要组织严密、层次分明，账簿之间要相互衔接、相互补充、相互制约，能清晰地反映各账户之间的对应关系，满足单位内部管理需求。

(3) 实用性原则。会计账簿的设置要从企业、单位实际出发，根据规模、业务量的大小和管理水平的高低，会计机构和会计人员的配备等多方面综合考虑。账簿应避免过于繁杂，又不能过于简化，考虑人力物力的节约，力求避免重复和遗漏。一般来讲，规模大、业务复杂、会计人员较多、分工较细的单位，账簿设置可以细一些；业务简单、规模小、会计人员少的单位，账簿设置可以简化一些。

(4) 合法性原则。各单位必须依据会计有关法规设置会计账簿。依法设账，在我国会计实际工作中是一个比较薄弱的环节。一些单位不设账，或者账外设账、私设小金库、造假账等现象比较严重，损害了国家和社会公众的利益，干扰了正常的经济秩序。《会计法》对依法设账做出了明确的规定，这充分说明了依法设账的重要性。

2. 会计账簿格式的选择

前面介绍的各种不同格式的账簿，其用途是不同的，各企业、单位在设置会计账簿时，应根据所要记录的不同经济内容，选择不同格式的账簿。特别是在新建企业、单位，会计人员要面临如何选择不同格式的账簿来设置会计账簿的问题,只有科学、合理地选择和设置会计账簿,才能满足本企业经营管理的需求。

一般而言,对比较重要的会计账簿,如"总账""现金日记账""银行存款日记账"等,为了保证其安全,在外表形式上应采用订本账,在账页格式上应选用三栏式账页;对于反映债权、债务经济业务的各种往来账,为了便于增减账页,应采用活页账,同时在格式上应选用三栏式账页;对于反映财产物资增减变化经济业务的各种会计账簿,为了全面反映数量、单价、金额的不同指标,应采用活页账,同时在格式上应选用数量金额式账页;对于反映备查记录辅助经济业务的账簿,如"应收票据""租入固定资产"等明细分类账,应采用备查账,同时根据需要分别选用不同格式的账页;对于需要长期详细记录内容,并可以随时存取,便于日常查阅的经济业务,如"固定资产""低值易耗品"明细分类账,应采用卡片账。

(二) 启用会计账簿

为了确保会计账簿记录的规范和完整,明确记录责任,在启用会计账簿时应遵循相应的规则,具体包括:

(1) 启用会计账簿时,在封面上写明单位名称和会计账簿的名称。

(2) 在会计账簿扉页的"账簿启用和经管人员一览表"中,填写关于会计账簿启用的记录内容,如单位名称、会计账簿名称、会计账簿册数和页数、会计账簿启用日期、会计账簿经管人员等,并加盖公章。会计账簿经管人员(包括单位主管、财务主管、复核和记账人员)均应载明姓名并加盖印章。

(3) 账簿扉页右上角应粘贴印花税票,且税票上面需要画两条红色横线表示划线注销。

(4) 启用订本式账簿,必须先编定号码,号码的编定顺序应当从第一页起到最后一页止,不得跳页、缺号(大部分订本式会计账簿会直接印上页码,不需要填写);使用活页式账簿,应当按照账户顺序编写账户页次号码,各账户编列号码后,应填写"账户目录",并将账户名称、页次登入目录内,粘贴索引纸(账户标签)写明账户名称,以便日后检索。

二、登记会计账簿

(一) 会计账簿的登记规则

(1) 准确完整。登记账簿时,应将会计凭证的日期、编号、经济业务摘要、金额和其他有关资料逐项记入账内,做到数字准确、摘要简明清楚、登记及时。

(2) 注明记账符号。账簿登记完毕,应在记账凭证的"记账"栏内注明账簿的页数或做出"√"符号,表示已记账,以免重登、漏登,也便于查阅、核对,并签名或盖章。

(3) 书写留空。账簿中书写的文字或数字上面要留有适当空格,不要写满格,一般应占格距的1/2,一旦发生错误,也有修改的空间。

(4) 正常记账使用蓝黑墨水笔。登记账簿时必须使用蓝黑墨水笔或者碳素墨水笔书写,不得使用圆珠笔(银行的复写账簿除外)或者铅笔书写。

(5) 特殊记账使用红色墨水笔。红色墨水笔只能在以下情况使用:冲销错账;在未设借贷等栏的多栏式账页中登记减少数；在三栏式账户的余额栏前，未印明余额方向的，在余额栏内登记负数余额；根据国家统一会计制度的规定，可以用红字登记的其他会计记录。在会计上，书写墨水的颜色用错了，会传递错误的信息。由于会计中的红色表示负数，因而除上述情况外，不得用红色墨水笔登记账簿。

(6) 顺序连续登记。各种账簿按页次顺序连续登记，不得跳行隔页。如果发生跳行、隔页，应当将空行、空页划线注销，或者注明"此行空白""此页空白"字样，并由经办人员签名盖章，以明确经济责任。

(7) 结出余额。凡需要结出余额的账户，应按时结出余额，库存现金日记账和银行存款日记账必须逐日结出余额；债权债务明细账和各项财产物资明细账，每次记账后，都要随时结出余额；总账账户平时每月需要结出月末余额。结出余额后，应当在"借或贷"栏内写明"借"或者"贷"字样以说明余额的方向。没有余额的账户，应当在"借或贷"栏内写"平"字，并在余额栏内"元"位上用"0"表示。

(8) 过次承前。每一账页登记完毕结转下页时，应当结出本页合计数及余额，写在本页最后一行和下页第一行有关栏内，并在摘要栏内注明"转(过)次页"和"承前页"字样，以保证账簿记录的连续性。

(9) 不得涂改、刮擦、挖补。若账簿记录发生错误，不得刮、擦、挖补或用褪色药水更改字迹，而应采用规定的方法更正。

(二) 日记账的设置与登记方法

日记账分为普通日记账和特种日记账两种。在我国，大多数企业一般只设置特种日记账，如现金日记账和银行存款日记账。下面详细讲述现金日记账和银行存款日记账的设置和登记方法。

1. 现金日记账的设置和登记方法

1) 现金日记账的设置

现金日记账是用来序时登记现金收付款业务的日记账。现金日记账一般采用三栏式账页格式。三栏式现金日记账，在同一账页上分设"收入""支出"和"余额"三栏。为了清晰地反映现金收、付业务的具体内容，在"摘要"栏后，还应设"对方科目"专栏，登记对方科目名称，以便随时检查、核对与现金收、付业务相关的对应会计科目。三栏式现金日记账格式，如表5-13所示。

表5-13 现金日记账

年		凭证号	摘要	对方科目	收入								支出								核对号	余额							
月	日				十	万	千	百	十	元	角	分	十	万	千	百	十	元	角	分		十	万	千	百	十	元	角	分

当企业规模较大，货币资金收付款业务较多时，为简化过账手续，现金日记账的格式就要采用多栏式。多栏式现金日记账，把"收入""支出"分别按对应科目设置若干专栏。收入按应贷科目设置，支出按应借科目设置。每日终了，应分别计算现金收入、支出的合计数及账面结存余额，并与实存现金核对相符。其格式如表5-14、表5-15所示。

表5-14　现金收入日记账

年		凭证号	摘要	贷方科目				收入合计
月	日			银行存款	应收账款	其他应收款	……	

表5-15　现金支出日记账

年		凭证号	摘要	借方科目				支出合计
月	日			银行存款	应付账款	其他应付款	……	

2) 现金日记账的登记方法

现金日记账通常由出纳人员根据审核无误的现金收款凭证、现金付款凭证和银行存款付款凭证(从银行提取现金)序时逐日逐笔登记。每次收付现金后，随时结出账面余额，每日结出账面余额后，应与库存现金实存额核对相符。

2. 银行存款日记账的设置和登记方法

1) 银行存款日记账的设置

银行存款日记账分为三栏式和多栏式两种。

(1) 三栏式银行存款日记账格式及登记方法与现金日记账基本相同，但由于银行存款的收付都与银行结算方式相关，故银行存款日记账中增设"结算凭证——种类、编号"栏(格式略)，这里不再重述。

(2) 多栏式银行存款日记账适用于规模较大、业务较多的企业。一般在实际工作中，为了避免账页过长，将其分为"银行存款收入日记账"和"银行存款支出日记账"(格式略)。

2) 银行存款日记账的登记方法

银行存款日记账通常由出纳人员根据审核无误的银行收款凭证、银行付款凭证和现金付款凭证(将现金存入银行)序时逐日逐笔登记。每次收付银行存款后，随时结出余额，定期结出账面余额后，应与银行对账单核对，以验证企业银行存款日记账的记录是否正确。

(三) 分类账的设置与登记方法

通过日记账，人们可以了解一定时期特种交易或事项(也可以是全部交易或事项)的发生情况，但是日记账不能提供每类交易或事项发生情况的资料，因此还必须设置分类账簿。会计记账的主要目的是确定每一科目的借、贷总额及其余额，而分类账就是将记账凭证内各会计分录所记业务按相同科目予以汇总，它的最终结果为编制会计报表和加强管理提供有关资产、负债、所有者权益、成本费用及损益总括的和详细的资料。分类账按其所提供会计资料的详细程度不同，分为总分类账和明细分类账两种，下面分别加以介绍。

1. 明细分类账的设置和登记方法

1) 明细分类账的设置

明细分类账是根据总账所属明细科目设置的，用以记录某一类经济业务明细核算资料的分类账。每一个企业除现金和银行存款可不再设置明细分类账外，一般来说，各种财产物资、债权、债务、收入和成本费用等有关总分类账下都应设置明细分类账。明细分类账的格式主要是根据所反映的经济业务的特点，以及实物管理的不同要求来选择确定。

2) 明细分类账的登记方法

各种明细分类账的登记方法，应根据本单位业务量的大小和经营管理的需要及所记录的交易或事项的内容而定，可以根据原始凭证或原始凭证汇总表登记，也可以根据记账凭证逐笔登记。下面分别介绍不同格式明细分类账的登记方法。

(1) 登记三栏式明细分类账。三栏明细分类账的格式与总分类账格式相同，即账页只设有"借方""贷方"和"余额"三个金额栏，不设数量栏。它一般适用于反映只需要金额核算、不需要进行数量核算的经济业务，如"应收账款""应付账款"等明细分类账。下面举例说明"应收账款"明细分类账的登记方法(见表5-16)。

表 5-16 应收账款明细分类账

会计科目：应收账款　　　　　明细科目：华盛公司

2023年		凭证号	摘要	借方								贷方								借或贷	余额							
月	日			十	万	千	百	十	元	角	分	十	万	千	百	十	元	角	分		十	万	千	百	十	元	角	分
1	1		期初余额																	借		4	0	0	0	0	0	0
1	5	略	收回货款										2	0	0	0	0	0	0	借		2	0	0	0	0	0	0
1	12		销售商品	3	5	0	0	0	0	0	0									借		5	5	0	0	0	0	0
1	13		更正××号凭证										2	0	0	0	0	0	0	借		5	3	0	0	0	0	0
1	31		本月合计	3	5	0	0	0	0	0	0		2	2	0	0	0	0	0	借		5	3	0	0	0	0	0

(2) 登记数量金额式明细分类账。数量金额式明细分类账在收入、支出和结存(或借方、贷方和余额)栏内，再增设数量、单价、金额栏，分别记录实物和金额的增减变动情况。它适用于既需要反映金额又需要反映数量的各种财产物资的核算业务，如"原材料""库存商品"等明细分类账。下面举例说明"原材料"明细分类账的登记方法(见表5-17)。

表 5-17 原材料明细分类账

材料名称：A材料　　　　　　　　　　　　　　　　　最高存量：略
材料规格：略　　　　　　　　　　　　　　　　　　　最低储量：略
计量单位：千克　　　　　　　　　　　　　　　　　　存放地点：1号库

2023年		凭证号	摘要	借方			贷方			余额		
月	日			数量	单价	金额	数量	单价	金额	数量	单价	金额
1	1		期初余额							500	20	10 000
	5	略	购入	100	20	2 000				600	20	12 000
	12		领用				200	20	4 000	400	20	8 000
	31		领用				200	20	4 000	200	20	4 000
	31		本月合计	100	20	2 000	400	20	8 000	200	20	4 000

(3) 登记多栏式明细分类账。多栏式明细分类账是根据经济业务的特点和管理的需要，在同一账页内通过按项目设置若干个专栏，集中反映某一经济业务的详细资料。它适用于成本、费用、收入和成果等明细分类核算业务，如"生产成本""制造费用""管理费用"等明细分类账。下面举例说明"管理费用"明细分类账的登记方法(见表5-18)。

表 5-18 管理费用明细分类账

会计科目：管理费用

2023年		凭证号	摘要	借方发生额					贷方发生额	余额
月	日			办公费	水电费	保险费	差旅费	……	转出	
1	5	略	付办公费	3 000						3 000
1	7		付水电费		5 000					8 000
1	15		付保险费			28 000				36 000
1	31		结转费用						36 000	0
1	31		本月合计	3 000	5 000	28 000			36 000	

2. 总分类账的设置和登记方法

1) 总分类账的设置

总分类账是按照一级会计科目设置，用以记录全部经济业务情况，提供总括会计资料的账簿。总分类账能够提供连续、系统、全面、综合的经济业务，同时也是编制会计报表的重要依据，各企业、单位必须设置。由于其只需提供货币计量单位的价值变化，因此，总分类账一般采用三栏式订本账。

2) 总分类账的登记方法

总分类账的登记方法因登记依据不同而有所不同，可以直接根据记账凭证逐笔登记；也可以将记账凭证定期汇总后登记，即根据汇总记账凭证登记；还有一种是根据科目汇总表登记。由此形成了企业不同的账务处理程序。

账务处理程序也称会计核算组织程序或会计核算形式，是指会计凭证、会计账簿、会计报表相结合的方式，包括会计凭证和账簿的种类、格式，会计凭证与账簿之间的联系方法，由原始凭证到编制记账凭证、登记明细分类账和总分类账、编制财务报表的工作程序和方法等。常用的账务处理程序主要有记账凭证账务处理程序、科目汇总表账务处理程序和汇总记账凭证账务处理程序，下面分别讲述。

（1）记账凭证账务处理程序。记账凭证账务处理程序是指对发生的经济业务事项，都要根据原始凭证或汇总原始凭证编制记账凭证，然后直接根据记账凭证逐笔登记总分类账的一种账务处理程序。其特点是直接根据记账凭证逐笔登记总分类账，它是最基本的账务处理程序。在这一程序中，记账凭证可以是通用记账凭证，也可以分设收款凭证、付款凭证和转账凭证，需要设置库存现金日记账、银行存款日记账、明细分类账和总分类账，其中库存现金日记账、银行存款日记账和总分类账一般采用三栏式，明细分类账根据需要采用三栏式、多栏式和数量金额式。

记账凭证账务处理程序，如图5-1所示。

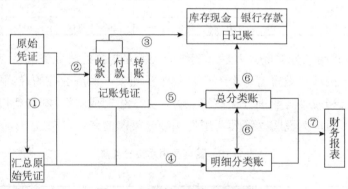

图5-1 记账凭证账务处理程序

① 根据原始凭证编制汇总原始凭证。
② 根据原始凭证或汇总原始凭证，编制记账凭证。
③ 根据收款凭证、付款凭证逐笔登记库存现金日记账和银行存款日记账。
④ 根据原始凭证、汇总原始凭证和记账凭证，登记各种明细分类账。
⑤ 根据记账凭证逐笔登记总分类账。
⑥ 期末，库存现金日记账、银行存款日记账和明细分类账的余额同有关总分类账的余额核对相符。
⑦ 根据总分类账和明细分类账的记录，编制财务报表。

【例 5-1】 丰华公司为增值税一般纳税人，适用增值税税率为 13%，2023 年 7 月 1 日各有关总分类账户的账户余额，如表 5-19 所示。

表 5-19 丰华公司总分类账户余额表

单位：元

会计科目	期初余额	
	借方	贷方
固定资产	240 000	
原材料	80 000	
生产成本	20 000	
库存商品	19 000	
应收账款	25 000	
库存现金	300	
银行存款	35 700	
实收资本		300 000
累计折旧		50 000
短期借款		40 000
应付账款		20 000
本年利润		10 000
合　　计	420 000	420 000

(1) 丰华公司 2023 年 7 月 1 日有关明细分类账户的余额如下。

原材料：甲材料 200 吨，单价 300 元/吨，金额 60 000 元；乙材料 1 000 千克，单价 20 元/千克，金额 20 000 元。

应付账款：欠丰源厂 18 000 元；欠民为厂 2 000 元。

(2) 丰华公司 2023 年 7 月份发生如下经济业务。

1 日，收回八一厂前欠货款 22 000 元，存入银行。

5 日，以银行存款 40 000 元归还银行短期借款。

6 日，基本生产车间加工 A 产品，领用甲材料 50 吨，合计 15 000 元。

10 日，泰山工厂投资转入全新机器设备一台，价值 28 000 元。

10 日，出售产品一批，售价 60 000 元，增值税销项税额 7 800 元，收到货款存入银行。

12 日，从民为厂购进甲材料 100 吨，单价 300 元/吨，价款合计 30 000 元，增值税进项税额为 3 900 元，货款尚未支付，材料已验收入库。

15 日，以银行存款归还前欠丰源厂货款 15 000 元。

15 日，出售产品一批给八一厂，售价 40 000 元，增值税销项税额 5 200 元，货款尚未收到。

16 日，车间生产产品，领用甲材料 100 吨，计 30 000 元，乙材料 200 千克，计 4 000 元。

18 日，向银行借入短期借款 20 000 元，存入银行。

20 日，向丰源厂购进乙材料 1 500 千克，单价 20 元/千克，价款计 30 000 元，增值税进项税额 3 900 元，货款尚未支付，材料已验收入库。

22日，以银行存款归还前欠民为厂货款12 000元。

25日，生产产品领用甲材料80吨，计24 000元；领用乙材料1 000千克，计20 000元。

25日，外商向企业投资，投入货币资金30 000元，存入银行。

27日，以银行存款购进甲材料50吨，单价300元/吨，价款计15 000元，乙材料1 200千克，单价20元/千克，价款计24 000元，增值税进项税额共计5 070元，材料已验收入库。

28日，以银行存款归还前欠丰源厂货款30 000元。

31日，结转已完工入库产品的制造成本100 000元。

31日，结转本月产品销售成本91 000元，并转入"本年利润"账户。

31日，按销售收入的5%计算应交消费税5 000元，并转入"本年利润"账户。

31日，结转本月产品销售收入。

要求：根据以上资料，按记账凭证账务处理程序处理。

(1) 根据以上经济业务(代原始凭证)编制记账凭证。本例中，根据前三笔经济业务编制的记账凭证，如表5-20～表5-22所示；根据其余经济业务编制的记账凭证(简化格式)，如表5-23所示。

表5-20 收款凭证

借方科目：银行存款　　　　　　2023年7月1日　　　　　　收字第1号

摘要	贷方科目			记账	金额								
	编号	总账科目	明细科目		千	百	十	万	千	百	十	元	角	分
收回八一厂欠货款		应收账款	八一厂	√			2	2	0	0	0	0	0

附件：壹　张　　　　　　合计金额　　　　　　¥ 2 2 0 0 0 0 0

会计主管：王平　　　出纳：刘荣　　　审核：张青　　　填制：陈勇

表 5-21 付款凭证

贷方科目：银行存款　　　　　　　2023 年 7 月 5 日　　　　　　　付字第 1 号

摘要	借方科目			记账	金额								
	编号	总账科目	明细科目		千	百	十	万	千	百	十	元	角	分
归还银行短期借款		短期借款		√				4	0	0	0	0	0	0
附件：壹 张			合计金额		￥	4	0	0	0	0	0	0

会计主管：王平　　　出纳：刘荣　　　审核：张青　　　填制：陈勇

表 5-22 转账凭证

2023 年 7 月 6 日　　　　　　　转字第 1 号

摘要	总账科目	明细科目	记账	借方金额										贷方金额									
				千	百	十	万	千	百	十	元	角	分	千	百	十	万	千	百	十	元	角	分
生产领用甲材料	生产成本	A产品	√				1	5	0	0	0	0	0										
生产领用甲材料	原材料	甲材料	√														1	5	0	0	0	0	0
附件：壹 张		合计金额		￥	1	5	0	0	0	0	0			￥	1	5	0	0	0	0	0

会计主管：王平　　　出纳：刘荣　　　审核：张青　　　填制：陈勇

(2) 根据收款凭证、付款凭证，逐日、逐笔登记库存现金日记账(略)和银行存款日记账。银行存款日记账，如表 5-24 所示。

(3) 根据记账凭证及所附原始凭证登记有关明细分类账，如表 5-25～表 5-28 所示。

(4) 根据记账凭证逐笔登记总分类账，如表 5-29～表 5-44 所示。

(5) 月终，办理结账，编制试算平衡表，并将库存现金、银行存款日记账和各种明细分类账的余额与有关总分类账的余额核对相符。试算平衡表与有关明细分类账户本期发生额及余额对照情况，如表5-45～表5-47所示。

(6) 月终，根据总分类账及有关明细分类账的记录编制财务报表(略)。

表 5-23　记账凭证(简表)

2023年		凭证号	摘要	借或贷	会计科目	明细科目	金额
月	日						
7	10	转2	收到投资转入设备	借	固定资产		28 000
				贷	实收资本		28 000
7	10	银收2	销售产品	借	银行存款		67 800
				贷	主营业务收入		60 000
				贷	应交税费	增值税	7 800
7	12	转3	购入材料	借	原材料	甲材料	30 000
				借	应交税费	增值税	3 900
				贷	应付账款	民为厂	33 900
7	15	银付2	偿还前欠丰源厂货款	借	应付账款	丰源厂	15 000
				贷	银行存款		15 000
7	15	转4	售出产品	借	应收账款	八一厂	45 200
				贷	主营业务收入		40 000
				贷	应交税费	增值税	5 200
7	16	转5	生产领用材料(甲材料100吨,乙材料200千克)	借	生产成本		34 000
				贷	原材料	甲材料	30 000
				贷	原材料	乙材料	4 000
7	18	银收3	取得银行短期借款	借	银行存款		20 000
				贷	短期借款		20 000
7	20	转6	购入材料	借	原材料	乙材料	30 000
				借	应交税费	增值税	3 900
				贷	应付账款	丰源厂	33 900
7	22	银付3	偿还前欠民为厂货款	借	应付账款	民为厂	12 000
				贷	银行存款		12 000
7	25	转7	生产领用材料(甲材料80吨、乙材料1 000千克)	借	生产成本		44 000
				贷	原材料	甲材料	24 000
				贷	原材料	乙材料	20 000
7	25	收4	收到外单位投资	借	银行存款		30 000
				贷	实收资本		30 000

(续表)

2023年		凭证号	摘要	借或贷	会计科目	明细科目	金额
月	日						
7	27	银付4	购入材料	借	原材料	甲材料	15 000
				借	原材料	乙材料	24 000
				借	应交税费	增值税	5 070
				贷	银行存款		44 070
7	28	银付5	偿还前欠丰源厂货款	借	应付账款	丰源厂	30 000
				贷	银行存款		30 000
7	31	转8	结转入库产品成本	借	库存商品		100 000
				贷	生产成本		100 000
7	31	转9	结转产品销售成本	借	主营业务成本		91 000
				贷	库存商品		91 000
7	31	转10	将销售成本转入"本年利润"	借	本年利润		91 000
				贷	主营业务成本		91 000
7	31	转11	计算消费税	借	税金及附加		5 000
				贷	应交税费	消费税	5 000
7	31	转12	将消费税转入"本年利润"	借	本年利润		5 000
				贷	税金及附加		5 000
7	31	转13	将产品销售收入转入"本年利润"	借	主营业务收入		100 000
				贷	本年利润		100 000

表 5-24 银行存款日记账

第 页

2023年		凭证		对方科目	摘要	借(收)方							贷(付)方							借或贷	余额						
月	日	种类	号数			十万	千	百	十	元	角	分	十万	千	百	十	元	角	分		十万	千	百	十	元	角	分
7	1				期初余额															借		3	5	7	0	0	0
7	1	银收	1		收回八一厂欠款		2	2	0	0	0	0								借		5	7	7	0	0	0
7	5	银付	1		归还银行短期借款									4	0	0	0	0	0	借		1	7	7	0	0	0
7	10	银收	2		销售产品		6	7	8	0	0	0								借		8	5	5	0	0	0
7	15	银付	2	略	偿还前欠货款									1	5	0	0	0	0	借		7	0	5	0	0	0
7	18	银收	3		取得银行短期借款		2	0	0	0	0	0								借		9	0	5	0	0	0
7	22	银付	3		偿还前欠货款									1	2	0	0	0	0	借		7	8	5	0	0	0
7	25	银收	4		收到外单位投资		3	0	0	0	0	0								借	1	0	8	5	0	0	0
7	27	银付	4		支付购料款									4	4	0	7	0	0	借		6	4	4	3	0	0
7	28	银付	5		偿还前欠货款									3	0	0	0	0	0	借		3	4	4	3	0	0
7	31				本月合计	1	3	9	8	0	0	0	1	4	1	0	7	0	0	借		3	4	4	3	0	0

表 5-25 原材料明细分类账(甲材料)

第 页

总账户	甲材料											
明细账户	甲材料	类别___ 产地___ 名称 甲材料 单位 吨 编号___ 规格___										

2023年		凭证		摘要	借(收)方		金额	贷(付)方		金额	余额		金额
月	日	字	号		数量	单价	十万千百十元角分	数量	单价	十万千百十元角分	数量	单价	十万千百十元角分
7	1			期初余额							200	300	6 0 0 0 0 0 0
7	6	转	1	生产领料				50	300	1 5 0 0 0 0 0	150	300	4 5 0 0 0 0 0
7	12	转	3	购入材料	100	300	3 0 0 0 0 0 0				250	300	7 5 0 0 0 0 0
7	16	转	5	生产领料				100	300	3 0 0 0 0 0 0	150	300	4 5 0 0 0 0 0
7	25	转	7	生产领料				80	300	2 4 0 0 0 0 0	70	300	2 1 0 0 0 0 0
7	27	银付	4	购入材料	50	300	1 5 0 0 0 0 0				120	300	3 6 0 0 0 0 0
7	31			本月合计	150	300	4 5 0 0 0 0 0	230	300	6 9 0 0 0 0 0	120	300	3 6 0 0 0 0 0

表 5-26 原材料明细分类账(乙材料)

第 页

总账户	原材料											
明细账户	乙材料	类别___ 产地___ 名称 乙材料 单位 吨 编号___ 规格___										

2023年		凭证		摘要	借(收)方		金额	贷(付)方		金额	余额		金额
月	日	字	号		数量	单价	百十万千百十元角分	数量	单价	百十万千百十元角分	数量	单价	百十万千百十元角分
7	1			期初余额							1 000	20	2 0 0 0 0 0
7	16	转	5	生产领料				200	20	4 0 0 0 0	800	20	1 6 0 0 0 0
7	20	转	6	购入材料	1 500	20	3 0 0 0 0 0				2 300	20	4 6 0 0 0 0
7	25	转	7	生产领料				1 000	20	2 0 0 0 0 0	1 300	20	2 6 0 0 0 0
7	27	银付	4	购入材料	1 200	20	2 4 0 0 0 0				2 500	20	5 0 0 0 0 0
7	31			本月合计	2 700	20	5 4 0 0 0 0	1 200	20	2 4 0 0 0 0	2 500	20	5 0 0 0 0 0

表 5-27 应付账款明细分类账(丰源厂)

第 页

一级科目	应付账款					
二级科目或明细账目	丰源厂					

2023年		凭证		摘要	借(收)方 亿千百十万千百十元角分	贷(付)方 亿千百十万千百十元角分	借或贷	余额 亿千百十万千百十元角分
月	日	种类	号数					
7	1			期初余额			贷	1 8 0 0 0 0 0
7	15	付	2	偿还前欠货款	1 5 0 0 0 0 0		贷	3 0 0 0 0 0
7	20	转	6	购入材料		3 3 9 0 0 0 0	贷	3 6 9 0 0 0 0
7	28	付	5	偿还前欠货款	3 0 0 0 0 0 0		贷	6 9 0 0 0 0
7	31			本月合计	4 5 0 0 0 0 0	3 3 9 0 0 0 0	贷	6 9 0 0 0 0

表 5-28 应付账款明细分类账(民为厂)

第 页

一级科目				应付账款																								
二级科目或明细账目				民为厂																								
2023年		凭证		摘要	借(收)方									贷(付)方									借或贷	余额								
月	日	种类	号数		千	百	十	万	千	百	十	元	角	分	千	百	十	万	千	百	十	元	角	分		千	百	十	万	千	百	十	元	角	分
7	1			期初余额																					贷				2	0	0	0	0	0
7	12	转	3	购入材料款暂欠														3	3	9	0	0	0	贷				3	5	9	0	0	0
7	22	付	3	偿还前欠货款			1	2	0	0	0	0	0											贷				2	3	9	0	0	0
7	31			本月合计			1	2	0	0	0	0	0					3	3	9	0	0	0	贷				2	3	9	0	0	0

表 5-29 总分类账(银行存款)

第 页

科目名称：银行存款

2023年		凭证		摘要	借方										贷方										借或贷	余额									
月	日	字	号		亿	千	百	十	万	千	百	十	元	角	分	亿	千	百	十	万	千	百	十	元	角	分		亿	千	百	十	万	千	百	十	元	角	分
7	1			期初余额																						借				3	5	7	0	0	0	0
7	1	收	1	收回八一厂欠款					2	2	0	0	0	0	0											借				5	7	7	0	0	0	0
7	5	付	1	归还银行短期借款																4	0	0	0	0	0	0	借				1	7	7	0	0	0	0
7	10	收	2	销售产品					6	7	8	0	0	0	0											借				8	5	5	0	0	0	0
7	15	付	2	偿还前欠货款																1	5	0	0	0	0	0	借				7	0	5	0	0	0	0
7	18	收	3	取得银行短期借款					2	0	0	0	0	0	0											借				9	0	5	0	0	0	0
7	22	付	3	偿还前欠货款																1	2	0	0	0	0	0	借				7	8	5	0	0	0	0
7	25	收	4	收到外单位投资					3	0	0	0	0	0	0											借			1	0	8	5	0	0	0	0
7	27	付	4	支付购料款																4	4	0	7	0	0	0	借				6	4	4	3	0	0	0
7	28	付	5	偿还前欠货款																3	0	0	0	0	0	0	借				3	4	4	3	0	0	0
7	31			本月合计				1	3	9	8	0	0	0	0				1	4	1	0	7	0	0	借				3	4	4	3	0	0	0

表 5-30 总分类账(库存现金)

第 页

科目名称：库存现金

2023年		凭证		摘要	借方										贷方										借或贷	余额									
月	日	字	号		亿	千	百	十	万	千	百	十	元	角	分	亿	千	百	十	万	千	百	十	元	角	分		亿	千	百	十	万	千	百	十	元	角	分
7	1			期初余额																						借					3	0	0	0	0
7	31			本月合计																						借					3	0	0	0	0

表 5-31 总分类账(应收账款)

第 页

科目名称：应收账款

2023年		凭证		摘要	借方										贷方										借或贷	余额									
月	日	字	号		亿	千	百	十	万	千	百	十	元	角	分	亿	千	百	十	万	千	百	十	元	角	分		亿	千	百	十	万	千	百	十	元	角	分
7	1			期初余额																						借					2	5	0	0	0	0
7	1	收	1	收回八一厂欠款																2	2	0	0	0	0	0	借						3	0	0	0	0
7	15	转	4	售出产品					4	5	2	0	0	0	0											借					4	8	2	0	0	0
7	31			本月合计					4	5	2	0	0	0	0					2	2	0	0	0	0	0	借					4	8	2	0	0	0

表 5-32 总分类账(原材料)

科目名称：原材料　　第　　页

2023年		凭证		摘要	借方	贷方	借或贷	余额
月	日	字	号		亿千百十万千百十元角分	亿千百十万千百十元角分		亿千百十万千百十元角分
7	1			期初余额			借	8 0 0 0 0 0 0
7	6	转	1	生产领料		1 5 0 0 0 0 0	借	6 5 0 0 0 0 0
7	12	转	3	购入材料	3 0 0 0 0 0 0		借	9 5 0 0 0 0 0
7	16	转	5	生产领料		3 4 0 0 0 0 0	借	6 1 0 0 0 0 0
7	20	转	6	购入材料	3 0 0 0 0 0 0		借	9 1 0 0 0 0 0
7	25	转	7	生产领料		4 4 0 0 0 0 0	借	4 7 0 0 0 0 0
7	27	付	4	购入材料	3 9 0 0 0 0 0		借	8 6 0 0 0 0 0
7	31			本月合计	9 9 0 0 0 0 0	9 3 0 0 0 0 0	借	8 6 0 0 0 0 0

表 5-33 总分类账(生产成本)

科目名称：生产成本　　　第　　页

2023年		凭证		摘要	借方	贷方	借或贷	余额
月	日	字	号		亿千百十万千百十元角分	亿千百十万千百十元角分		亿千百十万千百十元角分
7	1			期初余额			借	2 0 0 0 0 0 0
7	6	转	1	生产领料	1 5 0 0 0 0 0		借	3 5 0 0 0 0 0
7	16	转	5	生产领料	3 4 0 0 0 0 0		借	6 9 0 0 0 0 0
7	25	转	7	生产领料	4 4 0 0 0 0 0		借	1 1 3 0 0 0 0 0
7	31	转	8	结转入库产品成本		1 0 0 0 0 0 0 0	借	1 3 0 0 0 0 0
7	31			本月合计	9 3 0 0 0 0 0	1 0 0 0 0 0 0 0	借	1 3 0 0 0 0 0

表 5-34 总分类账(固定资产)

科目名称：固定资产　　　第　　页

2023年		凭证		摘要	借方	贷方	借或贷	余额
月	日	字	号		亿千百十万千百十元角分	亿千百十万千百十元角分		亿千百十万千百十元角分
7	1			期初余额			借	2 4 0 0 0 0 0 0
7	10	转	2	收到投资转入设备	2 8 0 0 0 0 0		借	2 6 8 0 0 0 0 0
7	31			本月合计	2 8 0 0 0 0 0		借	2 6 8 0 0 0 0 0

表 5-35 总分类账(累计折旧)

科目名称：累计折旧　　　第　　页

2023年		凭证		摘要	借方	贷方	借或贷	余额
月	日	字	号		亿千百十万千百十元角分	亿千百十万千百十元角分		亿千百十万千百十元角分
7	1			期初余额			借	5 0 0 0 0 0 0
7	31			本月合计			贷	5 0 0 0 0 0 0

表 5-36 总分类账(库存商品)

科目名称：库存商品　　　第　　页

2023年		凭证		摘要	借方	贷方	借或贷	余额
月	日	字	号		亿千百十万千百十元角分	亿千百十万千百十元角分		亿千百十万千百十元角分
7	1			期初余额			借	1 9 0 0 0 0 0
7	31	转	8	结转入库产品成本	1 0 0 0 0 0 0 0		借	1 1 9 0 0 0 0 0
7	31	转	9	结转产品销售成本		9 1 0 0 0 0 0	借	2 8 0 0 0 0 0
7	31			本月合计	1 0 0 0 0 0 0 0	9 1 0 0 0 0 0	借	2 8 0 0 0 0 0

表 5-37 总分类账(实收资本)

科目名称：实收资本　　　　　　　　　　　　　　　　　　　　　　　　　　第　页

2023年 月	日	凭证 字	号	摘要	借方	贷方	借或贷	余额
7	1			期初余额			贷	3 0 0 0 0 0 0
7	10	转	2	收到投资转入设备		2 8 0 0 0 0 0	贷	3 2 8 0 0 0 0
7	25	收	4	收到外单位投资		3 0 0 0 0 0 0	贷	3 5 8 0 0 0 0
7	30			本月合计		5 8 0 0 0 0 0	贷	3 5 8 0 0 0 0

表 5-38 总分类账(应交税费)

科目名称：应交税费　　　　　　　　　　　　　　　　　　　　　　　　　　第　页

2023年 月	日	凭证 字	号	摘要	借方	贷方	借或贷	余额
7	10	收	2	销售产品		7 8 0 0 0 0	贷	7 8 0 0 0 0
7	12	转	3	购入材料	3 9 0 0 0 0		贷	3 9 0 0 0 0
7	15	转	4	售出产品		5 2 0 0 0 0	贷	9 1 0 0 0 0
7	20	转	6	购入材料	3 9 0 0 0 0		贷	5 2 0 0 0 0
7	27	付	4	购入材料	5 0 7 0 0 0		贷	1 3 0 0 0
7	31	转	11	计算消费税		5 0 0 0 0 0	贷	5 1 3 0 0 0
7	31			本月合计	1 2 8 7 0 0 0	1 8 0 0 0 0 0	贷	5 1 3 0 0 0

表 5-39 总分类账(主营业务成本)

科目名称：主营业务成本　　　　　　　　　　　　　　　　　　　　　　　　第　页

2023年 月	日	凭证 字	号	摘要	借方	贷方	借或贷	余额
7	31	转	9	结转产品销售成本	9 1 0 0 0 0 0		借	9 1 0 0 0 0 0
7	31	转	10	销售成本转本年利润		9 1 0 0 0 0 0	平	0
7	31			本月合计	9 1 0 0 0 0 0	9 1 0 0 0 0 0	平	0

表 5-40 总分类账(短期借款)

科目名称：短期借款　　　　　　　　　　　　　　　　　　　　　　　　　　第　页

2023年 月	日	凭证 字	号	摘要	借方	贷方	借或贷	余额
7	1			期初余额			贷	4 0 0 0 0 0 0
7	5	银付	1	归还银行借款	4 0 0 0 0 0 0		平	0
7	18	银收	3	取得短期借款		2 0 0 0 0 0 0	贷	2 0 0 0 0 0 0
7	31			本月合计	4 0 0 0 0 0 0	2 0 0 0 0 0 0	贷	2 0 0 0 0 0 0

表 5-41 总分类账(应付账款)

科目名称：应付账款　　　　　　　　　　　　　　　　　　　　　　　　　　第　页

2023年 月	日	凭证 字	号	摘要	借方	贷方	借或贷	余额
7	1			期初余额			贷	2 0 0 0 0 0 0
7	12	转	3	购入材料		3 3 9 0 0 0 0	贷	5 3 9 0 0 0 0
7	15	银付	2	偿还前欠货款	1 5 0 0 0 0 0		贷	3 8 9 0 0 0 0
7	20	转	6	购入材料		3 3 9 0 0 0 0	贷	7 2 8 0 0 0 0
7	22	银付	3	偿还前欠货款	1 2 0 0 0 0 0		贷	6 0 8 0 0 0 0
7	28	银付	5	偿还前欠货款	3 0 0 0 0 0 0		贷	3 0 8 0 0 0 0
7	31			本月合计	5 7 0 0 0 0 0	6 7 8 0 0 0 0	贷	3 0 8 0 0 0 0

表 5-42　总分类账(税金及附加)

科目名称：税金及附加　　　　　　　　　　　　　　　　　　　　　　　　　　　　　　第　页

2023年		凭证		摘要	借方	贷方	借或贷	余额
月	日	字	号					
7	31	转	11	计算消费税	500000		借	500000
7	31	转	12	消费税转本年利润		500000	平	0
7	31			本月合计	500000	500000	平	0

表 5-43　总分类账(主营业务收入)

科目名称：主营业务收入　　　　　　　　　　　　　　　　　　　　　　　　　　　　　第　页

2023年		凭证		摘要	借方	贷方	借或贷	余额
月	日	字	号					
7	10	银收	2	销售产品		600000	贷	600000
7	15	转	4	售出产品		400000	贷	1000000
7	31	转	13	销售收入转本年利润	1000000		平	0
7	31			本月合计	1000000	1000000	平	0

表 5-44　总分类账(本年利润)

科目名称：本年利润　　　　　　　　　　　　　　　　　　　　　　　　　　　　　　　第　页

2023年		凭证		摘要	借方	贷方	借或贷	余额
月	日	字	号					
7	1			期初余额			贷	100000
7	31	转	10	销售成本转本年利润	910000			
7	31	转	12	消费税转本年利润	500000			
7	31	转	13	销售收入转本年利润		1000000		
7	31			本月合计	960000	1000000	贷	140000

表 5-45　试算平衡表

2023 年 7 月　　　　　　　　　　　　　　　　　　　　　　　　　　单位：元

会计科目	期初余额		本期发生额		期末余额	
	借方	贷方	借方	贷方	借方	贷方
库存现金	300				300	
银行存款	35 700		139 800	141 070	34 430	
应收账款	25 000		45 200	22 000	48 200	
原材料	80 000		99 000	93 000	86 000	
生产成本	20 000		93 000	100 000	13 000	
库存商品	19 000		100 000	91 000	28 000	
固定资产	240 000		28 000		268 000	
累计折旧		50 000				50 000
实收资本		300 000		58 000		358 000
短期借款		40 000	40 000	20 000		20 000

(续表)

会计科目	期初余额		本期发生额		期末余额	
	借方	贷方	借方	贷方	借方	贷方
应付账款		20 000	57 000	67 800		30 800
应交税费			12 870	18 000		5 130
主营业务成本			91 000	91 000		
税金及附加			5 000	5 000		
主营业务收入			100 000	100 000		
本年利润		10 000	96 000	100 000		14 000
合计	420 000	420 000	906 870	906 870	477 930	477 930

表 5-46　原材料明细分类账本期发生额及余额对照表

2023 年 7 月　　　　　　　　　　　　　　　　单位：元

明细账户	计量单位	单价	期初余额		本期发生额				期末余额	
					收入		发出			
			数量	金额	数量	金额	数量	金额	数量	金额
甲材料	吨	300	200	60 000	150	45 000	230	69 000	120	36 000
乙材料	千克	20	1 000	20 000	2 700	54 000	1 200	24 000	2 500	50 000
合计				80 000		99 000		93 000		86 000

表 5-47　应付账款明细分类账本期发生额及余额对照表

2023 年 7 月　　　　　　　　　　　　　　　　单位：元

明细账户	期初余额		本期发生额		期末余额	
	借方	贷方	借方	贷方	借方	贷方
丰源厂		18 000	45 000	33 900		6 900
民为厂		2 000	12 000	33 900		23 900
合计		20 000	57 000	67 800		30 800

记账凭证账务处理程序简单明了，易于理解，总分类账可以较详细地反映经济业务发生情况。其缺点是，登记总分类账的工作量较大。它适用于规模较小、经济业务量较少的单位。

(2) 科目汇总表账务处理程序。科目汇总表账务处理程序，又称记账凭证汇总表账务处理程序，它是指根据记账凭证先定期编制科目汇总表，然后根据科目汇总表登记总分类账的一种账务处理程序。其主要特点是：定期地(或月末一次)根据记账凭证汇总编制科目汇总表，然后根据科目汇总表登记总账。

采用科目汇总表账务处理程序时，记账凭证一般采用专用记账凭证(收款凭证、付款凭证和转账凭证三种)或通用记账凭证。与其他核算形式相比，其独特之处在于需要设置科目汇总表。科目汇总表又称记账凭证汇总表，是将一定时期内的全部记账凭证，按会计科目进行归类，计算出每一总账科目的本期借方、贷方发生额，并进行试算平衡所编制的汇总表。

科目汇总表账务处理程序，如图 5-2 所示。

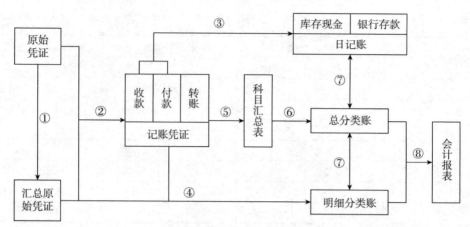

图 5-2 科目汇总表账务处理程序

① 根据原始凭证编制汇总原始凭证。
② 根据原始凭证或汇总原始凭证编制记账凭证。
③ 根据收款凭证、付款凭证逐笔登记库存现金日记账和银行存款日记账。
④ 根据原始凭证、汇总原始凭证和记账凭证登记各种明细分类账。
⑤ 根据各种记账凭证编制科目汇总表。
⑥ 根据科目汇总表登记总分类账。
⑦ 期末,库存现金日记账、银行存款日记账和明细分类账的余额同有关总分类账的余额核对相符。
⑧ 根据总分类账和明细分类账的记录,编制财务报表。

【例 5-2】沿用例 4-2 的资料,根据科目汇总表登记"银行存款"总分类账和"应付账款"总分类账,如表 5-48 和表 5-49 所示(其余总分类账账户的登记略)。

表 5-48 总分类账(银行存款)

账户名称:银行存款　　　　　　　　　　　　　　　　　　　　　　　　　　　　　　单位:元

2023年		凭证字号	摘要	借方	贷方	借或贷	余额
月	日						
4	1		期初余额			借	200 632
	30	科汇1	本月合计	511 000	22 600	借	689 032

表 5-49 总分类账(应付账款)

账户名称:应付账款　　　　　　　　　　　　　　　　　　　　　　　　　　　　　　单位:元

2023年		凭证字号	摘要	借方	贷方	借或贷	余额
月	日						
4	1		期初余额			贷	30 000
	30	科汇1	本月合计	22 600	169 500	贷	176 900

科目汇总表账务处理程序的优点,是减轻了登记总分类账的工作量,并可做到试算平衡,简明易懂,方便易学。其缺点,是科目汇总表不能反映账户之间的对应关系。它适用

于经济业务较多的单位。

(3) 汇总记账凭证账务处理程序。汇总记账凭证账务处理程序是指根据原始凭证或原始凭证汇总表编制记账凭证，再根据记账凭证定期汇总编制汇总记账凭证，根据汇总记账凭证登记总分类账的一种账务处理程序。这种账务处理程序的特点是定期将记账凭证汇总编制成汇总记账凭证，然后再根据汇总记账凭证登记总分类账。

采用汇总记账凭证账务处理程序时，记账凭证一般采用专用记账凭证(收款凭证、付款凭证和转账凭证)，与其他核算形式相比，其独特之处在于需要设置汇总记账凭证。汇总记账凭证也属于记账凭证的一种，包括汇总收款凭证、汇总付款凭证和汇总转账凭证。总账和日记账的格式一般采用"借方""贷方""余额"三栏式，明细分类账可根据管理的需要按明细科目设置，采用三栏式、多栏式或数量金额式等。

汇总记账凭证账务处理程序，如图 5-3 所示。

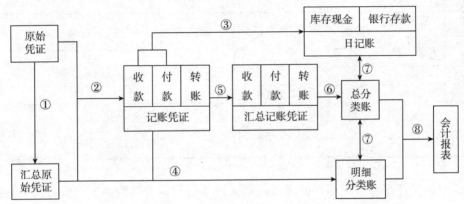

图 5-3　汇总记账凭证账务处理程序

① 根据原始凭证编制汇总原始凭证。
② 根据原始凭证或汇总原始凭证编制记账凭证。
③ 根据收款凭证、付款凭证逐笔登记现金日记账和银行存款日记账。
④ 根据原始凭证、汇总原始凭证和记账凭证，登记各种明细分类账。
⑤ 根据各种记账凭证编制有关汇总记账凭证。
⑥ 根据各种汇总记账凭证登记总分类账。
⑦ 期末，库存现金日记账、银行存款日记账和明细分类账的余额同有关总分类账的余额核对相符。
⑧ 根据总分类账和明细分类账的记录，编制财务报表。

【例 5-3】沿用例 4-1 的资料，根据汇总记账凭证登记"银行存款"总分类账和"应付账款"总分类账，如表 5-50 和表 5-51 所示(其余总分类账账户的登记略)。

表 5-50　总分类账(银行存款)

账户名称：银行存款　　　　　　　　　　　　　　　　　　　　　　　　　　　　　　　单位：元

2023年		凭证字号	摘要	对方科目	借方	贷方	借或贷	余额
月	日							
4	1		期初余额				借	200 632
	30	汇收1		主营业务收入	400 000			
				应交税费	52 000			
				应收账款	49 000			
		汇付1		库存现金	10 000			
		汇付2		应付账款		22 600	借	689 032
			本月合计		511 000	22 600	借	689 032

表 5-51　总分类账(应付账款)

账户名称：应付账款　　　　　　　　　　　　　　　　　　　　　　　　　　　　　　　单位：元

2023年		凭证字号	摘要	对方科目	借方	贷方	借或贷	余额
月	日							
4	1		期初余额				贷	30 000
	30	汇转1		原材料		100 000		
				应交税费		19 500		
				在途物资		50 000		
		汇付2		银行存款	22 600		贷	176 900
			本月合计		22 600	169 500	贷	176 900

汇总记账凭证账务处理程序的优点，是减轻了登记总分类账的工作量，由于按照账户对应关系汇总编制记账凭证，便于了解账户之间的对应关系。其缺点，是按每一贷方科目编制汇总转账凭证，不利于会计核算的日常分工，并且当转账凭证较多时，编制汇总转账凭证的工作量较大。这一账务处理程序适用于规模较大、经济业务较多的单位。

任务小结

会计账簿的设置也称建账，是根据《会计法》和《会计基础工作规范》的规定，以及会计主体所处具体行业的要求和将来可能发生的经济业务情况，确定账簿种类、格式、内容及登记方法的活动。

登记会计账簿应做到准确完整、注明记账符号、书写留空；正常记账使用蓝黑墨水，特殊记账使用红色墨水；账页顺序连续登记，结出余额；每一账页登记完毕结转下页时，应当结出本页合计数及余额，写在本页最后一行和下页第一行有关栏内，并在"摘要"栏内注明"转(过)次页"和"承前页"字样，也可以将本页合计数及金额只写在下页第一行栏内，并在"摘要"栏内注明"承前页"字样；不得涂改、刮擦、挖补。

任务实施

根据 8 月份经济业务，编制记账凭证，如表 5-52 所示；登记库存现金日记账、银行存款日记账，结果如表5-53和表5-54所示。

表5-52 记账凭证(简表)

2023年		凭证号	摘要	借或贷	会计科目	金额
月	日					
8	2	略	从银行提现金	借	库存现金	3 000
				贷	银行存款	3 000
8	3	略	偿还欠款	借	应付账款	65 000
				贷	银行存款	65 000
8	4	略	收取押金	借	库存现金	1 275
				贷	其他应付款	1 275
8	5	略	收到欠款	借	银行存款	9 500
				贷	应收账款	9 500
8	6	略	支付差旅费	借	其他应收款	1 000
				贷	库存现金	1 000
8	10	略	报销差旅费	借	管理费用	850
				借	库存现金	150
				贷	其他应收款	1 000
8	11	略	收到租金收入	借	库存现金	3 000
				贷	其他业务收入	3 000
8	12	略	提取现金	借	库存现金	120 000
				贷	银行存款	120 000
8	12	略	发工资	借	应付职工薪酬	120 000
				贷	库存现金	120 000
8	14	略	将现金存入银行	借	银行存款	3 000
				贷	库存现金	3 000
8	16	略	收到银行存款利息	借	银行存款	1 800
				贷	财务费用	1 800
8	21	略	支付水电费	借	应付账款	5 600
				贷	银行存款	5 600
8	24	略	用现金购买办公用品	借	管理费用	750
				贷	库存现金	750
8	28	略	购入材料	借	原材料	40 000
				借	应交税费	5 200
				贷	银行存款	45 200
8	28	略	收到前欠货款	借	银行存款	68 000
				贷	应收账款	68 000
8	30	略	销售产品	借	银行存款	90 400
				贷	主营业务收入	80 000
				贷	应交税费	10 400

表 5-53　库存现金日记账

2023 年		凭证		摘要	对方科目	收入	付出	结余
月	日	种类	号数					
8	略	略	略	略	略			1 000
						3 000		4 000
						1 275		5 275
							1 000	4 275
						150		4 425
						3 000		7 425
						120 000		127 425
							120 000	7 425
							3 000	4 425
							750	3 675
	31			本月发生额及月末余额		127 425	124 750	3 675

表 5-54　银行存款日记账

2023 年		凭证		摘要	结算凭证		对方科目	收入	付出	结余
月	日	种类	号数		种类	号数				
8	略	略	略	略	略	略	略			250 000
									3 000	247 000
									65 000	182 000
								9 500		191 500
									120 000	71 500
8	略	略	略	略	略	略	略	3 000		74 500
								1 800		76 300
									5 600	70 700
									45 200	25 500
								68 000		93 500
								90 400		183 900
	31			本月发生额及月末余额				172 700	238 800	183 900

职业能力考核

职业判断能力测验

一、单项选择题

1. 对于从银行提取现金的经济业务，登记现金日记账的依据一般是(　　)。
   A. 库存现金收款凭证　　　　　　　　B. 库存现金付款凭证
   C. 银行存款收款凭证　　　　　　　　D. 银行存款付款凭证

2. 对于把现金存入银行的经济业务，登记银行存款日记账的依据一般是(　　)。
   A. 库存现金收款凭证　　　　　　　B. 库存现金付款凭证
   C. 银行存款收款凭证　　　　　　　D. 银行存款付款凭证
3. 适宜采用借方多栏式明细账页进行明细分类核算的账户是(　　)。
   A. "原材料"账户　　　　　　　　　B. "应收账款"账户
   C. "制造费用"账户　　　　　　　　D. "在途物资"账户
4. 适宜采用贷方多栏式明细账页进行明细分类核算的账户是(　　)。
   A. "主营业务收入"账户　　　　　　B. "主营业务成本"账户
   C. "制造费用"账户　　　　　　　　D. "生产成本"账户
5. 不适宜采用三栏式明细账页进行明细分类核算的账户是(　　)。
   A. "应收账款"账户　　　　　　　　B. "应付账款"账户
   C. "其他应收款"账户　　　　　　　D. "原材料"账户

二、多项选择题
1. 库存现金日记账的登记依据可能有(　　)。
   A. 库存现金收款凭证　　　　　　　B. 库存现金付款凭证
   C. 银行存款收款凭证　　　　　　　D. 银行存款付款凭证
2. 银行存款日记账的登记依据可能有(　　)。
   A. 库存现金收款凭证　　　　　　　B. 库存现金付款凭证
   C. 银行存款收款凭证　　　　　　　D. 银行存款付款凭证
3. 明细分类账的登记依据有(　　)。
   A. 原始凭证　　　　　　　　　　　B. 记账凭证
   C. 原始凭证汇总表　　　　　　　　D. 记账凭证汇总表
4. 在会计核算中，可作为总分类账簿登记依据的有(　　)。
   A. 记账凭证　　　　　　　　　　　B. 汇总记账凭证
   C. 科目汇总表　　　　　　　　　　D. 原始凭证汇总表
5. 下列总分类账户所属明细分类账中，采用多栏式账页格式的有(　　)。
   A. "生产成本"账户　　　　　　　　B. "制造费用"账户
   C. "库存商品"账户　　　　　　　　D. "原材料"账户

三、判断题
1. 现金日记账的借方是根据收款凭证登记的，贷方是根据付款凭证登记的。　(　　)
2. 银行存款日记账的借方是根据收款凭证登记的，贷方是根据付款凭证登记的。
　　　　　　　　　　　　　　　　　　　　　　　　　　　　　　　　　(　　)
3. 总分类账是根据记账凭证登记的。　　　　　　　　　　　　　　　　　(　　)
4. 总分类账户所属明细分类账是根据原始凭证登记的。　　　　　　　　　(　　)
5. 现金日记账和银行存款日记账是根据会计凭证登记的。　　　　　　　　(　　)

职业实践能力训练

丰华公司 2023 年 5 月份发生的经济业务如下。

5 日，上月采购的甲材料 1 吨已验收入库，其采购成本为 8 000 元(不含进项税额)。

10 日，采购乙材料 2 吨，合计 4 000 元(不含进项税)，货款已用银行存款支付。

15 日，采购丙材料 3 吨，合计 3 600 元(不含进项税)，货款已用银行存款支付。

19 日，所购乙、丙材料验收入库，实际成本分别为 4 000 元和 3 600 元。

25 日，采购乙材料 1 吨，合计 2 000 元(不含进项税)，货款已用银行存款支付。

25 日，采购甲材料 2 吨，合计 16 000 元(不含进项税)，货款已用银行存款支付。

要求：

(1) 简述什么是专用记账凭证？分为哪些种类？上述经济业务各需要编制哪种记账凭证？

(2) 根据上述经济业务编制记账凭证(会计分录代替)。

(3) 根据会计凭证登记日记总账表，并进行月终结账(见表 5-55)。

表 5-55　日记总账表

2023 年 5 月 31 日

年		凭证		摘要	在途物资		银行存款		原材料	
月	日	种类	号数		借方	贷方	借方	贷方	借方	贷方
5	1			月初余额	8 000		300 000		2 400	
				本月发生额合计						
				本月结余						

学习评价

根据本任务的教学内容，通过职业判断能力测验和职业实践能力训练等方式对相关内容的学习效果进行检查，实施评价，填写任务学习评价表(见表 5-56)。

表 5-56　设置、启用与登记会计账簿任务学习评价表

考核内容标准	实施评价		
	自我评价	同学互评	教师评价
会计账簿的选择正确(40 分)			
正确登记账簿的内容(60 分)			

思政专栏

账务处理程序与会计职业道德

背景与情境： 某公司因业务发展需要，从人才市场招聘了具有中专学历的张兵担任会计。开始，他勤恳敬业，公司领导和同事都对他的工作很满意。但是，后来他受到同事炒股赚钱的影响，也开始涉足股市，甚至在上班时间都想着自己的股票，根本无心工作。到月末要编制会计报表时，由于时间紧迫，直接以会计凭证为依据编制会计报表，根本不做账。

思考： 张兵的账务处理程序正确吗？他违反了哪些会计职业道德的要求？

分析提示： 本案例中张兵的做法是错误的，不符合会计工作的账务处理程序。会计是以货币为主要计量单位，通过一系列的专门方法，按照一定的程序对企业的经济活动进行核算和监督。其中，填制和审核会计凭证是会计核算的最初环节，登记账簿是会计核算的中心环节，编制会计报表是最终环节。会计凭证是登记账簿的依据，而账簿记录是编制会计报表的依据，以会计凭证作为编制报表的依据，这种捷径不符合会计工作的处理程序。张兵的做法违反了爱岗敬业的会计职业道德，缺乏认真细致、刻苦学习的职业精神。作为年轻人，应该安心本职工作，尽心尽力，忠于职守，要有增强专业技能的紧迫感，而不应该在工作时间做与工作无关的事情。

拓展学习

可以用红色墨水笔记账的情况

红色墨水笔只能用于制度规定的以下情形：按照红字冲账的记账凭证，冲销错误记录；在不设借贷等栏的多栏式账页中，登记减少数；在三栏式账户的余额栏前，未印明余额方向的，在余额栏内登记负数余额；根据国家统一会计制度的规定可以用红字登记的其他会计记录。

任务三　对账与结账

对账与结账

任务导入

小张是某公司的会计，某月他将所有业务核算后，进行了试算平衡表的编制。编制中他发现存在以下问题：

(1) 试算平衡表不平；
(2) 原材料总账和明细账不对应；
(3) 期末原材料账面余额与库存数额不符。

问题：你能告诉他如何解决吗？

知识与技能

一、对账

(一) 对账及其意义

在日常会计填制凭证和登记账簿时，往往会因各种原因，比如财产物资本身的自然属性和自然条件而引起的损耗或损益，或由于人为因素造成记账、算账错误等，使账簿记录与实际库存物资、货币资金、往来款项等不相符。为了保证会计记录的正确性，必须定期进行账簿记录的核对、检查，保证其正确完整。

对账，就是在会计期间(如月末、季度末、年末)结束时，将账簿记录的有关数字与会计凭证、各种财产物资，以及各账户之间的有关数字进行相互核对的工作。

(二) 对账的内容

对账包括日常核对和定期核对。日常核对是指会计人员在编制记账凭证时对原始凭证和记账凭证所做的审核，在登记账簿时对账簿记录与会计凭证的核对。定期核对是指在期末(如月末、季末、年末)结账之前，对凭证、账簿记录进行的核对、各种账簿之间有关数字的核对、账簿记录与记账凭证的重新复核，以查验记账工作是否正确和账实是否相符。

具体来说，对账的主要内容包括如下三个方面。

1. 账证核对

账证核对是将各种账簿记录与记账凭证及其所属原始凭证相互核对。这种核对主要是在日常编制凭证和记账过程中进行，以使错账能及时得到更正。核对的重点是凭证所记载的业务内容、金额和分录是否与账簿中的记录一致。月末时出现账证不符的情况，应重新对账簿记录和会计凭证进行复核，直到查到错误的原因为止，以保证账证相符。

2. 账账核对

账账核对是对各种账簿之间的有关数字进行核对。账账核对包括：

(1) 总分类账各账户的期末借方余额合计数与期末贷方余额合计数核对相符；

(2) 总账与其所属明细账之间的核对，包括将总账的本期借方发生额、贷方发生额、期末余额与其所属的各明细分类账账户的本期借方发生额合计数、贷方发生额合计数、期末余额合计数进行核对；

(3) 库存现金总账、银行存款总账，分别与库存现金日记账、银行存款日记账进行核对，核对内容同样包括余额核对和发生额核对；

(4) 会计部门各种财产物资明细账与财产物资保管或使用部门的有关财产物资明细账进行核对。

3. 账实核对

账实核对是将各种财产物资的账面余额与其实有数额进行核对。账实核对具体包括：

(1) 现金日记账的每日余额与当日现金实际库存数额进行核对；

(2) 银行存款日记账的余额与银行对账单进行核对；

(3) 各种材料物资明细账余额与材料物资实存数额进行核对；

(4) 各种应收、应付款项明细账余额与有关的债务、债权单位的账目进行核对。

(三) 对账的方法

对账的内容不同，对账的方法也有区别。一般的核对方法如下。

1. 账证核对的方法

账证核对通常采用的方法是将账簿记录与据以记账的会计凭证逐笔核对。账证核对包括总分类账的记录同有关记账凭证的核对，明细分类账和日记账的记录与记账凭证和原始凭证的核对。由于这种核对方法的工作量很大，所以一般只在发生差错或查找差错原因等时采用。

2. 账账核对的方法

账账核对应根据不同情况采用不同的方法。

(1) 总分类账之间的核对。检查各总分类账户的登记是否正确，应通过编制总分类账户试算平衡表的方法进行。

(2) 总分类账户和明细分类账户之间的核对。检查总分类账户和明细分类账户的登记是否正确，将总分类账户的相应数字与其所属明细分类账户的本期发生额或余额相加之和直接进行核对，总分类账和日记账之间的核对也可以采用这种方法。

3. 账实核对的方法

账实核对是将账簿记录的各种财产物资、货币资金、债权债务等的期末余额与实存数额的核对，一般是通过财产清查的方法进行的。

1) 财产清查的意义

财产清查是指通过对货币资金、实物资产和往来款项的盘点或核对，确定其实存数，查明账存数与实存数是否相符的一种专门方法。在实际工作中，由于种种原因，可能会使财产物资的账面结存数与实际结存数发生差异，即账实不符。造成账实不符的原因主要有以下几个方面：

(1) 在收、发财产物资时，由于计量、检验不准而发生了品种上、数量上的差错，如应该发出甲材料却发出了乙材料，应发出 10 千克却发出了 9 千克；

(2) 在财产保管过程中发生自然损耗或升溢，如汽油自然挥发、砂糖受潮增重等；

(3) 在财产物资增减变动时漏办了入账手续，如收、发料时没有填制收料单或发料单；

(4) 因管理不善和工作人员失职而发生的财产损失，如材料或产品损坏、霉烂、变质等；

(5) 因营私舞弊、贪污盗窃等非法行为而发生的财产物资损失；

(6) 因风、水、火等自然灾害或非常事件造成的财产毁损；

(7) 在结算过程中，由于往来双方记账时间不一致造成记录上的差异，即因未达账项而引起的数额不符。

通过财产清查，可以查明账实是否相符，有无毁损和短缺，从而发现财产管理中的问题，以便及时采取措施堵塞漏洞，建立健全财产保管的各项规章制度，保证企业各项财产的安全完整。

通过财产清查，可以查明各项财产物资的储备和利用情况。对于储备过多、长期积压不用的物资，要按规定及时处理；对于不合理的物资使用也应采取措施做到物尽其用，减少资金占用，加速资金周转。

通过财产清查，可以确定各项资产的实存数，并与账存数进行比较，以确定盘存或盘亏的数额，便于及时调整账面信息，做到账实相符，从而保证账簿记录的真实性和正确性，为经营管理提供可靠的会计信息。

2) 财产清查的分类

财产清查可按不同的标准进行分类，主要有按照清查的范围和对象进行分类，以及按照清查的时间进行分类等。

(1) 按照清查的范围和对象，可分为全面清查和局部清查。全面清查是指对一个单位的所有财产进行盘点和核对。全面清查内容多、范围广、工作量大，一般在年终决算前进行一次全面清查。另外，单位撤销、合并或改变隶属关系，中外合资，国内联营，以及开展全面的资产评估、清产核资时，应进行全面清查。局部清查是根据需要对部分财产物资进行的盘点核对。虽然局部清查范围小、内容少、工作量小，但专用性较强。如现金每日清点一次；银行存款每月至少要同银行核对一次；债权、债务每年至少要与对方核对一至两次；各项存货应有计划、有重点地抽查；贵重物品应每月清查一次。

(2) 按照清查的时间，分为定期清查与不定期清查。定期清查是指按规定的时间对一个单位的全部或部分财产所进行的清查。这种清查通常是在月末、季末、年末结账时进行，清查的范围可以是全面清查，也可以是局部清查。不定期清查是指事先并不规定清查时间，而是根据需要所做的临时性清查。这种清查从范围上看，可以是全面清查，也可以是局部清查。它主要在以下情况下进行：一是更换财产物资和现金保管人员时，要对其保管的财产进行清查，以分清经济责任；二是在企业关闭、停办、合并、转产等情况下，要进行全面清查，以确定实有资产情况；三是发生非常灾害和意外损失时，要对有关财产进行清查，以查明损失情况。

(3) 按照清查的执行单位，可分为内部清查和外部清查。内部清查，是指由本单位内部人员对本单位的财产物资进行的清查。外部清查，是指由上级主管部门、审计机关、司法部门、注册会计师等，根据国家有关规定或实际需要对企业所进行的财产清查。

3) 财产清查前的准备工作

财产清查是一项涉及面广、工作量大、既复杂又细致的工作。因此，必须有计划、有组织地进行。财产清查前的准备工作，主要包括组织准备和业务准备。

(1) 组织准备。财产清查，尤其是全面清查，必须成立专门的清查组织。清查组织应在总会计师(或财务主管)及单位主要负责人的领导下，成立由财务部门牵头，生产、技术、设备、行政及各有关部门参加的财产清查领导小组，具体负责财产清查的领导和组织工作。其主要任务是在财产清查前，研究制订财产清查的详细计划；在清查过程中，做好具体组织、检查和督促工作，及时研究和处理清查中出现的问题；在清查结束后，及时总结，将清查结果和处理意见上报有关机构审批。

(2) 业务准备。为了做好财产清查工作，会计部门和有关业务部门要在财产清查领导小组的指导下，做好各项准备工作，主要包括会计部门将有关账目登记齐全，结出余额，并进行核对，做到账证相符，账账相符，为财产清查提供正确的账簿资料；银行存款、银行借款和结算款项的清查，需要取得对账单以便查对；准备好有关财产清查应用的登记表册。财产物资保管和使用部门，应在清查之前登记所经管的各种财产物资明细账，结出余额，将所保管和使用的物资整理好，挂上标签，标明品种、规格、结存数量，以便盘点核对；准备好各种计量器具，并进行仔细检查，保证计量准确。

4) 财产清查的内容和方法

(1) 现金的清查。现金的清查是通过采用实地盘点的方法来确定库存现金的实存数，然后再与库存现金日记账的账面余额核对，以查明账实是否相符及盈亏情况。

盘点时，出纳人员必须在场，如果发现盘盈、盘亏，必须当场会同出纳人员核实清楚。现金的清查，除了查明账实是否相符之外，还要注意有无违反现金管理制度的情况，如有无挪用现金和以"白条"冲抵现金的现象，现金的库存数额是否超过银行核定的限额等。

清查结束后，应填写现金盘点报告表，其格式如表 5-57 所示。填写后由盘点人员和出纳人员签名或盖章，作为调整账簿记录的重要原始凭证。现金盘点报告表是分析账实发生差异的原因，明确经济责任的重要依据。

表 5-57　现金盘点报告表

年　　月　　日

实存金额	账存金额	对比结果		备注
		盘盈	盘亏	

盘点人：　　　　　　　　　　　　　　　　　　　　　　　　出纳员：

(2) 银行存款的清查。银行存款的清查一般采用核对法，即将开户银行定期送来的对账单与本单位的银行存款日记账逐笔进行核对，以查明账实是否相符。

一般来讲，造成银行存款日记账与开户银行转来的对账单不一致的原因主要有两个：一是双方或一方记账有错误；二是存在未达账项。

未达账项，是指由于结算手续和凭证传递时间的影响，造成企业与银行之间对发生的经济业务一方已经登记入账，而另一方因尚未接到有关结算凭证而未登记入账的款项。未达账项具体有以下 4 种情况。

- 企业已收款入账，银行尚未收款入账。例如，企业已将销售产品收到的支票送存银行，对账前银行尚未入账的款项。
- 企业已付款入账，银行尚未付款入账。例如，企业开出支票购货，根据支票存根已登记银行存款的减少，而银行尚未收到支票，未登记银行存款减少。
- 银行已收款入账，企业尚未收款入账。例如，银行收到外单位采用托收承付结算方式购货所付的款项，已登记入账，而企业尚未收到银行通知而未入账的款项。
- 银行已付款入账，企业尚未付款入账。例如，银行代企业支付的购料款，已登记企业银行存款的减少，而企业因未收到通知尚未入账的款项。

上述任何一种情况发生，都有可能使双方的账面存款余额不一致，因此在核对双方账目时，必须注意有无未达账项。对未达账项应通过编制银行存款余额调节表进行检查核对，如没有记账错误，调节后的双方余额应相等。

银行存款余额调节表的编制方法，一般是在企业的银行存款日记账账面余额和银行对账单余额的基础上，分别补记对方已记账而本单位尚未记账的账项金额，然后验证经调节后双方余额是否相等。如果相等，表明双方记账正确；否则，就表明记账有误，应进一步查明原因，予以更正。下面举例说明银行存款余额调节表的具体编制方法。

【例5-4】 某企业2023年9月30日银行存款日记账的余额为54 000元，银行转来的对账单的余额为83 000元。经逐笔核对，发现以下未达账项。

(1) 企业送存转账支票60 000元，并已登记银行存款增加，但银行尚未记账。

(2) 企业开出转账支票45 000元，但持票单位尚未到银行办理转账，银行尚未记账。

(3) 企业委托银行代收某公司购货款48 000元，银行已收妥并登记入账，但企业尚未收到收款通知，尚未记账。

(4) 银行代企业支付电话费4 000元，银行已登记企业银行存款减少，但企业未收到银行付款通知，尚未记账。

根据上述资料编制银行存款余额调节表，如表5-58所示。

表5-58 银行存款余额调节表

单位：元

项目	金额	项目	金额
企业银行存款日记账余额	54 000	银行对账单余额	83 000
加：银行已收、企业未收款	48 000	加：企业已收、银行未收款	60 000
减：银行已付、企业未付款	4 000	减：企业已付、银行未付款	45 000
调节后的存款余额	98 000	调节后的存款余额	98 000

银行存款余额调节表左右两边调节后的余额是企业银行存款的实有数额，应该相等。如果调整后的存款数额仍不相等，表明双方在记账方面存在错误，应进一步查明错账的原因，并及时进行更正。

注意：由于未达账项不是错账、漏账，因此不能根据银行存款余额调节表(不是原始凭证)做任何账务处理，双方账面仍保持原有的余额，待收到有关凭证之后(即由未达账项变成已达账项)，再与正常业务一样进行处理。

(3) 实物的清查。实物的清查方法通常有实地盘点法和技术推断法两种，应根据实物的不同特点采用不同的盘点方法。实地盘点法是指在财产物资存放现场，逐一清点数量或用计量仪器确定其实存数的一种方法。该方法盘点数字准确可靠，但工作量大，适用于现金和各种实物的清查。技术推断法是指利用技术方法推算财产物资实存数的方法，适用于煤炭、沙石等笨重、大堆，难以逐一点数、量尺、过磅等大宗物资的清查。

盘点结束后,应将盘点的结果如实地登记在盘存单上,其格式如表 5-59 所示。盘存单由盘点人员和实物保管人员签章,以明确经济责任。盘存单是记录实物盘点结果的书面证明,也是反映材料物资实有数的原始凭证。

表 5-59　盘存单

单位名称　　　　　　　　　　　存放地点　　　　　　　　　　　编号
财产类别　　　　　　　　　　　盘点时间

序号	名称	规格	计量单位	盘点数量	单价	金额	备注

盘点人:(签章)　　　　　　　　　　　　实物保管人:(签章)

实物的实有数量确定以后,应根据实存数和账簿记录情况编制账存实存对比表,其一般格式如表 5-60 所示,以确定盘盈盘亏数。"账存实存对比表"是一个重要的原始凭证,它是调整账簿记录的原始依据,也是分析账存数和实存数发生差异的原因,确定经济责任的原始证明材料。

表 5-60　账存实存对比表

序号	名称	规格	计量单位	单价	实存		账存		盘盈		盘亏		备注
					数量	金额	数量	金额	数量	金额	数量	金额	

盘点人:(签章)　　　　　　　　　　　　保管人:(签章)

(4) 往来款项的清查方法。往来款项主要包括各种应收款、应付款、预收款及预付款等。往来款项的清查一般采用发函询证的方法进行核对。在保证往来账户记录完整正确的基础上,编制往来款项对账单,通过电函、信函或面询等方式请对方单位核对。对方单位核对后退回,盖章表示核对相符,如不相符由对方单位另外说明。据此编制往来款项清查报告单,注明核对相符与不相符的款项,对不符的款项按有争议、未达账项、无法收回等情况归类合并,针对具体情况及时采取措施予以解决。

5) 财产清查结果的处理

财产清查的结果,不外乎三种情况:一是账存数与实存数相符;二是账存数大于实存数,财产物资发生短缺,出现盘亏;三是账存数小于实存数,财产物资发生溢余,出现盘盈。

除第一种结果(即账实相符)外,对财产清查中出现的盘盈、盘亏,财务部门都必须按照国家的法律、法规和国家统一的会计制度的规定,及时进行账务处理,在账簿中予以反映,以确保账实相符。在实际工作中,财产清查结果的账务处理分两步进行。

(1) 审批前的处理。在报经有关部门审批前,应根据清查结果报告表、盘点报告表等已经查实的数据资料,编制记账凭证,记入有关账簿,使账簿记录与实际盘存数相符。同时，根据企业的管理权限，将处理建议报股东大会、董事会、经理(厂长)会议或类似机构批准。

(2) 审批后的处理。将财产清查的结果报经有关部门批准后，根据发生差异的原因和性质及审批的意见，进行差异处理，调整账项。

为了正确反映和监督财产物资的盘盈、盘亏及处理情况，在会计上应设置和运用"待处理财产损溢"账户。

"待处理财产损溢"账户是资产类账户，用以核算各种财产的盘盈、盘亏和毁损及其处理情况。借方登记待处理财产的盘亏、毁损数和转销已批准处理的盘盈数；贷方登记待处理财产的盘盈数和转销已批准处理的盘亏和毁损数。处理前若为借方余额，反映企业尚未处理的各种财产的净损失；若为贷方余额，则表示尚未处理的各种财产的净溢余；期末，处理后应无余额。该账户应设置"待处理固定资产损溢"和"待处理流动资产损溢"两个明细账户，进行明细分类核算。

对于盘盈的财产物资，批准处理前，借记有关盘盈财产科目，贷记"待处理财产损溢"科目；批准处理后，借记"待处理财产损溢"科目，贷记"管理费用""营业外收入"等科目。

【例5-5】丰华公司某日进行现金清查，发现现金长款100元，编制如下会计分录。
借：库存现金　　　　　　　　　　　　　　　　100
　　贷：待处理财产损溢——待处理流动资产损溢　　100
若经反复核查，未查明原因，报经批准做营业外收入处理，编制如下会计分录。
借：待处理财产损溢——待处理流动资产损溢　　100
　　贷：营业外收入　　　　　　　　　　　　　　100

【例5-6】丰华公司在财产清查中，盘盈J材料1 000千克，实际单位成本60元，经查属于材料收发计量方面的错误，编制如下会计分录。
(1) 批准处理前
借：原材料——J材料　　　　　　　　　　　　60 000
　　贷：待处理财产损溢——待处理流动资产损溢　60 000
(2) 批准处理后
借：待处理财产损溢——待处理流动资产损溢　　60 000
　　贷：管理费用　　　　　　　　　　　　　　　60 000

对于盘亏的财产物资，批准处理前，借记"待处理财产损溢"科目，贷记有关盘亏财产科目；批准处理后，借记"管理费用""营业外支出"等科目，贷记"待处理财产损溢"科目。

【例5-7】丰华公司某日进行现金清查时，发现现金短款80元，编制如下会计分录。
借：待处理财产损溢——待处理流动资产损溢　　80
　　贷：库存现金　　　　　　　　　　　　　　　80

若经检查，属于出纳员的责任，应由其赔偿，编制如下会计分录。

借：其他应收款——××出纳员　　　　　　　　　　80
　　贷：待处理财产损溢——待处理流动资产损溢　　　　80

【例5-8】丰华公司在财产清查中，发现盘亏K材料500千克，实际单位成本200元，经查属于一般经营损失，应做如下会计处理。

(1) 批准处理前

借：待处理财产损溢——待处理流动资产损溢　　100 000
　　贷：原材料——K材料　　　　　　　　　　　　100 000

(2) 批准处理后

借：管理费用　　　　　　　　　　　　　　　　100 000
　　贷：待处理财产损溢——待处理流动资产损溢　　100 000

【例5-9】丰华公司进行财产清查时发现短缺一台笔记本电脑，原价为10 000元，已计提折旧7 000元，应做如下会计处理。

(1) 盘亏固定资产时

借：待处理财产损溢——待处理固定资产损溢　　3 000
　　累计折旧　　　　　　　　　　　　　　　　7 000
　　贷：固定资产　　　　　　　　　　　　　　　　10 000

(2) 报经批准转销时

借：营业外支出——盘亏损失　　　　　　　　　3 000
　　贷：待处理财产损溢——待处理固定资产损溢　　3 000

企业发生存货盘亏及毁损，在按管理权限报经批准后应做如下会计处理：对于应由保险公司和过失人赔款的部分，记入"其他应收款"科目；扣除残料价值和应由保险公司、过失人赔款后的净损失，属于一般经营损失的部分，记入"管理费用"科目，属于非常损失的部分，记入"营业外支出"科目。

【例5-10】丰华公司在财产清查中，发现毁损L材料300千克，实际单位成本100元，经查属于材料保管员的过失造成的，按规定由其个人赔偿20 000元，残料已办理入库手续，价值2 000元，应做如下会计处理。

(1) 批准处理前

借：待处理财产损溢——待处理流动资产损溢　　30 000
　　贷：原材料——L材料　　　　　　　　　　　　30 000

(2) 批准处理后

① 由过失人赔款部分

借：其他应收款——××　　　　　　　　　　　20 000
　　贷：待处理财产损溢——待处理流动资产损溢　　20 000

② 残料入库
借：原材料——L材料　　　　　　　　　　　　2 000
　　贷：待处理财产损溢——待处理流动资产损溢　　　2 000
③ 材料毁损净损失
借：管理费用　　　　　　　　　　　　　　　　8 000
　　贷：待处理财产损溢——待处理流动资产损溢　　　8 000

【例5-11】丰华公司因台风造成一批库存材料毁损，实际成本70 000元，根据保险责任范围及保险合同规定，应由保险公司赔偿50 000元，应做如下会计处理。

(1) 批准处理前
借：待处理财产损溢——待处理流动资产损溢　　70 000
　　贷：原材料——×材料　　　　　　　　　　　　70 000

(2) 批准处理后
借：其他应收款——保险公司　　　　　　　　　50 000
　　营业外支出——非常损失　　　　　　　　　20 000
　　贷：待处理财产损溢——待处理流动资产损溢　　70 000

(四) 错账的查找与更正

通过上面的对账，可能会发现会计核算中存在差错，因此应该查找错账的原因，并进行更正。

1. 记账差错的种类

日常记账工作中会出现各种各样的差错，有书写上的文字或数字的笔误、确认计量上的错误、计算上的错误等。

常见的会计记录上的差错主要有以下两种情况：一是由于记账凭证错误所引起的错账，这类错误是记账凭证中使用的会计科目和所记金额发生错误，或汇总记账凭证在汇总时，发生漏汇、重汇和错汇而出现的错误；二是记账错误，如在记账时记反方向、数字错位、数字颠倒等。

2. 查找错误的方法

(1) 个别检查法。所谓个别检查法，是针对错账的数字错误进行检查的方法。这种检查方法适用于记反方向、数字错位和数字颠倒等造成的错账。常用的个别检查法有差数法、倍数法和除9法三种。差数法就是首先确定错账的差数，再根据差数去查找错误的方法，这种方法比较适合查找漏记账。倍数法也称除2法，是将记错账的数字除以2，得出的数就是记反方向的数字，这种方法适用于查找由于数字记反方向而产生的错账。除9法就是先算出借方与贷方的差额，再除以9，得出的数就可能是记错位的原数，这种方法适用于数字错位和数字颠倒产生的错账。

(2) 全面检查法。全面检查法是指对一定时期的账目进行全面核对检查的方法。全面检查法具体又分为顺查法和逆查法。顺查法就是按照记账的顺序，从原始凭证、记账凭证到明细账、总账及科目余额表等的全过程从头到尾地检查，直至找到错误为止。逆查法就是与记账方向相反，首先检查科目余额表数字的计算是否正确，其次检查各账户的登记、计算是否正确，再次核对各账簿记录与记账凭证是否相符，最后再检查记账凭证与原始凭证是否相符。

3. 错账更正方法

查找出错账后，不能随意更改，必须使用规定的错账更正方法进行更正。错账原因不同，其采用的更正方法也不尽相同。常见的错账更正方法有划线更正法、红字更正法、补充登记法(又称补充更正法)三种。

错账更正方法

(1) 划线更正法。划线更正法适用于在记账中或结账前，记账凭证正确，只是在记账时发生的文字或数字笔误或计算上的错误。这种方法的具体操作过程是，先将错误文字或数字全部划一条红线予以注销，使原来的字迹仍然清晰可见，然后在红线上方的空白处，用蓝黑墨水笔做出正确记录，并由记账人员在更正处盖章。

【例 5-12】丰华公司会计人员在记账过程中由于笔误，将 1 月 8 日收回的 18 000 元销货款，误记为 10 000 元。更正方法如表 5-61 所示。

表 5-61 应收账款明细分类账

会计科目：应收账款　　　　　　　　明细：恒真公司

2023年		凭证号	摘要	借方								贷方								借或贷	余额							
月	日			十	万	千	百	十	元	角	分	十	万	千	百	十	元	角	分		十	万	千	百	十	元	角	分
1	1		期初余额																	借		1	8	0	0	0	0	0
1	5	略	销售商品		3	5	6	9	0	0	0									借		5	3	6	9	0	0	0
1	8		收回货款										1	8	0	0	0	0	0	借		3	5	6	9	0	0	0
													1	0	0	0	0	0	0			4	3	6	9	0	0	0
1	9		收回货款										2	5	0	0	0	0	0			1	0	6	9	0	0	0
																						1	8	6	9	0	0	0

注：在更改处加盖章。

(2) 红字更正法。红字更正法适用于记账以后，发现记账凭证中所使用的会计科目名称错误或科目名称正确但所记金额大于应记金额，而导致账簿记录的错误。这种方法的具体操作过程是，先用红字填制一张与原错误记账凭证完全相同的记账凭证，在"摘要"栏注明"更正××号凭证的错误"，并用红字登入账，以便将原错误冲销，然后再用蓝字填制一张正确的记账凭证，重新据以登记入账。

【例 5-13】丰华公司采购材料一批，货款及增值税税款合计 11 300 元，材料已验收入库，货款已支付。编制的记账凭证如下。

　　借：原材料　　　　　　　　　　　　11 300
　　　　贷：银行存款　　　　　　　　　　　　11 300
更正时，填制一张红字记账凭证，并据以登记入账。

借：原材料　　　　　　　　　　　　　11 300
　　贷：银行存款　　　　　　　　　　　　　11 300
再填制一张蓝字记账凭证，并据以登记入账。
借：原材料　　　　　　　　　　　　　10 000
　　应交税费——应交增值税(进项税额)　1 300
　　贷：银行存款　　　　　　　　　　　　　11 300
在账簿中的具体更正方法，如表5-62所示。

表5-62　原材料总账

会计科目：原材料

2023年		凭证号	摘要	借方							贷方							借或贷	余额						
月	日			十万	千	百	十	元	角	分	十万	千	百	十	元	角	分		十万	千	百	十	元	角	分
6	1		期初余额															借		5	8	0	0	0	0
6	3	略	购料		1	1	3	0	0	0								借		6	9	3	0	0	0
6	5		领料										8	0	0	0	0	借		6	1	3	0	0	0
6	6		注销××号凭证		**1**	**1**	**3**	**0**	**0**	**0**								借		5	0	0	0	0	0
			更正××号凭证		1	0	0	0	0	0								借		6	0	0	0	0	0

注：粗体显示数字代表红字。

【例5-14】采购员张旭出差回来报销差旅费5 000元，交回结余现金200元。编制的记账凭证如下。

借：管理费用　　　　　　　　　5 200
　　库存现金　　　　　　　　　　　200
　　贷：其他应收款——张旭　　　　　5 400
更正时，填制一张红字记账凭证，并据以登记入账。
借：管理费用　　　　　　　　　5 200
　　库存现金　　　　　　　　　　　200
　　贷：其他应收款——张旭　　　　　5 400
再填制一张蓝字记账凭证，并据以登记入账。
借：管理费用　　　　　　　　　5 000
　　库存现金　　　　　　　　　　　200
　　贷：其他应收款——张旭　　　　　5 200
或　借：管理费用　　　　　　　　　200
　　　　贷：其他应收款——张旭　　　　　200
在账簿中的更正方法，如表5-63所示。

表 5-63　其他应收款明细账

会计科目：其他应收款　　　　　　　　　　　　　明细：张旭

2023年		凭证号	摘要	借方									贷方									借或贷	余额								
月	日			十	万	千	百	十	元	角	分	十	万	千	百	十	元	角	分			十	万	千	百	十	元	角	分
1	1		期初余额																	借				5	2	0	0	0	0
1	3	略	报销差旅费											5	4	0	0	0	0	贷					2	0	0	0	0
1	8		更正××号凭证												**2**	**0**	**0**	**0**	**0**	**0**	平							0		

注：粗体显示数字代表红字。

(3) 补充登记法。补充登记法适用于记账凭证中所用会计科目无误，对应关系也正确，只是所记金额小于应记金额。这种方法的具体操作过程是，将少记金额用蓝字填制一张记账凭证，在摘要栏注明"补记××号凭证少记金额"，并据以记账，补充原少记的金额。

红字更正法和补充登记法，无论是记账前还是记账后发现的错账，都可以使用。

【例 5-15】丰华公司收到上个月华盛公司的销货款 22 000 元，已存入银行。编制记账凭证如下。

　　借：银行存款　　　　　　　　　　20 000
　　　　贷：应收账款——华盛公司　　　　20 000

更正时，填制一张蓝字记账凭证，并据以登记入账。

　　借：银行存款　　　　　　　　　　2 000
　　　　贷：应收账款——华盛公司　　　　2 000

二、结账

结账，就是在把一定会计期间内所发生的经济业务全部登记入账，并在对账无误的基础上，结算出各种账簿的本期发生额及余额的一种方法。

(一) 结账的内容

结账通常包括两个方面：一是结算各种损益类账户，并据以计算确定本期损益，将经营成果在账面上揭示出来；二是结算各资产、负债和所有者权益账户，分别结出本期发生额合计及余额，并将期末余额转为下期的期初余额，以分清上、下期的会计记录。

在结账前，应先检查本期内所发生的经济业务是否均已填制或取得了会计凭证，并据以登记入账。不能为赶编会计报表而提前结账，或把本期发生的经济业务延至下期。只有完成账项调整、对账工作之后，才可以进行结账。

1. 损益类账户的结账

为了确认本期的利润(或亏损)，期末要结出各种收入、费用类账户的本期发生额和余额，然后将这类账户的余额结转至"本年利润"账户，在"本年利润"账户中计算出本期利润(或亏损)。经过上述结转后，各种收入、费用类账户即予以结平，没有余额。

2. 资产、负债和所有者权益类账户的结账

资产、负债和所有者权益类账户的结账工作，主要是结出各账户的本期发生额和期末余额。

(二) 结账的方法

月结时，应在该月最后一笔经济业务下面画一条通栏单红线，在红线下"摘要"栏内注明"本月合计"或"本期发生额及余额"字样，在"借方"栏、"贷方"栏和"余额"栏分别填入本月合计数和月末余额，同时在"借或贷"栏内注明借贷方向。然后在这一行下面再画一条通栏单红线，以便与下月发生额划清。

季结在每季度的最后一个月进行，方法与月结相同。

年结在第四季度的季结后进行，方法与月结大致相同，区别在于第二条通栏单红线改成通栏双红线，以示封账。

年终时，有余额的账户，要将其余额结转下年，并在"摘要"栏注明"结转下年"字样；在下一会计年度新建有关会计账户的第一行"余额"栏内填写上年结转的余额，并在"摘要"栏注明"上年结转"字样。

任务小结

对账，就是在会计期间(如月份、季度、年末)结束时，将账簿记录的有关数字与会计凭证、各种财产物资，以及各账户之间的有关数字进行相互核对的工作。对账的内容从时间上看包括日常核对和定期核对；从内容上看包括账证核对、账账核对和账实核对。

结账，就是在把一定会计期间内所发生的经济业务全部登记入账，在对账无误的基础上，结算出各种账簿的本期发生额及余额的一种方法。结账的内容通常包括两个方面：一是结算各种损益类账户；二是结算各资产、负债和所有者权益账户。

任务实施

(1) 试算平衡表不平，多是由于填列金额有误造成的，应当仔细核对数据。
(2) 原材料总账和明细账不对应，属于账账不符，应进行总账和明细账的逐笔核对。
(3) 期末原材料账面余额与库存数额不符，属于账实不符，应查找原因，调整相关账目。

职业能力考核

职业判断能力测验

一、单项选择题

1. 对账时，账账核对不包括(　　)。
　　A. 总账各账户的余额核对　　　　　　B. 总账与明细账之间的核对
　　C. 总账与备查账之间的核对　　　　　D. 总账与日记账的核对

2. 发现记账凭证应记科目正确，但所记金额大于应记金额，已登记入账，更正时一般采用(　　)。
　　A. 划线更正法　　B. 红字冲销法　　C. 补充登记法　　D. 平行登记法

3. 更正错账时,划线更正法的适用范围是( )。
   A. 记账凭证上会计科目或记账方向错误,导致账簿记录错误
   B. 记账凭证正确,在记账时发生错误,导致账簿记录错误
   C. 记账凭证上会计科目和记账方向正确,所记金额大于应记金额,导致账簿记录错误
   D. 记账凭证上会计科目和记账方向正确,所记金额小于应记金额,导致账簿记录错误
4. 采用补充登记法,是因为( ),导致账簿记录错误。
   A. 记账凭证上会计科目错误
   B. 记账凭证上记账方向错误
   C. 记账凭证上会计科目和记账方向正确,所记金额大于应记金额
   D. 记账凭证上会计科目和记账方向正确,所记金额小于应记金额
5. 结账时,应当划通栏双红线的是( )。
   A. 12 月末结出全年累计发生额后　　B. 各月末结出全年累计发生额后
   C. 结出本季累计发生额后　　D. 结出当月发生额后

二、多项选择题

1. 对账的内容有( )。
   A. 账实核对　　B. 账证核对　　C. 账账核对　　D. 账表核对
2. 错账的更正方法包括( )。
   A. 划线更正法　　B. 红字冲销法　　C. 补充登记法　　D. 平行登记法
3. 在会计账簿登记中,可以用红色墨水记账的有( )。
   A. 更正会计科目和金额同时错误的记账凭证
   B. 登记减少数
   C. 未印有余额方向的,在"余额"栏内登记相反方向数额
   D. 更正会计科目正确但金额多记的记账凭证
4. 收回货款 1 500 元存入银行,记账凭证误填为 15 000 元,并已入账。此错误的更正方法是( )。
   A. 采用划线更正法更正
   B. 用蓝字借记"银行存款",贷记"应收账款"
   C. 用蓝字借记"应收账款",贷记"银行存款"
   D. 用红字借记"银行存款",贷记"应收账款"
5. 结账时,正确的做法是( )。
   A. 结出当月发生额的,在"本月合计"下面通栏划单红线
   B. 结出本年累计发生额的,在"本年累计"下面通栏划单红线
   C. 12 月末,结出全年累计发生额的,在下面通栏划单红线
   D. 12 月末,结出全年累计发生额的,在下面通栏划双红线

三、判断题

1. 对账是对账簿记录进行的核对工作,它包括本企业同外企业相关账簿的核对。
   ( )

2. 结账是指按规定把一定时期内所发生的经济业务登记入账，并进行账实核对，以保证账簿记录资料正确性的会计方法。（　）

3. 年终结账时，有余额的账户，应将其余额直接记入新账余额栏内，不需要编制记账凭证。（　）

4. 任何单位，对账工作每年至少进行一次。（　）

5. 错账要采用红字更正法进行更正。（　）

职业实践能力训练

请针对表 5-64 中的记账错误，选择适用的更正方法。

表 5-64　记账错误更正表

账簿记录错误原因			适用的更正方法
记账凭证正确，账簿记录错误			
记账凭证错误导致账簿记录错误	账户名称错误或借贷方向错误		
	金额错误	金额多记	
		金额少记	

学习评价

根据本任务的教学内容，通过职业判断能力测验和职业实践能力训练等方式对相关内容的学习效果进行检查，实施评价，填写任务学习评价表(见表 5-65)。

表 5-65　对账与结账任务学习评价表

考核内容标准	实施评价		
	自我评价	同学互评	教师评价
核对账簿的内容(30分)			
更正错账的方法(40分)			
结账的一般方法(30分)			

思政专栏

财产清查与账实相符

背景与情境： 星海公司出纳员小王由于刚参加工作不久，对于货币资金业务管理和核算的规定不甚了解，所以出现一些不应有的错误，有两件事情让他印象深刻，至今记忆犹新。第一件事是在 2023 年 6 月 8 日和 10 日两天的现金业务结束后例行的现金清查中，分别发现现金短缺 50 元和现金溢余 20 元的情况，对此他经过反复思考也弄不明白原因。为了保全自己的面子和息事宁人，同时又考虑到两次账实不符的金额很小，他决定采取下列办法进行处理：现金短缺 50 元，自掏腰包补齐；现金溢余 20 元，暂时收起。第二件事是星海公司经常对其银行存款的实有额心中无数，甚至有时会影响到公司日常业务的结算，公司经理因此派有关人员检查小王的工作，结果发现，他每次编制银行存款余额调节表时，只根据公司银行存款日记账余额，加或减对账单中企业的未入账款项来确定公司银行存款的实有数，而且每次做完此项工作后，小王都立即将这些未入账的款项登记入账。

思考：小王对上述两项业务的处理是否正确？为什么？

分析提示：从案例中可见，小王对库存现金及银行存款的清查结果处理不妥，他的处理方法掩盖了单位在资产管理中存在的问题，也不符合资产管理的基本要求。

对货币资金的清查及正确的账务处理是保证货币资金安全及"账实相符"的有效途径。除货币资金外，存货、固定资产和往来款项也应该进行清查，以确定账面记录与实际情况是否相符，同时也可以及时发现并处理已无使用价值的各项资产，使财务信息更加有效。

拓展学习

会计账簿的更换与保管

会计账簿的更换是指在会计年度终了时，将上一年度的会计账簿更换为次年度的新账簿。总账、日记账和大部分的明细账，应该每年更换新账。但有些明细账，如固定资产明细账、库存商品明细账等可以连续使用，不必每年更换新账。

会计账簿与会计凭证、会计报表一样，都是重要的经济档案，必须按照国家的有关规定加强保管，做好会计档案的管理工作。

年度终了，各种账户在结转下年，建立新账后，一般都要把旧账送交总账会计集中统一管理。会计账簿暂由本单位财务会计部门保管 1 年，期满之后，由财务会计部门编制清册移交本单位的档案部门保管。

会计账簿应当按照 2016 年 1 月 1 日正式施行的修订后的《会计档案管理办法》的有关规定，建立健全保管、借阅和销毁制度。

总账、明细账、日记账及其他辅助性账簿的保管期限为 30 年，固定资产卡片账在固定资产报废清理后保管 5 年。

项目六　编制会计报表

学习目标

知识目标
1. 了解财务会计报告的概念及其内容。
2. 掌握资产负债表的概念、内容和结构。
3. 掌握简单资产负债表的编制原理和编制方法。
3. 掌握利润表的概念、内容和结构。
4. 掌握利润表的编制原理和编制方法。

能力目标
1. 能熟练编制资产负债表。
2. 能熟练编制利润表。

素质目标
1. 快速准确的计算能力。
2. 熟练运用小键盘编制科目汇总表，进行试算平衡。
3. 正确熟练编制资产负债表。
4. 正确熟练编制利润表。
5. 运用所学财务会计报告的理论和实务知识研究相关案例，提高分析问题与决策设计的能力。
6. 能结合财务会计报告的教学内容，依照会计"职业道德与伦理"的行业规范或标准，分析企业行为的善恶，提高学生职业道德素质。

项目引入

通过会计账簿对会计凭证所记录的经济业务进行系统的归类和整理，连续、系统、全面地记录和反映了企业发生的有关经济业务及其结果。但会计账簿中的账户只能让我们看到每一个会计内容的增减变化及其结果，不能一目了然地看到企业整个经济活动及其结果的全貌，因此我们还需要编制会计报表。会计报表可以较全面、系统地反映企业一定时期的财务状况和经营成果，因而常常被称为企业会计核算的"大观园"。编制会计报表是会计核算的终点。

项目导学

编制会计报表是会计的核算方法之一,是会计工作的最终环节。会计凭证的编制和会计账簿的登记,分类、系统地反映了企业的生产经营活动,然而通过这些核算所归集的会计信息是零散的,为向会计信息使用者提供集中的、全面的会计信息,必须对账簿中所记录的资料进行归类、整理与分析,定期编制会计报表。本项目将学习会计报表的概念、内容、分类,资产负债表的编制,利润表的编制等内容。本项目的具体任务如下。

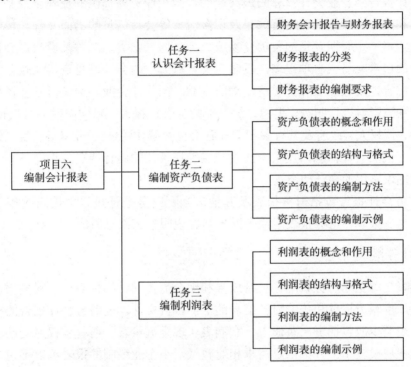

任务一 认识会计报表

认知会计报表

任务导入

佳信公司成立后的最初几年一直是一个小型企业,会计核算一直执行小企业会计制度。由于经营规模不断扩大,达到了一般企业标准,企业于2014年起开始执行新的企业会计准则。在2014年度财务会计报告审计过程中,注册会计师王刚发现佳信公司仅仅编制了资产负债表和利润表,没有编制现金流量表、所有者权益变动表和附注。王刚建议佳信公司按照会计规范补充完善财务报表,但佳信公司的财务人员认为,公司以往只编制资产负债表和利润表,而且公司领导层也没有要求编制附注和现金流量表,所以没有必要增加。

请问:佳信公司财务人员的想法是否正确?为什么?

知识与技能

一、财务会计报告与财务报表

(一) 财务会计报告

财务会计报告是企业会计核算的最终产品,是企业对外提供的反映企业某一特定日期的财务状况和某一会计期间的经营成果及现金流量等会计信息的书面文件。按照会计准则的要求,企业将一定时期发生的各项交易或事项,通过归类、汇总都反映在会计账簿中。但是,企业的日常交易或事项很多,反映在会计账簿中的会计信息资料比较分散,不能全面、系统、综合地反映企业有关经济活动的全貌。因此,企业必须在日常会计核算的基础上,定期对账簿资料进行归类、汇总,编制成财务会计报告,以便向财务报表使用者(通常包括投资者、债权人、政府及其有关部门和社会公众等)提供与企业财务状况、经营成果和现金流量等有关的会计信息,反映企业管理层受托责任的履行情况,为财务会计报告使用者做出决策提供有用的会计信息。

企业财务会计报告包括财务报表及其他应当在财务会计报告中披露的相关信息和资料,主要由财务报表、财务报表附注、财务情况说明书三部分组成。

(二) 财务报表

财务报表是对企业财务状况、经营成果和现金流量的结构性表述。财务报表是以表格为主要形式,反映、提供和传输财务信息的书面报告文件,是财务会计报告的核心组成部分。财务报表至少应包括资产负债表、利润表、现金流量表、所有者权益变动表及附注。考虑到小企业规模较小,外部信息需求相对较低,小企业编制的报表可以不包含现金流量表。本书只介绍资产负债表和利润表的编制方法。

资产负债表是指反映企业在某一特定日期的财务状况的会计报表。企业编制资产负债表的目的是如实反映企业的资产、负债和所有者权益金额及结构情况,帮助使用者评价企业资产的质量,以及企业的偿债能力和利润分配能力等。

利润表是指反映企业在一定会计期间的经营成果的会计报表。企业编制利润表的目的是如实反映企业实现的收入、发生的费用,以及利润(或亏损)的数额、构成情况,帮助财务报表使用者全面了解企业的经营成果,分析和评价企业的盈利能力等。

现金流量表是指反映企业在一定会计期间现金和现金等价物流入和流出的会计报表。企业编制现金流量表的目的是通过如实反映企业各项活动的现金流入、流出情况,帮助使用者了解企业的现金流量和资金周转情况。

所有者权益变动表是指反映构成所有者权益的各组成部分当期的增减变动情况的会计报表。企业编制所有者权益变动表的目的是全面反映企业一定时期所有者权益的变动情况,帮助财务报表使用者了解企业所有者权益的增减变动情况。

附注是对资产负债表、利润表、现金流量表和所有者权益变动表等会计报表中列示项目所做的进一步说明,以及对未能在这些报表中列示项目的说明等。附注是会计报表的重要组成部分,是对会计报表的补充说明,有助于会计报表使用者理解和使用会计信息。

(三) 财务情况说明书

财务情况说明书是企业对一定时期(通常为一年)财务、成本等情况进行分析、总结所作的书面文字说明,是会计报表的补充、决算报告的组成部分。主要内容有:财务、成本计划的执行情况及存在问题,固定资金、流动资金的使用情况及增减变化的原因,企业改善经营管理、提高经济效益等方面的具体措施等。其可为企业主管部门、财政、信贷、工商、税务部门了解和考核企业提供确切的参考资料。

二、财务报表的分类

财务报表可以按照不同的标准进行分类。

1. 资产负债表、利润表、现金流量表、所有者权益变动表及附注

财务报表按反映的经济内容不同,可分为资产负债表、利润表、现金流量表、所有者权益变动表及附注。

(1) 资产负债表是指反映企业某一特定日期财务状况的会计报表,企业应当按月编报。

(2) 利润表是指反映企业一定期间内生产经营成果的会计报表,企业应当按月编报。

(3) 现金流量表是指以现金为基础编制的反映企业财务状况变动的报表,企业应当按年编报。

(4) 所有者权益变动表是反映公司本期(年度或中期)内至截至期末所有者权益变动情况的报表。

(5) 附注是对在资产负债表、利润表、现金流量表和所有者权益变动表等会计报表中列示项目所做的进一步说明,以及对未能在这些报表中列示项目的说明等。包括企业基本情况、财务报表编制基础、遵循企业会计准则的声明、重要会计政策和会计估计、会计政策和会计估计变更,以及差错更正的说明和报表重要项目说明。

2. 静态财务报表和动态财务报表

财务报表按反映的资金运动形态不同,可分为静态财务报表和动态财务报表。

(1) 静态财务报表,是指反映企业在特定日期终了时,经济指标处于相对静止状态的报表,如资产负债表。

(2) 动态财务报表,是指反映企业在一定时期内完成的经济指标的报表,如利润表。

3. 中期财务报表和年度财务报表

财务报表按编报的时间不同,可分为中期财务报表和年度财务报表。

(1) 中期财务报表,是指以短于一个完整会计年度的报告期间为基础编制的财务报表,包括月报、季报和半年报等。

① 月度财务报表,简称月报,是指按月度编制的财务报表,如资产负债表、利润表。

② 季度财务报表,简称季报,是指按季度编制的财务报表。

③ 半年度财务报表,简称半年报,是指按半年度编制的财务报表。

中期资产负债表、利润表和现金流量表应当是完整报表，其格式和内容应当与年度财务报表相一致。与年度财务报表相比，中期财务报表中的附注披露可适当简略。

(2) 年度财务报表，是指以一个完整的会计年度(自公历 1 月 1 日起至 12 月 31 日止)为基础编制的财务报表。年度财务报表一般包括资产负债表、利润表、现金流量表、所有者权益变动表和附注等内容。

4. 个别财务报表和合并财务报表

财务报表按编制主体不同，可分为个别财务报表和合并财务报表。

(1) 个别财务报表，是指由企业在自身会计核算基础上对账簿记录进行加工编制而成的财务报表，报表各项目数字所反映的内容，仅包括企业本身的财务数字，主要用以反映企业自身的财务状况、经营成果和现金流量情况。

(2) 合并财务报表，是指以母公司和子公司组成的企业集团为会计主体，根据母公司和所属子公司的财务报表，由母公司编制的综合反映企业集团财务状况、经营成果及现金流量的财务报表。

三、财务报表的编制要求

为了使财务报表能够最大限度地满足各有关方面的需要，实现编制财务报表的基本目的，充分发挥财务报表的作用，企业在编制财务报表时应当做到真实可靠、相关可比、全面完整、编报及时、手续完备。

(一) 真实可靠

财务报表中提供的会计资料必须真实，必须如实反映财务状况、经营成果和现金流量等。如果企业会计核算报告提供的信息缺乏真实性和可靠性，甚至提供虚假信息，不仅不能发挥财务会计报告的作用，反而会误导报告使用者，导致其决策失误。所以，一切会计资料必须真实地反映企业实际的经济活动，会计核算应当以实际发生的经济业务为依据，报表所提供会计信息的数据应具有可靠性，不应是有意伪造的数据。

(二) 相关可比

企业财务报表所提供的信息必须与报表使用者决策所需要的信息相关，各种财务报表中的经济指标，口径应当尽可能一致，计算方法一致，以便报表使用者比较企业不同时期的财务状况和经营成果，有利于报表使用者比较不同企业的财务状况。

(三) 全面完整

企业财务报表应当全面地披露企业的财务状况、经营成果和现金流动情况，完整地反映企业财务活动的过程和结果，以满足各有关方面对财务会计信息资料的需要。凡是国家要求提供的财务报表，各企业必须全部编制并报送，不得进行选择性处理，不得漏编或漏报。凡是国家统一要求披露的信息，都必须披露。

(四) 编报及时

企业财务报表所提供的资料具有很强的时效性。报表必须按规定的期限和程序，及时编制，及时报送，以便报表使用者及时了解编报单位的财务状况和经营成果，也便于有关部门及时进行汇总。我国《企业财务会计报告条例》规定，企业的财务报表分为中期报表(月报、季报、半年报)和年度报表。其中，月度财务报表应当于月度终了后 6 日内报出；季度财务报表应当于季度终了后 15 日内报出；半年度财务报表应当于年度中期结束后 60 日内报出；年度财务报表应当于年度终了后 4 个月内报出。

(五) 手续完备

企业对外提供的财务会计报告应加具封面，装订成册，加盖公章。财务会计报告封面上应当注明企业名称、企业统一代码、组织形式、地址、报表所属年度或者月份、报出日期等，并由企业负责人和主管会计工作的负责人、会计机构负责人(会计主管人员)签名并盖章。设置总会计师的企业，还应当由总会计师签名并盖章。

任务小结

财务会计报告是企业对外提供的反映企业某一特定日期的财务状况和某一会计期间的经营成果及现金流量等会计信息的书面文件。

企业财务会计报告包括财务报表及其他应当在财务会计报告中披露的相关信息和资料，主要由财务报表、财务报表附注、财务情况说明书三部分组成。

企业在编制财务报表时应当做到真实可靠、相关可比、全面完整、编报及时、手续完备。

任务实施

佳信公司财务人员的想法不正确。因为编制完善的财务会计报告是企业的会计责任。企业财务会计报告包括财务报表和其他应当在财务会计报告中披露的相关信息和资料。其中，财务报表由报表本身及其附注两部分构成，附注是财务报表的有机组成部分，而报表至少应当包括资产负债表、利润表、现金流量表和所有者权益变动表。

职业能力考核

职业判断能力测验

一、单项选择题

1. (　　)是指企业对外提供的反映企业某一特定日期财务状况和某一会计期间经营成果、现金流量情况的书面文件。

　　A. 资产负债表　　　　　　　　　　　　B. 利润表

　　C. 会计报表附注　　　　　　　　　　　D. 财务会计报告

2. 下列各项不属于会计报表的是( )。
    A. 现金流量表   B. 利润表
    C. 资产负债表   D. 记账凭证汇总表

3. 反映企业一定时期经营成果的会计报表是( )。
    A. 资产负债表   B. 现金流量表
    C. 利润表   D. 所有者权益变动表

4. 下列会计报表中，反映企业在某一特定日期财务状况的是( )。
    A. 现金流量表   B. 利润表
    C. 资产负债表   D. 企业变动表

5. 下列会计报表中，属于静态报表的是( )。
    A. 资产负债表   B. 利润表
    C. 现金流量表   D. 利润分配表

二、多项选择题

1. 企业财务报表至少包括( )。
    A. 资产负债表   B. 利润表
    C. 现金流量表   D. 收入支出总表

2. 下列各项中，属于中期财务会计报告的有( )。
    A. 月度财务会计报告   B. 季度财务会计报告
    C. 半年度财务会计报告   D. 年度财务会计报告

3. 下列各项中，属于财务会计报告编制要求的有( )。
    A. 真实可靠   B. 相关可比
    C. 全面完整   D. 编报及时

4. 企业财务会计报告主要由( )组成。
    A. 财务报表   B. 财务报表附注
    C. 财务情况说明书   D. 试算平衡表

5. 下列会计报表中，属于动态报表的是( )。
    A. 资产负债表   B. 利润表
    C. 现金流量表   D. 利润分配表

三、判断题

1. 资产负债表是反映企业一定时期财务状况的报表。   ( )
2. 利润表是反映企业某一特定日期经营成果的报表。   ( )
3. 编制会计报表的主要目的是满足会计信息使用者对会计信息的需求。   ( )
4. 财务报表按照报送内容不同，可以分为个别财务报表和合并财务报表。   ( )
5. 为了及时编制会计报表，企业单位可以提前结账。   ( )

职业实践能力训练

1. 简述财务报表的概念及构成内容。
2. 简述财务报表的分类标准及具体内容。

3. 简述财务报表的编制要求。

学习评价

根据本任务的教学内容，通过职业判断能力测验和职业实践能力训练等方式对相关内容的学习效果进行检查，实施评价，填写任务学习评价表(见表 6-1)。

表 6-1 认识会计报表任务学习评价表

考核内容标准	实施评价		
	自我评价	同学互评	教师评价
明确财务会计报告的内容(30 分)			
正确解读财务会计报告的内容(40 分)			
明确财务报表的编制要求(30 分)			

思政专栏

会计报表造假与会计职业道德

背景与情境：2006 年，A 公司因经营管理和市场方面的问题，经营业绩滑坡。为获得配股资格，A 公司主要负责人张某要求公司财务总监李某对该年度的财务资料进行调整，以保证公司的净资产收益率符合配股条件。公司会计人员李某和王某，通过虚做营收额、隐瞒成本和费用开支等方法调整了公司财务资料。A 公司于 2007 年 10 月申请配股并获批准发行。

思考：案例中哪些当事人存在违法行为？违反了哪些会计职业道德要求？应当对相关当事人进行何种处理？

分析提示：A 公司的张某、李某、王某都存在编制虚假财务会计报告的行为。

张某是单位负责人，存在授意、指使他人编制虚假财务会计报告的行为。根据《会计法》规定，构成犯罪的，司法部门依法追究刑事责任；尚不构成犯罪的，可处以五千元以上五万元以下的罚款。

李某、王某作为会计人员，其行为违背了会计职业道德中会计人员应当诚实守信、客观公正、坚持原则的要求。根据《会计法》的规定，由县级以上人民政府财政部门予以通报，并对李某、王某处三千元以上五万元以下的罚款。

拓展学习

会计报表与财务报表

财务报表是对会计主体某一时点的财务状况和一定时期的经营成果等进行综合反映的书面文件，是由会计报表和附注构成的。财务报表中的会计报表主要包括资产负债表、利润表和现金流量表等，它们是对外提供的会计报表。

人们通常认为会计报表就是财务报表，两者之间没有区别，这种想法是不正确的。

任务二 编制资产负债表

编制资产负债表

📘 任务导入

2023 年 6 月 30 日,丰华公司"预付账款"总账科目余额为 130 000 元,其中有关明细科目借方余额 200 000 元,有关明细科目贷方余额 70 000 元;"应付账款"总账科目余额 220 000 元,其中有关明细科目贷方余额 300 000 元,有关明细科目借方余额 80 000 元。

问题:该企业在编制 2023 年 6 月 30 日资产负债表时,"预付账款"和"应付账款"项目期末一栏应填列的金额为多少?

📘 知识与技能

一、资产负债表的概念和作用

(一)资产负债表的概念

资产负债表是反映企业在某一特定日期(月末、季末、半年末、年末)财务状况的财务报表。它是根据资产、负债和所有者权益之间的相互关系,按照一定的分类标准和顺序,把企业在一定日期的资产、负债、所有者权益各项目的期末余额以适当顺序排列并对日常活动中形成的大量数据进行高度浓缩整理,汇总后编制而成的。它表明企业在某一特定日期所拥有或控制的经济资源、所承担的现有义务和所有者对净资产的要求权。

(二)资产负债表的作用

(1) 通过资产负债表,可以提供某一日期资产的总额,表明企业拥有或控制的经济资源及其分布情况,是分析企业生产经营能力的重要资料。

(2) 通过资产负债表,可以反映某一日期的负债总额和结构,表明企业未来需用多少资产或劳务清偿债务。

(3) 通过资产负债表,可以反映所有者权益的情况,表明投资者在企业资产中所占的份额,了解权益的结构情况。

(4) 通过资产负债表,可以提供财务分析的基本资料,通过资产负债表所列的数据可以计算流动比率、速动比率等指标,了解企业的财务状况。

二、资产负债表的结构与格式

资产负债表的结构,目前国际上流行的主要有报告式和账户式两种。

(1) 报告式资产负债表,是将资产负债表的项目自上而下排列,首先列示资产的数额,然后列示负债的数额,最后再列示所有者权益的数额。

(2) 账户式资产负债表,是将资产项目列在资产负债表的左方,负债和所有者权益项目列在资产负债表的右方，遵循"资产=负债+所有者权益"会计基本等式，反映资产、负债、所有者权益之间的内在联系。

我国会计准则规定，企业的资产负债表采用账户式，其格式如表6-2所示。

表6-2 资产负债表

会企01表

编制单位： 年 月 日 单位：元

资产	期末余额	上年年末余额	负债和所有者权益	期末余额	上年年末余额
流动资产：			流动负债：		
货币资金			短期借款		
交易性金融资产			交易性金融负债		
应收票据			应付票据		
应收账款			应付账款		
应收款项融资			预收款项		
预付款项			合同负债		
其他应收款			应付职工薪酬		
存货			应交税费		
合同资产			其他应付款		
持有待售资产			持有待售负债		
一年内到期的非流动资产			一年内到期的非流动负债		
其他流动资产			其他流动负债		
流动资产合计			流动负债合计		
非流动资产：			非流动负债：		
债权投资			长期借款		
其他债权投资			应付债券		
长期应收款			其中：优先股		
长期股权投资			永续债		
其他权益工具投资			租赁负债		
其他非流动金融资产			长期应付款		
投资性房地产			预计负债		
固定资产			递延收益		
在建工程			递延所得税负债		
生产性生物资产			其他非流动负债		
油气资产			非流动负债合计		
使用权资产			负债合计		
无形资产			所有者权益(或股东权益)：		

(续表)

资产	期末余额	上年年末余额	负债和所有者权益	期末余额	上年年末余额
开发支出			实收资本(或股本)		
商誉			其他权益工具		
长期待摊费用			其中：优先股		
递延所得税资产			永续债		
其他非流动资产			资本公积		
非流动资产合计			减：库存股		
			其他综合收益		
			专项储备		
			盈余公积		
			未分配利润		
			所有者权益(或股东权益)合计		
资产总计			负债和所有者权益(或股东权益)总计		

三、资产负债表的编制方法

资产负债表是反映企业某一特定日期财务状况的报表。资产、负债和所有者权益各项目列报的数据有两项：期末余额和上年年末余额。

1. "上年年末余额"栏的填列方法

资产负债表"上年年末余额"栏内各项数字，应根据上年年末资产负债表"期末余额"栏内所列数字填列。如果上年度资产负债表规定的各个项目的名称和内容同本年度不一致，应对上年年末资产负债表各项目的名称和数字按照本年度的规定进行调整，填入报表中的"上年年末余额"栏内。

2. "期末余额"栏的填列方法

资产负债表"期末余额"栏内各项数字，应根据资产、负债、所有者权益和成本类账户的期末余额计算分析填列。其主要有以下几种填列方法。

(1) 根据一个总账账户期末余额直接填列。资产负债表中有些项目可以根据一个总账账户的期末余额直接填列，如资产负债表中"短期借款""实收资本"等项目应分别根据"短期借款""实收资本"总账账户期末余额直接填列。

(2) 根据若干总账账户的期末余额分析计算填列。资产负债表中有些项目需要根据若干总账账户的期末余额分析计算填列，如资产负债表中"货币资金"项目应根据"库存现金""银行存款""其他货币资金"总账账户的期末余额的合计数填列。

(3) 根据明细账户期末余额分析计算填列。资产负债表中有些项目需要根据若干明细账账户的期末余额分析计算填列，如资产负债表中"应付账款"项目应根据"应付账款"和"预付账款"总账所属明细账期末贷方余额合计数计算填列;资产负债表中"预收款项"项目应根据"应收账款"和"预收账款"总账所属明细账期末贷方余额合计数填列。

(4) 根据总账账户和所属明细账户的期末余额分析计算填列。资产负债表中有些项目需要根据总账账户和所属明细账户的期末余额分析计算填列,如资产负债表中"长期借款"项目应根据"长期借款"总账账户的期末余额,扣除所属明细账户中将在资产负债表日起一年内到期且企业不能自主地将清偿义务展期的长期借款后的金额计算填列。

(5) 根据有关账户余额与其备抵账户抵销后的净额填列。资产负债表中有些资产项目填列的是资产的账面价值,即有关资产账户的期末余额扣除资产减值后的金额,如"固定资产"项目应根据"固定资产"账户期末余额,减去"累计折旧"和"固定资产减值准备"账户期末余额后的金额,以及"固定资产清理"账户的期末余额填列。关于资产负债表中各个项目的具体填列方法将在财务会计中详细讲解,这里不做深入阐述。

四、资产负债表的编制示例

【例 6-1】丰华公司 2022 年 12 月 31 日的资产负债表(上年年末数略)及 2023 年有关账户资料如表 6-3 和表 6-4 所示。

表 6-3 资产负债表(简表)

会企 01 表

编制单位:丰华公司　　　　　　2022 年 12 月 31 日　　　　　　单位:元

资产	期末余额	上年年末余额	负债和所有者权益(或股东权益)	期末余额	上年年末余额
流动资产:			流动负债:		
货币资金	1 406 300	(略)	短期借款	300 000	(略)
交易性金融资产	246 000		交易性金融负债	200 000	
应收票据	15 000		应付票据	862 800	
应收账款	404 100		应付账款	30 000	
应收款项融资			预收账款	100 000	
预付款项			合同负债		
其他应收款			应付职工薪酬	110 000	
存货	2 580 000		应交税费		
合同资产			其他应付款	6 600	
持有待售资产			持有待售负债		
一年内到期的非流动资产			一年内到期的非流动负债	50 000	
其他流动资产	100 000		其他流动负债	1 000	
流动资产合计	4 751 400		流动负债合计	1 660 400	
非流动资产:			非流动负债:		
债权投资	250 000		长期借款	1 651 400	
其他债权投资	500 000		应付债券		

(续表)

资产	期末余额	上年年末余额	负债和所有者权益(或股东权益)	期末余额	上年年末余额
长期应收款			其中：优先股		
长期股权投资	150 000		永续债		
其他权益工具投资			租赁负债		
其他非流动金融资产			长期应付款	89 600	
投资性房地产			预计负债		
固定资产	2 050 000		递延收益		
在建工程	100 000		递延所得税负债		
工程物资	400 000		其他非流动负债		
生产性生物资产			非流动负债合计	1 741 000	
油气资产			负债合计	3 401 400	
使用权资产			所有者权益(或股东权益):		
无形资产			实收资本(或股本)	3 251 400	
开发支出	140 000		资本公积	1 210 000	
商誉			减：库存股		
长期待摊费用			其他综合收益		
递延所得税资产			盈余公积	538 600	
其他非流动资产	60 000		未分配利润		
非流动资产合计	3 650 000		所有者权益(或股东权益)合计	5 000 000	
资产总计	8 401 400		负债和所有者权益(或股东权益)总计	8 401 400	

表 6-4 2023 年账户资料

单位：元

资产	借方金额	负债和股东权益	贷方金额
库存现金	2 000	短期借款	50 000
银行存款	806 135	应付票据	100 000
其他货币资金	7 300	应付账款	1 066 015.85
应收票据	46 000	其他应付款	50 000
应收账款	600 000	应付职工薪酬	100 000
坏账准备	-1 800	应交税费	100 034
预付账款	100 000	预收账款	106 600
其他应收款	5 000	长期借款	1 160 000
材料采购	275 000	其中：一年内到期的长期借款	60 000
原材料	45 000	股本	5 000 000
周转材料	38 050	盈余公积	131 185.15
库存商品	2 212 400	利润分配——未分配利润	194 500

(续表)

资产	借方金额	负债和股东权益	贷方金额
材料成本差异	4 250		
长期股权投资	250 000		
固定资产	2 401 000		
累计折旧	-170 000		
固定资产减值准备	-30 000		
工程物资	150 000		
在建工程	578 000		
无形资产	540 000		
其他待摊费用	200 000		
合　计	8 058 335	合　计	8 058 335

根据上述资料，编制该公司 2023 年 12 月 31 日资产负债表，如表 6-5 所示。

表6-5　资产负债表(简表)

会企01表

编制单位：丰华公司　　　　2023 年 12 月 31 日　　　　　　　　　　　单位：元

资产	期末余额	上年年末余额	负债和所有者权益(或股东权益)	期末余额	上年年末余额
流动资产：			流动负债：		
货币资金	815 435	1 406 300	短期借款	50 000	300 000
交易性金融资产		246 000	交易性金融负债		200 000
应收票据	46 000	15 000	应付票据	100 000	862 800
应收账款	598 200	404 100	应付账款	1 066 015.85	30 000
应收款项融资			预收款项	106 600	100 000
预付款项	100 000		合同负债		
其他应收款	5 000		应付职工薪酬	100 000	110 000
存货	2 574 700	2 580 000	应交税费	100 034	
合同资产			其他应付款	50 000	6 600
持有待售资产			持有待售负债		
一年内到期的非流动资产			一年内到期的非流动负债	60 000	50 000
其他流动资产		100 000	其他流动负债		1 000
流动资产合计	4 139 335	4 751 400	流动负债合计	1 632 649.85	1 660 400
非流动资产：			非流动负债：		
债权投资		250 000	长期借款	1 100 000	1 651 400
其他债权投资		500 000	应付债券		
长期应收款			长期应付款		89 600
长期股权投资	250 000	150 000	预计负债		
投资性房地产			递延收益		
固定资产	2 201 000	2 050 000	递延所得税负债		
在建工程	578 000	100 000	其他非流动负债		

(续表)

资产	期末余额	上年年末余额	负债和所有者权益(或股东权益)	期末余额	上年年末余额
工程物资	150 000	400 000	非流动负债合计	1 100 000	1 741 000
固定资产清理			负债合计	2 732 649.85	3 401 400
生产性生物资产			所有者权益(或股东权益):		
油气资产			实收资本(或股本)	5 000 000	3 251 400
无形资产	540 000	140 000	其他权益工具		
开发支出			资本公积	131 185.15	1 210 000
商誉			减:库存股		
长期待摊费用	200 000		其他综合收益		
递延所得税资产			盈余公积		538 600
其他非流动资产		60 000	未分配利润	194 500	
非流动资产合计	3 919 000	3 650 000	所有者权益(或股东权益)合计	5 325 685.15	5 000 000
资产总计	8 058 335	8 401 400	负债和所有者权益(或股东权益)总计	8 058 335	8 401 400

任务小结

资产负债表是指反映企业在某一特定日期(月末、季末、半年末、年末)财务状况的财务报表。它表明企业在某一特定日期所拥有或控制的经济资源、所承担的现有义务和所有者对净资产的要求权。

资产负债表的结构,目前国际上流行的主要有报告式和账户式两种。

资产负债表是指反映企业某一特定日期财务状况的报表。资产、负债和所有者权益各项目列报的数据有两项:期末余额和上年年末余额。其中,"上年年末余额"栏内各项数字,应根据上年年末资产负债表"期末余额"栏内所列数字填列;资产负债表"期末余额"栏内各项数字,应根据资产、负债、所有者权益和成本类账户的期末余额计算分析填列。其主要有以下几种方法。

(1) 根据一个总账账户期末余额直接填列。
(2) 根据若干总账账户的期末余额分析计算填列。
(3) 根据明细账户期末余额分析计算填列。
(4) 根据总账账户和所属明细账户的期末余额分析计算填列。
(5) 根据有关账户余额与其备抵账户抵销后的净额填列。

任务实施

该企业在编制2023年6月30日资产负债表时,"预付账款"和"应付账款"项目期末一栏应填列的金额分别为

"预付账款"项目期末一栏应填列的金额=200 000 + 80 000=280 000(元)

"应付账款"项目期末一栏应填列的金额=300 000 + 70 000=370 000(元)

职业能力考核

职业判断能力测验

一、单项选择题

1. 资产负债表是指反映企业(　　)财务状况的会计报表。
   A. 某一特定日期　　　　　　　　B. 一定时期内
   C. 某一年份内　　　　　　　　　D. 某一月份内

2. 根据我国统一会计制度的规定，企业资产负债表的格式是(　　)。
   A. 报告式　　　　　　　　　　　B. 账户式
   C. 多步式　　　　　　　　　　　D. 单步式

3. 资产负债表是反映企业某一特定日期财务状况的主报表，它是根据(　　)这一会计等式编制而成的。
   A. 资产=负债+所有者权益　　　　B. 收入-费用=利润
   C. 收入+费用=利润　　　　　　　D. 资产=负债-所有者权益

4. 某企业期末"库存现金"总账的余额为5 000元，"银行存款"总账的余额为430 000元，"其他货币资金"总账的余额为45 000元，则资产负债表的"货币资金"项目应填列(　　)元。
   A. 435 000　　B. 450 000　　C. 430 000　　D. 480 000

5. 资产负债表中的"应付账款"项目，应(　　)。
   A. 直接根据"应付账款"科目的期末贷方余额填列
   B. 根据"应付账款"科目的期末贷方余额和"应收账款"科目的期末借方余额计算填列
   C. 根据"应付账款"科目的期末贷方余额和"应收账款"科目的期末贷方余额计算填列
   D. 根据"应付账款"科目和"预付账款"科目所属相关明细科目的期末贷方余额计算填列

二、多项选择题

1. 资产负债表的格式主要有(　　)两种。
   A. 账户式　　B. 单项式　　C. 报告式　　D. 多项式

2. 资产负债表各项目的具体填列方法包括(　　)。
   A. 根据若干总账账户期末余额分析计算填列
   B. 根据若干明细账户期末余额分析计算填列
   C. 根据若干总账账户和明细账户期末余额分析计算填列
   D. 根据若干总账账户和明细账户期末发生额分析计算填列

3. 资产负债表中"货币资金"项目应根据(　　)账户期末余额合计数填列。
   A. 库存现金　　B. 应收票据　　C. 银行存款　　D. 其他货币资金

4. 下列各项中属于根据若干明细账户期末余额分析计算填列的是(　　)。
   A. 应收账款　　B. 应付账款　　C. 预收账款　　D. 预付账款

5. 下列各项中应记入存货项目的有( )。
   A. 在途物资   B. 原材料   C. 库存商品   D. 生产成本

三、判断题

1. 按照《企业会计制度》的规定，我国企业的资产负债表采用账户式。( )
2. 资产负债表左右两方的项目是根据总账或明细分类账的期末余额直接填列的。( )
3. 资产负债表中"货币资金"项目应根据"库存现金""银行存款""其他货币资金"账户的期末余额合计数填列。( )
4. 资产负债表中"应收账款"项目应根据"应收账款"账户所属各明细账户的期末借方余额合计数填列。如"预收账款"账户所属有关明细账户有借方余额的，也应包括在本项目内。( )
5. 资产负债表中"应收账款""应付账款""预收款项""预付款项"等项目应根据若干明细账户期末余额分析计算填列。( )

职业实践能力训练

丰华公司成立后，经过2023年6月的经营，月末各账户的余额情况，如表6-6所示。

表6-6 2023年6月各账户余额情况表

单位：元

科目	期初余额(负债和股东权益)		期末余额	
	借方	贷方	借方	贷方
库存现金			13 540	
银行存款	200 000		163 420	
应收账款			116 240	
原材料	80 000		123 700	
库存商品			118 600	
固定资产	220 000		220 000	
累计折旧				2 800
无形资产				
短期借款				100 000
应付账款				35 000
预收账款				40 000
应付职工薪酬				50 600
应交税费				8 500
实收资本		500 000		500 000
利润分配				18 600
合 计	500 000	500 000	755 500	755 500

问题：丰华公司2023年6月30日资产负债表应如何编制？

学习评价

根据本任务的教学内容,通过职业判断能力测验和职业实践能力训练等方式对本任务相关内容的学习效果进行检查,实施评价,填写任务学习评价表(见表6-7)。

表6-7 编制资产负债表任务学习评价表

考核内容标准	实施评价		
	自我评价	同学互评	教师评价
准确把握资产负债表的结构及内容(40分)			
正确编制资产负债表(60分)			

思政专栏

诚实守信是遵守会计职业道德的基本要求

背景与情境:2003年11月,某公司因产品销售不畅,新产品研发受阻。公司财务部预测公司本年度将发生800万元亏损。刚刚上任的公司总经理责成总会计师王某千方百计实现当年盈利目标,并说:"实在不行,可以对会计报表做一些'技术处理'。"总会计师很清楚公司年度亏损已成定局,要落实总经理的盈利目标,只能在财务会计报告上做手脚。总会计师感到左右为难,如果不按照总经理的意见办,自己以后在公司不好待下去;如果按照总经理的意见办,自己也有风险。为此,总会计师思想负担很重,不知如何是好。

思考:根据《会计法》和会计职业道德的要求,分析总会计师王某应如何处理,并简要说明理由。

分析提示:总会计师王某应当拒绝总经理的要求,因为总经理的要求违反了《会计法》第四条,单位负责人对本单位的会计工作和会计资料的真实性、完整性负责;第五条,任何单位或者个人不得以任何方式授意、指使、强令会计机构、会计人员伪造、变造会计凭证、会计账簿和其他会计资料,提供虚假财务会计报告。此外,如果按照总经理的要求,伪造财会会计报告,违背了会计职业道德中的会计人员应当诚实守信、客观公正、遵守准则的要求。

拓展学习

资产负债表列示的总体要求

(1) 分类别列报。资产负债表应当按照资产、负债和所有者权益三大类别分别列报。

(2) 资产和负债按流动性列报。资产和负债应当按照流动性分布,分为流动资产和非流动资产、流动负债和非流动负债列示。

(3) 列报相关的总计、合计项目。资产负债表中的资产类至少应当列示流动资产和非流动资产的合计项目;负债类至少应当列示流动负债和非流动负债的合计项目;所有者权益类应当列示所有者权益的合计项目。

资产负债表应当分别列示资产总计项目和负债与所有者权益之和的总计项目,并且这二者的金额应当相等。

任务三　编制利润表

编制利润表

任务导入

丰华公司 2023 年 1—12 月各损益类账户的累计发生额，如表 6-8 所示。

表 6-8　损益类账户累计发生额一览表

单位：元

科目名称	借方发生额	贷方发生额
主营业务收入		603 367
其他业务收入		18 051
主营业务成本	345 000	
其他业务成本	8 451	
税金及附加	8 009	
销售费用	42 551	
管理费用	32 853	
财务费用	11 309	
营业外支出	4 595	
所得税费用	42 163	

要求：请根据相关资料，编制该公司 2023 年度利润表。

知识与技能

一、利润表的概念和作用

（一）利润表的概念

利润表是指反映企业在一定会计期间的经营成果的财务报表。利润表充分反映企业一定时期经营业绩的主要来源和构成，是动态报表。

（二）利润表的作用

1. 有助于报表使用者全面地了解企业经营成果

利润表可以反映企业经营业绩的主要来源和构成，反映企业在一定会计期间收入、费用、利润(或亏损)的数额和构成情况。

2. 有助于考核管理层的经营业绩

利润表详细反映企业财务成果的形成过程，并且提供不同时期的对比数据，可以评价和考核管理层的业绩。

3. 有助于报表使用者做出经济决策

通过利润表，可以分析企业今后利润的发展趋势、获利能力，了解投资者投入资本的保值增值情况，从而为其做出经济决策提供依据。

二、利润表的结构与格式

利润表有单步式和多步式两种结构。单步式利润表是将本期所有的收入和所有的支出相抵，计算出当期损益；多步式利润表是通过对当期的收入、费用、支出项目按性质加以归类，按利润形成的主要环节分别计算营业利润、利润总额、净利润、其他综合收益的税后净额和综合收益，分步计算当期损益。我国企业利润表采用多步式列报。

利润表一般由表头、表体两部分组成。表头部分应列明报表名称、编制单位名称、编制日期、报表编号和计量单位。表体部分为利润表的主体，列示了形成经营成果的各个项目和计算过程。

为方便报表使用者比较不同期间利润的情况，利润表将各项目分为"本期金额"和"上期金额"两栏分别填列，格式如表6-9所示。

表6-9 利润表

会企02表

编制单位：　　　　　　　　　　　　　　　　年　月　　　　　　　　　　　　　　单位：元

项目	本期金额	上期金额
一、营业收入		
减：营业成本		
税金及附加		
销售费用		
管理费用		
研发费用		
财务费用		
其中：利息费用		
利息收入		
加：其他收益		
投资收益(损失以"－"号填列)		
其中：对联营企业和合营企业的投资收益		
以摊余成本计量的金融资产终止确认收益(损失以"－"号填列)		
净敞口套期收益(损失以"－"号填列)		
公允价值变动收益(损失以"－"号填列)		
信用减值损失(损失以"－"号填列)		
资产减值损失(损失以"－"号填列)		
资产处置收益(损失以"－"号填列)		
二、营业利润(亏损以"－"号填列)		

(续表)

项目	本期金额	上期金额
加：营业外收入		
减：营业外支出		
三、利润总额(亏损总额以"－"号填列)		
减：所得税费用		
四、净利润(净亏损以"－"号填列)		
（一）持续经营净利润(净亏损以"－"号填列)		
（二）终止经营净利润(净亏损以"－"号填列)		
五、其他综合收益的税后净额		
（一）不能重分类进损益的其他综合收益		
1. 重新计量设定受益计划变动额		
2. 权益法下不能转损益的其他综合收益		
3. 其他权益工具投资公允价值变动		
4. 企业自身信用风险公允价值变动		
……		
（二）将重分类进损益的其他综合收益		
1. 权益法下可转损益的其他综合收益		
2. 其他债权投资公允价值变动		
3. 金融资产重分类计入其他综合收益的金额		
4. 其他债权投资信用减值准备		
5. 现金流量套期储备		
6. 外币财务报表折算差额		
……		
六、综合收益总额		
七、每股收益		
（一）基本每股收益		
（二）稀释每股收益		

三、利润表的编制方法

企业利润表中各项目的数据都列有"上期金额"和"本期金额"两栏。

1. "上期金额"栏的填列方法

利润表"上期金额"栏内各项数字，应根据上年该期利润表"本期金额"栏内所列数字填列。如果上年该期利润表规定的各个项目的名称和内容同本期不一致，应对上年该期利润表各项目的名称和数字按照本期的规定进行调整，填入报表中的"上期金额"栏内。

2. "本期金额"栏的填列方法

利润表"本期金额"栏内各项数字一般应根据损益类科目的发生额分析计算填列。具体而言，各项目的填列方法如下。

(1) "营业收入"项目，反映企业经营主要业务和其他业务所确认的收入总额。本项目应根据"主营业务收入"和"其他业务收入"账户的发生额分析填列。

(2) "营业成本"项目，反映企业经营主要业务和其他业务发生的成本总额。本项目应根据"主营业务成本"和"其他业务成本"账户的发生额分析填列。

(3) "税金及附加"项目，反映企业经营业务应负担的消费税、城市维护建设税、资源税、土地增值税、房产税、车船税、城镇土地使用税、印花税和教育费附加等。本项目应根据"税金及附加"账户的发生额分析填列。

(4) "销售费用"项目，反映企业在销售商品过程中发生的包装费、广告费等费用和为销售本企业商品而专设的销售机构的职工薪酬、业务费等经营费用。本项目应根据"销售费用"账户的发生额分析填列。

(5) "管理费用"项目，反映企业为组织和管理生产经营发生的管理费用。本项目应根据"管理费用"账户的发生额分析填列。

(6) "研发费用"项目，反映企业进行研究与开发过程中发生的费用化支出，以及计入管理费用的自行开发无形资产的摊销。本项目应根据"管理费用"账户下"研发费用"明细账户的发生额，以及"管理费用"账户下"无形资产摊销"明细账户的发生额分析填列。

(7) "财务费用"项目，反映企业为筹集生产经营所需资金等而发生的应予费用化的利息支出。本项目应根据"财务费用"账户的相关明细账户发生额分析填列。其中，"利息费用"项目，反映企业为筹集生产经营所需资金等而发生的应予费用化的利息支出，本项目应根据"财务费用"账户的相关明细账户的发生额分析填列；"利息收入"项目，反映企业应冲减财务费用的利息收入，本项目应根据"财务费用"账户的相关明细账户的发生额分析填列。

(8) "其他收益"项目，反映计入其他收益的政府补助，以及其他与日常活动相关的且计入其他收益的项目。本项目应根据"其他收益"账户的发生额分析填列。企业作为个人所得税的扣缴义务人，根据《中华人民共和国个人所得税法》收到的扣缴税款手续费，应作为其他与日常活动相关的收益在本项目中填列。

(9) "投资收益"项目，反映企业以各种方式对外投资所取得的收益。本项目应根据"投资收益"账户的发生额分析填列，如为投资损失，本项目以"-"号填列。

(10) "净敞口套期收益"项目，反映净敞口套期下被套期项目累计公允价值变动转入当期损益的金额或现金流量套期储备转入当期损益的金额。本项目应根据"净敞口套期损益"账户的发生额分析填列，如为套期损失，本项目以"-"号填列。

(11) "公允价值变动收益"项目，反映企业应当计入当期损益的资产或负债公允价值变动收益。本项目应根据"公允价值变动损益"科目的发生额分析填列，如为净损失，本项目以"-"号填列。

(12) "信用减值损失"项目，反映企业按照《企业会计准则第 22 号——金融工具确认和计量》(2018)的要求计提的各项金融工具信用减值准备所确认的信用损失。本项目应根据"信用减值损失"账户的发生额分析填列。

(13)"资产减值损失"项目,反映企业各项资产发生的减值损失。本项目应根据"资产减值损失"账户的发生额分析填列。

(14)"资产处置收益"项目,反映企业出售划分为持有待售的非流动资产(金融工具、长期股权投资和投资性房地产除外)或处置组(子公司和业务除外)时确认的处置利得或损失,以及处置未划分为持有待售的固定资产、在建工程、生产性生物资产及无形资产而产生的处置利得或损失。债务重组中因处置非流动资产(金融工具、长期股权投资和投资性房地产除外)产生的利得或损失和非货币性资产交换中换出非流动资产(金融工具、长期股权投资和投资性房地产除外)产生的利得或损失也包括在本项目内。本项目应根据"资产处置损益"账户的发生额分析填列,如为处置损失,本项目以"-"号填列。

(15)"营业利润"项目,反映企业实现的营业利润。本项目如为亏损,以"-"号填列。

(16)"营业外收入"项目,反映企业发生的除营业利润以外的收益,主要包括与企业日常活动无关的政府补助、盘盈利得、捐赠利得(企业接受股东或股东的子公司直接或间接的捐赠,经济实质属于股东对企业的资本性投入的除外)等。本项目应根据"营业外收入"账户的发生额分析填列。

(17)"营业外支出"项目,反映企业发生的除营业利润以外的支出,主要包括公益性捐赠支出、非常损失、盘亏损失、非流动资产毁损报废损失等。本项目应根据"营业外支出"账户的发生额分析填列。

(18)"利润总额"项目,反映企业实现的利润。本项目如为亏损,以"-"号填列。

(19)"所得税费用"项目,反映企业应从当期利润总额中扣除的所得税费用。本项目应根据"所得税费用"账户的发生额分析填列。

(20)"净利润"项目,反映企业实现的净利润。本项目如为亏损,以"-"号填列。

(21)"其他综合收益的税后净额"项目,反映企业根据企业会计准则规定未在损益中确认的各项利得和损失扣除所得税影响后的净额。

(22)"综合收益总额"项目,反映企业净利润与其他综合收益的合计金额。

(23)"每股收益"项目,包括"基本每股收益"和"稀释每股收益"两项指标,反映普通股或潜在普通股已公开交易的企业,以及正处在公开发行普通股或潜在普通股过程中的企业的每股收益信息。

四、利润表的编制示例

【例6-2】丰华公司2023年有关损益类科目发生额,如表6-10所示。

表6-10 损益类科目本年累计数

单位:元

科目名称	借方发生额	贷方发生额
主营业务收入		1 250 000
其他业务收入		750 000
主营业务成本	1 000 000	

(续表)

科目名称	借方发生额	贷方发生额
其他业务成本	500 000	
税金及附加	2 000	
销售费用	24 000	
管理费用	150 000	
财务费用	41 000	
投资收益		31 000
营业外收入		50 000
营业外支出	49 000	
所得税费用	36 000	

根据上述资料,编制丰华公司2023年度利润表,如表6-11所示。

表6-11 利润表(简表)

会企02表

编制单位:丰华公司　　　　　2023年度　　　　　单位:元

项目	本期金额	上期金额
一、营业收入	2 000 000	
减:营业成本	1 500 000	
税金及附加	2 000	
销售费用	24 000	
管理费用	150 000	
研发费用		
财务费用	41 000	
加:其他收益		
投资收益(损失以"-"号填列)	31 000	
其中:对联营企业和合营企业的投资收益		
以摊余成本计量的金融资产终止确认收益(损失以"－"号填列)		
净敞口套期收益(损失以"－"号填列)		
公允价值变动收益(损失以"-"号填列)		
信用减值损失(损失以"-"号填列)		
资产减值损失(损失以"-"号填列)		
资产处置损益(损失以"-"号填列)		
二、营业利润(亏损以"-"号填列)	314 000	
加:营业外收入	50 000	
减:营业外支出	49 000	
三、利润总额(亏损总额以"-"号填列)	315 000	
减:所得税费用	36 000	
四、净利润(净亏损以"-"号填列)	279 000	

(续表)

项目	本期金额	上期金额
五、其他综合收益的税后净额		
（一）不能重分类进损益的其他综合收益		
1. 重新计量设定受益计划变动额		
2. 权益法下不能转损益的其他综合收益		
3. 其他权益工具投资公允价值变动		
4. 企业自身信用风险公允价值变动		
……		
（二）将重分类进损益的其他综合收益		
1. 权益法下可转损益的其他综合收益		
2. 其他债权投资公允价值变动		
3. 金融资产重分类计入其他综合收益的金额		
4. 其他债权投资信用减值准备		
5. 现金流量套期储备		
6. 外币财务报表折算差额		
……		
六、综合收益总额		
七、每股收益		
（一）基本每股收益		
（二）稀释每股收益		

任务小结

利润表是指反映企业在一定会计期间的经营成果的财务报表。利润表充分反映企业一定时期经营业绩的主要来源和构成，是动态报表。

利润表通常有单步式和多步式两种结构。单步式利润表是将本期所有的收入和所有的支出相抵，计算出当期损益；多步式利润表是通过对当期的收入、费用、支出项目按性质加以归类，按利润形成的主要环节分别计算营业利润、利润总额、净利润、其他综合收益的税后净额和综合收益，分步计算当期损益。我国企业利润表采用多步式列报。

企业利润表中各项目的数据都列有"本期金额"和"上期金额"两栏。利润表"上期金额"栏内各项数字，应根据上年该期利润表"本期金额"栏内所列数字填列；利润表"本期金额"栏内各项数字，一般应根据损益类科目的发生额分析计算填列。

任务实施

根据相关资料，编制丰华公司2023年的利润表，如表6-12所示。

表 6-12　利润表(简表)

编制单位：丰华公司　　　　　　2023 年 12 月　　　　　　　　　　　　会企 02 表
　　　　　　　　　　　　　　　　　　　　　　　　　　　　　　　　　　单位：元

项目	本期金额	上期金额(略)
一、营业收入	621 418	
减：营业成本	353 451	
税金及附加	8 009	
销售费用	42 551	
管理费用	32 853	
财务费用	11 309	
加：投资收益(损失以"-"号填列)		
公允价值变动收益(损失以"-"号填列)		
二、营业利润(亏损以"-"号填列)	173 245	
加：营业外收入		
减：营业外支出	4 595	
三、利润总额(亏损总额以"-"号填列)	168 650	
减：所得税费用	42 163	
四、净利润(净亏损以"-"号填列)	126 487	
五、其他综合收益的税后净额		
六、综合收益总额		
七、每股收益		
(一) 基本每股收益		
(二) 稀释每股收益		

职业能力考核

职业判断能力测验

一、单项选择题

1. 利润表是反映企业(　　)经营成果的会计报表。
   A. 某一特定日期　　　　　　　B. 一定时期内
   C. 某一年份内　　　　　　　　D. 某一月份内
2. 根据我国统一会计制度的规定，企业利润表的格式是(　　)。
   A. 报告式　　　　　　　　　　B. 账户式
   C. 多步式　　　　　　　　　　D. 单步式
3. 编制会计报表时，以"收入-费用=利润"这一会计等式作为编制依据的会计报表是(　　)。
   A. 利润表　　　　　　　　　　B. 利润分配表
   C. 资产负债表　　　　　　　　D. 现金流量表

4. 在利润表中，从利润总额中减去( )得出净利润。
   A. 应交所得税　　　　　　　　　B. 利润分配数
   C. 营业费用　　　　　　　　　　D. 所得税费用

5. 某企业 2023 年发生的营业收入为 1 000 000 元，营业成本为 400 000 元，销售费用为 100 000 元，管理费用为 200 000 元，财务费用为 100 000 元，投资收益为 300 000 元，营业外收入为 150 000 元，营业外支出为 50 000 元。该企业 2023 年的营业利润为( )元。
   A. 100 000　　　　　　　　　　B. 200 000
   C. 500 000　　　　　　　　　　D. 600 000

二、多项选择题

1. 利润表的格式主要有( )两种。
   A. 账户式　　　　　　　　　　　B. 单步式
   C. 报告式　　　　　　　　　　　D. 多步式

2. 多步式利润表是通过多步计算求出当期利润，一般将其计算过程划分为( )等进行。
   A. 营业收入　　　　　　　　　　B. 营业利润
   C. 利润总额　　　　　　　　　　D. 净利润

3. 下列各项，影响企业营业利润的项目有( )。
   A. 销售费用　　　　　　　　　　B. 管理费用
   C. 投资收益　　　　　　　　　　D. 税金及附加

4. 利润表是( )。
   A. 静态报表　　　　　　　　　　B. 动态报表
   C. 反映一定期间经营成果的报表　D. 反映财务状况的报表

5. 利润表中各项目的填列方法有( )。
   A. 根据有关账户的发生额直接填列
   B. 根据有关账户的发生额计算填列
   C. 根据期末所有账户的余额填列
   D. 根据表中有关项目之间的钩稽关系填列

三、判断题

1. 利润表属于静态报表。　　　　　　　　　　　　　　　　　　　　　　　　(　)
2. 利润表是指反映企业月末、季末或者年末取得的利润或发生的亏损情况的报表。
   　　　　　　　　　　　　　　　　　　　　　　　　　　　　　　　　　　(　)
3. 按照《企业会计制度》的规定，我国企业的利润表采用单步式。　　　　　　(　)
4. 利润表的"本年累计数"栏反映各项目自年初起至报告期末止的累计实际发生额。
   　　　　　　　　　　　　　　　　　　　　　　　　　　　　　　　　　　(　)
5. 编制利润表时，如有投资损失，应以"-"号填列"投资收益"项目。　　(　)

职业实践能力训练

丰华公司经过 2023 年 6 月的经营，月末各损益类账户的余额情况，如表 6-13 所示。

表 6-13　损益类账户余额情况表

2023 年 6 月　　　　　　　　　　　　　　　　　　　　　　　　　　　　　单位：元

账户	本期贷方发生额	本期借方发生额
主营业务收入	180 000	
主营业务成本		140 000
其他业务收入	20 000	
其他业务成本		7 600
税金及附加		1 200
销售费用		14 860
管理费用		16 530
财务费用		1 210

问题：丰华公司 2023 年 6 月份的利润表应如何编制？

学习评价

根据本任务的教学内容，通过职业判断能力测验和职业实践能力训练等方式对本任务相关内容的学习效果进行检查，实施评价，填写任务学习评价表（见表 6-14）。

表 6-14　编制利润表任务学习评价表

考核内容标准	实施评价		
	自我评价	同学互评	教师评价
正确把握利润表的结构及内容(40 分)			
正确编制利润表(60 分)			

思政专栏

保持会计人员从业的独立性

背景与情境： 某公司是一家大型国有企业。2022 年 12 月，公司总经理针对公司效益下滑、面临亏损的情况，电话请示正在外地出差的董事长。董事长指示把财务会计报告做得"漂亮"一些，总经理把这项工作交给公司总会计师，要求按董事长的意见办。总会计师按公司领导意图，对当年度的财务会计报告进行了技术处理，虚拟了若干笔无交易的销售收入，从而使公司报表由亏变盈。经诚信会计师事务所审计后，公司财务会计报告对外报出。2023 年 4 月，在检查中，当地财政部门发现该公司存在重大会计作假行为，依据《会计法》及相关法律、法规、制度，拟对该公司董事长、总经理、总会计师等相关人员进行行政处罚，并分别下达了行政处罚告知书。

思考： 相关人员和部门是否应该承担责任？会计人员在会计核算和监督过程中应该怎样做才符合会计职业道德规范的要求？

分析提示： 在本案例中，公司董事长授意总经理做假账，总经理作为公司负责人，是财务会计报告的责任人，不仅没有起到监督作用，反而参与会计造假，两位负责人都应承担一定责任；总会计师违背了自己的职业道德，承担会计责任；会计师事务所应承担审计责任。

会计人员在进行核算和监督的过程中，要依法办事，坚持准则。现实中，经常会出现单位、社会公众和国家利益发生冲突的情况，面对这些情况会计人员应有是非判断能力，坚持准则，维护国家利益、社会公众利益和正常的经济秩序。对于有的单位负责人为了本单位、小集团或个人的私利，指使会计人员账外设账，私设小金库，或者指使会计人员通过伪造会计凭证、会计账簿，编制虚假财务会计报表等，损害国家和社会的利益，会计人员应坚持准则，对不合理的要求予以拒绝，或者按照国家统一会计制度规定更正，保证会计信息的真实性和完整性。

拓展学习

公司法对财务会计报告的特别规定

公司制企业对外报送的财务会计报告与一般企业对外报送的财务会计报告相比，有特别的要求。因为《中华人民共和国公司法》第二百零九条规定，有限责任公司应当依照公司章程规定的期限将财务会计报告送交各股东。股份有限公司的财务会计报告应当在召开股东会年会的二十日前置备于本公司，供股东查阅；公开发行股份的股份有限公司应当公告其财务会计报告。

参考文献

1. 娄尔行. 基础会计[M]. 上海：上海财经大学出版社，2002.
2. 万宇洵，肖美英. 基础会计学[M]. 长沙：湖南大学出版社，2003.
3. 金跃武，王炜. 基础会计[M]. 北京：高等教育出版社，2006.
4. 葛长银. 领导者会计学[M]. 北京：机械工业出版社，2006.
5. 刘岳兰. 基础会计[M]. 北京：机械工业出版社，2009.
6. 陆建军. 基础会计习题与实务练习[M]. 北京：机械工业出版社，2009.
7. 朱虹，周雪艳. 基础会计[M]. 大连：东北财经大学出版社，2010.
8. 张宏萍，张翠珍，聂守艳. 新编基础会计[M]. 北京：经济科学出版社，2012.
9. 郭黎，王建安，国燕萍. 基础会计实务[M]. 大连：东北财经大学出版社，2012.
10. 田家富. 基础会计[M]. 北京：高等教育出版社，2014.
11. 李占国. 基础会计学[M]. 北京：高等教育出版社，2015.
12. 周会林. 会计基础[M]. 大连：东北财经大学出版社，2015.
13. 王觉，陈岩. 基础会计[M]. 大连：东北财经大学出版社，2015.
14. 财政部会计资格评价中心. 初级会计实务[M]. 北京：中国财政经济出版社，2017.
15. 张宏萍. 基础会计[M]. 北京：清华大学出版社，2018.
16. 财政部会计资格评价中心. 初级会计实务[M]. 北京：经济科学出版社，2020.